社会工作
流派译库
（第三期）

上海文化发展基金会资助项目
“十三五”上海重点出版规划项目

解析社会政策(下)：福利提供与福利治理

The Student's Companion to Social Policy

[英] Pete Alcock　Margaret May　Karen Rowlingson　主编
彭华民　主译
黄叶青　彭华民　等校

华东理工大学出版社
EAST CHINA UNIVERSITY OF SCIENCE AND TECHNOLOGY PRESS
·上海·

图书在版编目(CIP)数据

解析社会政策(下):福利提供与福利治理/(英)皮特·阿尔科克(Pete Alcock),玛格丽特·梅(Margaret May),凯伦·罗林森(Karen Rowlingson)主编;彭华民主译.—上海:华东理工大学出版社,2017.9
(社会工作流派译库.第三期)
书名原文:The Student's Companion to Social Policy
ISBN 978-7-5628-4806-6

Ⅰ.①解… Ⅱ.①皮… ②玛… ③凯… ④彭… Ⅲ.①社会政策-研究 Ⅳ.①C916

中国版本图书馆CIP数据核字(2016)第245752号

社会工作流派译库(第三期)

解析社会政策(下):福利提供与福利治理

The Student's Companion to Social Policy

主　　编:[英] Pete Alcock, Margaret May, Karen Rowlingson
主　　译:彭华民
校　　者:黄叶青　彭华民　等
项目负责:刘　军
责任编辑:高　虹
整体设计:袁银昌设计工作室

出版发行:华东理工大学出版社有限公司
地　　址:上海市梅陇路130号　200237
电　　话:(021)64250306
网　　址:www.ecustpress.cn
邮　　箱:zongbianban@ecustpress.cn
印　　刷:上海中华商务联合印刷有限公司
开　　本:710 mm×1000 mm　1/16
印　　张:31.75
字　　数:510千字
版　　次:2017年9月第1版
印　　次:2017年9月第1次
书　　号:ISBN 978-7-5628-4806-6
定　　价:160.00元

译库学术顾问委员会

社会工作流派译库

总序

这是我们与华东理工大学出版社合作的第二套译著丛书。本世纪初，我们所推出的18种一套上海市重点图书“社会工作名著译丛”获得了学术界的热烈反响和高度认同。本套译库与以往不同的是，更加聚焦于介绍西方社会工作的理论流派，但又不局限于理论流派的译介。西方的社会工作历经一百多年的发展，已经形成了诸多视角、理论、模式与方法。知识转移与全球共享是当代社会工作发展的一个重要特点。熟知并批判性地借鉴西方社会工作理论，对于建构兼具国际规范与中国特色的社会工作理论、制度、实务模式，无不具有重要的理论意义和实践意义。唯其如此，中国社会工作学界方有可能参与全球专业知识库的建构，以推动国际社会的公平与正义。

需要强调的是，中国社会工作的制度设计与发展经验具有本土的特点，不能简单地照搬西方的理论框架去加以解释。这就要求我们，在学习借鉴西方社会工作专业知识的同时，应警惕本国专业共同体因理论的“不自觉”“不自信”而在全球知识界处于失语状态。因此，必须立足和扎根于我国社会体制改革、新社会组织、新社会服务和现代社会工作制度建构的实践，积极进行中国社会工作的理论建构与知识创新。唯其如此，中国的社会工作学界才有能力提升在全球的话语权，从而为全球社会工作贡献中国的力量。

衷心希望本套译库能为中国社会工作的发展提供新的知识支持，以进一步推动国内的社会工作理论研究与知识建构。须知，没有系统强劲的社会工作理论的科学支撑，就不可能有系统强劲的社会工作发展实践。

本套译库的出版得到了相关出版基金的大力资助，为此我的感谢与感激之情难以言表！这里，我要向所有参与翻译本套译库的同仁表示感谢，因为他们的奉献体现了社工学人的专业精神！感谢华东理工大学出版社，因为他们始终对我们充分信任及对社会工作学科建设鼎力支持！我还要特别感谢何雪松教授，因为他持之以恒的追求、坚持和奉献，我们才有了本套译库的中文版！

是为序。

华东理工大学中国社会工作研究中心

徐永祥

中文版序

我们非常荣幸为本书撰写新的序言。本书是第三版，目前它在英国作为社会政策领域的教科书已经非常成熟，而且在世界范围内销量甚佳。现在中国学习社会政策的学生越来越多，本书能够被中国学生阅读是一个很大的进步，我们期望新读者也能像全世界其他老读者那样认可本书，认为这是一本充实有用的书。

编写本书的初衷是对社会政策研究中的关键议题进行全面的介绍。本书的编写者是社会政策协会（Social Policy Association）中的积极会员。社会政策协会是英国社会政策研究的专业学术机构，它每年举行一次社会政策学术会议，世界各地的学者都会来参加。本书所有版本的作者均是从英国社会政策协会会员中挑选出来的，他们是各自专业领域的顶级专家。

本书所有的编写者都使用由主编提供的统一模板。全书文字精练，围绕核心的概念争论、政策及实践领域的最新发展进行全面评述。每一章都提供了高阶阅读指南。本书还有一个专门网站（www. blackwellpublishing. com/alcock4e/）提供更多的资源和信息。

本书大部分内容都是关于英国的社会政策的，尤其是那些涉及实质性的政策领域，如健康和教育问题。然而，社会政策目前是一个国际性的学习和研究领域，本书提出的很多议题对于英国以外包括中国在内的学生也是非常重要的。本书的第一篇和第二篇主要通过介绍核心概念及相关理论视角，论述了社会政策的发展；后面几篇介绍了福利如何供给与治理、社会政策领域的不同议题涉及的多个社会群体等内容；还有一篇对国际社会政策研究进行了介绍，其关注点在于比较研究以及发达国家的不同福利体制。

社会政策受经济、社会趋势及政治决策变化的影响。自2008年以来，全球经济逐步衰退，对社会政策的发展提出了严峻挑战。经济增长放缓导致维持公共福利的税基减少，同时经济增长放缓使民众购买私营服务更加困难。许多国家失业率增加，造成对社会保障预算的需要增大。与此同时，社会结构的重大变化增大了对服务供给的需要。预期寿命延长带来老年人需要的增加，尤其是对中国而言，许多家庭生育率水平较低，造成老年人口比例提高，人口问题更为尖锐。

然而，政策也在发生变化。许多西方国家的政府一直在减少公共福利服务的开支，或至少努力遏制未来开支的增长，其目的是减少公共支出的规模和经济中公共借贷的额度，这在英国和其他欧盟国家尤其如此。在这些发达的福利国家中，社会政策的发展受到不断增长的福利需要和日益降低的公共开支的威胁。在本书第三版中所陈述的社会经济发展状态之后，英国及欧盟迫于上述压力急剧缩减了福利开支。中国读者需要认识到这一点，在第三版中以满足新福利需要的诸多领域的福利供给已经不再扩张，在一些国家甚至被削减。

可以看到，虽然社会政策所面临的双重压力已经危及福利供给的发展，但并没有破坏其背后现存的或供未来发展的核心原则，也没有降低公众对未来福利供给的期望。因此，福利国家仍然提供公共福利服务以满足公民需要，这些福利服务与私人市场、志愿组织提供的服务共同运行，形成了福利的混合经济，它在不同时期、不同福利国家间具有不同的平衡形式。相关政策机构和实践的发展正是源于这些核心原则及政策。在新兴经济体中，比如中国，这些核心原则及政策在促进其新社会政策发展的过程中也非常重要。

因此，中国社会政策专业的学生通过对本书中关于福利服务的核心议题、需要及挑战的学习，会理解其对中国福利服务的发展有所借鉴。经济趋势及政治决策会随着经济的不断发展而产生变化，其如何影响中国社会政策的发展或许会有所区别，但本书所介绍的推动社会政策发展的需要及基本原则应该与英国或其他地方是一样的。我们希望本书能为中国社会政策领域的所有学生提供该领域的核心背景和知识。

皮特·阿尔科克　玛格丽特·梅　凯伦·罗林森

2013年8月于英国伯明翰

译者序

华彩百年文章传道　风云世纪政策惠民

社会政策发展是一部震撼人心的激荡百年史。第二次世界大战前后，工业化和城市化进程加快，新老社会问题频现，人民社会需要扩大与提升，社会发展的重要性彰显。在这种背景下，社会政策受到越来越多的重视，逐步摆脱经济政策依附者的地位，成为国家政策体系中的重要部分。载入史册辉耀今天的社会政策有：德国于 1911 年出台的包括疾病、工伤、伤残、养老保险等内容的《帝国保险条例》，美国于 1935 年通过的覆盖多个社会领域的《社会保障法》，英国于 1942 年提出福利国家框架的《贝弗里奇报告》等。社会政策使人类对未来理想社会的空想逐步变成现实，带来了 20 世纪人类最伟大的制度发明：国家承担保障公民福利的责任，建立风险共担的福利制度，迈向福利国家。

在社会政策一百多年的发展历史中，社会政策研究者扮演了重要的角色。他们提出了多项政策建议，积极推动政府通过社会福利制度建设来满足人民的基本生活、就业、教育、健康和住房的需要，直接解决或减少了贫困、疾病、愚昧、肮脏和懒惰等社会问题，大大提高了人民的生活质量。百年之中，社会政策起承转合，并非一帆风顺。当欧美国家遭遇与经济危机交织在一起的福利危机后，不少国家和地区调整了社会福利发展战略，实施第三条道路，再校准福利目标，走使能国家、福利社会的道路。不管社会福利制度如何改革，其国家责任、公民权利、满足社会需要的本质一直未改变。

传道与济民是社会政策的两大责任。道是意识形态，济是社会福利制度。社会政策学科是意识形态、政党、政策与研究交融共进的有机整体。高举民主社会主义旗帜的英国费边社（Fabian Society）于1884年成立，推动理想社会的研究与实施。他们对19世纪晚期英国资本主义制度下产生的社会和经济问题进行了批判性分析，认为应该通过国家干预去应对社会问题。费边社政纲后来成为英国工党的建党基础。费边社成员将工党视为他们政策创新和改革社会的政治工具，他们对社会政策学科的发展做出了无与伦比的重要贡献。他们在1895年倡导、创建了伦敦经济学院。之后，费边社的核心成员韦伯夫妇（Sidney and Beatrice Webb）决定终止与慈善组织会社（COS）的合作，于1912年建立社会科学与行政系。它是伦敦政治经济学院社会政策系的前身。社会政策与行政系的历史就是英国社会政策学科历史的缩影。从该系诞生了社会政策领域中星光熠熠的领军人物：克莱门特·艾德礼（Clement Richard Attlee，第二次世界大战后工党政府改革时期的首相，曾任系第一位讲师）、威廉·贝弗里奇（William Henry Beveridge，现代社会福利国家体系的设计师，曾任校长）、理查德·唐尼（Richard Henry Tawney，贫困和不平等理论的先驱）、托马斯·马歇尔（Thomas Humphrey Marshall，公民权理论的创始人），等等。20世纪50年代，伦敦政治经济学院任命理查德·蒂特姆斯（Richard Titmuss，现代社会福利类型理论和社会政策体系的创立者）为英国第一位社会行政教授。之后，英国社会政策再次出现历史性转折，社会政策从社会行政中分离出来，成为大学教育中的独立学系和课程。

英国社会政策协会（Social Policy Association，SPA）是在国际上享有盛誉的学术团体，它不仅是社会政策的研究者和推动者，也是社会政策创新发展的倡导者。英国社会政策学者认为：社会政策学科包含了更多的对福利提供的意识形态基础的关注；更加强调社会福利"是否值得追求""为什么要去追求"的意义，其重要性超出了对社会福利"如何提供"和"在什么时候提供"的回答。因此，在1987年的英国社会行政学年会上，通过了用社会政策取代社会行政的决议，"英国社会行政协会"改名为今天的"社会政策协会"，协会成员包括大学教师、研究者和实务工作者。每年召开的社会政策年会实际上是国际社会政策界最高端的学术研讨会之一。英国社会政策协会主编出版两本学术期刊，即《社会政策》（*Journal of Social Policy*）和《社会政策与社会》（*Social Policy and Society*）；协会每年将优秀论文结集出版，名为《社会政策评论》（*Social Policy Review*）。协会还出版了《社会政策词典》（*The Blackwell Dictionary of Social Policy*，2001），同时编辑出版了《解析福利：社会问题、政策与实践丛书》（*Understanding Welfare：Social issues*, *Policy and Practice*，该丛书中的部分书籍已经被翻译成中文，由彭华民、李秉勤主编，格致出版社和上海人民出版社出版）。英国社会政策协会推出的系列教材受到全世界读者的欢迎，本书是其中重要的一本，先后于 1998 年、2003 年、2008 年出版了三版。我们根据 2008 年版翻译成现在这本中文译本。

海纳百川是本书的特点。本书既覆盖了社会政策传统的领域，也包括了新的领域。本书兼有内容的广度和专题的深度，号称社会政策的小百科全书。按照编写者的目标，全书从社会政策主要概念、理论与意识形态争议、社会服务领域、主要政策问题一直延伸到范围宽广的国际社会政策议题分析。作者在每一章开始时列出了简明扼要的提纲，在一章结束时列出了相关主题的高阶推荐阅读文献，并对文献做出了简明解释。本书将英国社会政策学位课程的全部教学主题都纳入其中，覆盖了社会政策领域的全部主题（themes）和问题（issues）。由于英国社会政策教学和研究执全世界之牛耳，因此，该书具有广泛的适用性，可作为其他国家的社会政策教材；它不断更新，信息量大，专题内容深入，是一本具有国际影响和拥有众多读者的社会政策工具书。为了方便读者，本书建立了丰富的索引，可作为一本简明英国社会政策的中英词汇手册使用。它为读者开展社会政策专题研究提供了最有效的文献资源库。它不仅仅适合本科学生阅读，也适合研究生以及社会政策的制定者、实施者和评估者使用。

第三版与第二版相比有很大的改动。第二版只有四篇四十九章内容，第三版共有八篇五十七章内容。新版不仅增加了篇章，而且将国际社会政策、福利治理等重要内容单独列成篇章，讨论了福利管理与传输、福利问责、福利使用者与社会政策的关系、地方与地区治理、福利的超国家治理等社会政策领域的新议题。在第二版取得成功的基础上，主编继续邀请该领域的研究学者担任独立主题的撰写者，主要作者来自社会政策领域，另外还有社会学、政治学、行政学领域的专家。本书作者都是该领域的杰出学者，他们呈现了新锐而清晰的观点，提供了该领域中的最新研究文献和政策资料，批判性地分析了英国最新社会政策领域中对垒双方各自的优势和不足。批判性阅读是极其重要的，能够使我们形成存疑、思辨的良好习惯。全书各个篇章由于主题和作者不同，写作风格也有不同，但这些不同并不影响该书的目的，即鼓励读者通过更为广泛的阅读去探索社会政策的未来。我们强烈建议读者查看每章后的高阶阅读中推荐的文献以及相关网站，继续开展深度研读。

本书中文版分为上、下两册出版。上册为《解析社会政策：重要概念与主要理论》，包含以下四篇：

第一篇，诠释社会政策的概念和方法，包括社会政策的目标，社会政策研究的方法，社会政策与历史，社会需要、社会问题、社会福利和福祉的关系，平等、权利和社会公正，效率、平等和选择，利他主义、互惠和责任在社会政策中的地位。该篇引导读者学习社会政策的概念，理解社会政策的框架，认识社会政策的多元研究方法，了解社会政策的丰富而复杂的领域，理解社会政策与相关学科如经济学、政治学、行政学、社会学、社会工作等的关系，以及英国社会政策从费边社到《贝弗里奇报告》、从社会行政到社会政策、从福利国家到福利重建不断发展的历史。

第二篇，分析社会政策的主要理论，包括意识形态领域的理论，如新自由主义、保守主义的传统、社会民主主义、社会主义、第三条道路、女性主义、绿色主义后现代主义。该篇不仅分析了社会政策理论的流派观点，而且结合社会政策发展提出了相关批评。意识形态在社会政策领域中具有特殊的地位，它既是支撑社会政策发展的理论，又是社会政策制定的原则和内容。读者通过本篇的学习，可以理解社会政策的核心主题与观点是人类平等、公正与需要满足，打好社会政策分析的理论基础。

第三篇，研究社会政策的背景，其内容有社会分工与社会异质性、贫困和社会排斥、福利的分配、社会政策和经济政策、文化和国民性、社会政策和家庭政策、政治过程、证据为本与评估。近年来西方社会福利制度的普世性受到东亚国家的强烈质疑，即使在英国本土各个地区之间的社会政策也有差异。该篇指出社会政策与经济社会的关联性，以及社会政策发展的路径依赖，具体分析了政策实施与社会分工、家庭结构、政治过程等的交互关系。特别值得一提的是该部分指出了证据为本方法对社会政策研究的意义。

第四篇是国际社会政策议题，也是本书新增加的内容。在全球化和本土化这两个看似并行实际常有交叉和冲突的议题下，该篇采用了比较视角，讨论了比较社会政策研究的作用、全球化和社会政策、欧洲社会政策、自由市场社会的社会政策、东亚社会的社会政策、发展中国家的社会政策等内容。社会政策既是全球化进程的一个部分，也有明显的本土社会特色。通过对社会政策的比较研究，凸显埃斯平-安德森（Gosta Esping-Andersen）三种福利体制在不同文化下的不适应性和调整的必要性，以及本土经验对社会政策制定的意义。这个部分的内容使非英国读者能够通过比较研究视角，借鉴英国经验，构建本土社会政策的发展轨迹。

本书的下册为《解析社会政策：福利提供与福利治理》，包含以下四篇：

第五篇，这是本书新增内容，包括国家福利、商业福利、职业福利、志愿福利、非正式照顾、付费福利、公民权与接受福利。该篇集中讨论了社会政策的提供和传输。福利有五个不同的提供者：国家、商品领域、职业领域、志愿服务领域和非正式领域。这五个福利提供方如何建立福利提供的互补关系？公民如何能有保障地得到福利？福利财政如何运作？该部分回答了全世界社会政策和社会福利制度领域中最引人关注的问题。

第六篇是福利治理，包括福利管理与传输、福利问责、福利的使用者、地方地区政府的治理、社会政策与地方分权、欧盟社会政策、超国家治理。福利治理是一个社会政策新领域，也是新增加的一篇。在制定社会政策过程中如何对福利进行管理和传输？福利使用者的角色是什么？经历了福利危机之后长达 30 多年左右摇摆的福利改革，英国政策界重新审视了贝弗里奇和凯恩斯的国家观，提出福利多元主义理论，将福利提供不仅仅定义为政府责任。福利多元主义给英国社会政策带来的影响是巨大的。关于福利治理，英国不同地区的政府和福利组织有自己的解释，同时，超国家机构如欧盟也有独特的理解。

第七篇和第八篇是姊妹篇，一篇从服务提供开始分析，一篇从服务对象进行解析。第七篇是福利服务，按照服务的类型分为收入维持和社会保障、就业、健康照顾、学校教育、终身学习和培训、住房、社会照顾、矫正。第八篇是特殊人群的服务，特殊人群包括种族、儿童、青年、老人、残疾人、边缘人和流浪者。这两篇都是比较传统的政策领域。通过这两篇的学习，读者可以清楚地认识到英国社会政策的具体内容以及实施方式、实施中的问题和政策调整方式。

工欲善其事，必先利其器。据 2013 年中国教育部统计，中国内地已有 300 多所大学开设了社会工作专业，有 105 所大学建立了 MSW 硕士点，还有北京大学、南京大学、华东理工大学、南开大学等自主设立了社会工作博士点。社会政策不仅是社会工作专业本、硕、博的必修课程，也是社会学、社会保障、行政管理等学科的平台课程。与相邻专业比，国内社会政策教材种类少，翻译的社会政策教材也寥寥无几。这个问题不仅仅是中国内地教育界面临的问题，也是我国社会政策学术界和实务界面临的问题。因此，本书不仅呈献了一部认识社会政策概念理论和政策体系的小百科全书，也为大学社会政策教学以及政策制定者、政策研究者和实施者、社会工作研究者和实务者提供了多个可以借鉴的政策案例。

我们希望通过本书，向广大中文读者传递公平正义的精神，倡导国家责任与公民权利的理念，发展福利服务与福利治理的主题，强化社会政策在提升人民福祉共享发展中的意义。他山之石，可以攻玉。

彭华民

2013 年 8 月初稿于成都花汀

2014 年 3 月修改于澳门氹仔

2016 年 1 月再修于南京仙林

作者简介

皮特·阿尔科克(Pete Alcock)，英国伯明翰大学(University of Birmingham)社会科学学院前院长，社会政策和社会行政学教授。他撰写并编辑了一系列关于社会政策的丛书。研究兴趣包括贫困、社会排斥以及志愿部门和社区部门在福利中的角色。他曾任英国社会政策学会主席(1995 年至 1998 年)。

希拉里·阿肯锡(Hilary Arksey)，英国约克大学(University of York)社会政策研究中心资深研究员。在过去的 12 年中，她进行了一系列关于照顾者的研究，包括对照顾者经验的评估、对照顾者的决策以及他们对赚取工资和退休的愿望。

罗布·巴戈特(Rob Baggott)，英国莱斯特德蒙福特大学(De Montfort University)卫生健康政策研究部主任，公共政策学教授。他的研究领域包括公共卫生健康、酒精(管理)政策、健康服务改革、患者和公众参与以及压力团体。

索尔·贝克尔(Saul Becker)，英国诺丁汉大学(University of Nottingham)社会学和社会政策学院研究主任，社会政策和社会照顾学教授。同时兼任拉夫堡大学和伯明翰大学(Loughborough and Birmingham Universities)教授。他的主要研究兴趣包括非正式的家庭照顾(尤其是那些由儿童作为照顾者的"年轻照顾者")、社区照顾、弱势儿童和他们的家庭以及社会政策研究方法。他曾任英国社会政策学会主席(2004 年至 2008 年)。

彼得·贝雷斯福德(Peter Beresford)，英国布鲁内尔大学(Brunel University)公民参与中心主任，社会政策学教授。他是"塑造我们的生活"(一个"追求卓越的社会照顾学会"的信托基金公司)项目主席，东安格利亚大学(University of

East Anglia)社会工作和社会心理科学学院的访问研究员。他和苏西·克劳夫特(Suzy Croft)一起撰写了许多关于公民参与和增权主题的学术著作。

爱丽丝·布洛克(Alice Bloch)，英国(伦敦)城市大学(City University)社会学系的资深(高级)讲师，难民研究硕士项目的课程主任。她的研究兴趣主要有移民、强迫移民和庇护政策。她的教学内容包括难民研究和移民。

凯瑟琳·博切尔(Catherine Boche)，英国林肯大学(University of Lincoln)社会政策资深(高级)讲师。她在大学里教授一系列与政策相关的课程。她的研究兴趣包括政策过程、参与和地方政府，同时还发表了许多相关的学术成果。

迈克尔·卡希尔(Michael Cahill)，英国布莱顿大学(University of Brighton)的社会政策学教授候选人(Reader)。他撰写和编辑了许多关于环境和社会政策、全球化影响下的社会政策研究新取向以及当代福利体系中公民权利本质变化的专著。

克莱尔·卡伦德(Claire Callender)，英国伦敦大学(University of London)伯贝克分校的高等教育研究所教授。她的研究主要是高等教育的可及性和公平性，主要关注学生资助。她撰写了很多关于这方面的论文，她还从事关于英国学生资助的具体调查研究，经专业机构评审，被选为 2007 年至 2008 年"福布莱特新世纪学者"。

约翰·克拉克(John Clarke)，英国公开大学(Open University)社会政策学教授。他的研究和教学主要集中于福利国家研究中的社会、文化和政治斗争。他的研究涉及从管理主义和消费主义对国家政策和实务的影响，到更广泛的全球化问题、新自由主义、国家、地方和福利的重组，以及变化的公众群体和变动的公共服务之间不稳定的关系等方面。

约亨·克拉森(Jochen Clasen)，英国爱丁堡大学(University of Edinburgh)社会和政治研究学院比较社会政策学教授。他在社会保险、劳动力市场政策和福利国家的跨国比较分析(尤其是欧洲国家)领域开展研究并取得了许多学术成果。他的教学主要集中于欧洲社会政策和福利国家的政治经济。他也是欧洲社会政策分析网(ESPA*net*)的联合主席。

鲍勃·科尔斯(Bob Coles)，英国约克大学(University of York)社会政策学资深讲师，长期以来关注青年政策，以及如何发展一个专门针对约克儿童和青年的学位项目。在他的协助下，青年政策作为社会政策的一个子领域被建立起来，并且发展了政策、研究和实践之间的关联。他的研究主要聚焦于弱势青年，包括参与约瑟夫·朗特里(Joseph Rowntree)基金会的“连接项目”(Connexions)工作。同时他也是基金会研究项目的顾问。

盖·戴利(Guy Daly),英国考文垂大学(Coventry University)卫生健康和生命科学学院副院长。他有卫生健康和地方政府服务的专业背景。他的教学集中在治理、社区照顾、服务使用者参与、地方政府、住房和社会政策及公共政策方面。同时,他活跃于地方治理工作领域,被选为地方议员,是一所学校和学院的主管人员,也是一个城市发展社团和住房协会的理事会成员。

霍华德·戴维斯(Howard Davis),英国沃里克商学院(Warwick Business School)地方政府中心的首席研究员和研究主管。受国家和地方政府机构委托,他受中央政府和地方政府聘请参加地方政府现代化和改善项目的咨询和评估工作。他的工作包括在全球化背景下地方政府中竞争策略和采购途径的研究,特别是改善中东欧地区地方服务和公共服务输送的相关研究。

艾伦·迪肯(Alan Deacon),英国利兹大学(University of Leeds)社会政策学荣休教授。他撰写了大量关于伯明翰和美国福利改革的学术论文及专著。他是经济与社会研究委员会(ESRC)“照顾”“价值和福利的未来”等研究课题团队的成员,曾任英国社会政策学会主席(2001 年至 2004 年)。

哈特利·迪安(Hartley Dean),英国伦敦政治经济学院社会政策学教授候选人(Reader)。他在从事学术事业之前曾是伦敦内部多民族地区的一名社会福利工作者。他的研究兴趣和一些学术成果集中于贫穷和社会排斥、移民社会群体的生存策略、福利话语、福利权利、社会公民身份和福利权利调整等方面。

尼克·埃利森(Nick Ellison),英国利兹大学(University of Leeds)社会学和社会政策学教授。他的核心研究和教学兴趣包括福利政治学和福利国家(尤其在“全球化”影响的背景下)的变化,以及当代福利体系中公民权本质的变化。

托尼·菲茨帕特里克(Tony Fitzpatrick),英国诺丁汉大学(University of Nottingham)社会学和社会政策学院教授候选人(Reader),同时担任英国社会政策学会财务主管(2003 年至 2006 年)。他出版和发表了许多专著和论文,论述社会政策和新技术的关系、环境主义和社会民主、社会和政治理论。

大卫·格拉德斯通(David Gladstone),英国布里斯托尔大学(University of Bristol)政策研究学院的荣誉客座研究员。作为训练有素的历史学家,他的教学和研究兴趣在于不列颠社会政策的过去与现在及其之间的关联性。他曾撰写和编辑了一些专著和系列丛书。

乔恩·格拉斯比(Jon Glasby)，英国伯明翰大学(University of Birmingham)卫生健康服务管理中心的卫生健康和社会照顾伙伴关系项目负责人。他拥有社会工作者资格证书，领导着一项全国性的研究项目，为更有效地支持跨机构的卫生健康和社会照顾工作提供教学和咨询。同时，他也是英国追求卓越社会照顾学会(SCIE)的理事。

卡罗琳·格兰丁(Caroline Glendinnign)，英国约克大学(University of York)社会政策研究中心副主任，社会政策学教授。她负责该中心的卫生健康基金资助的"贯穿整个生命历程中的选择和独立"研究项目。

霍华德·格兰内斯特(Howard Glennerster)，英国伦敦政治经济学院荣休教授，曾在伦敦政治经济学院执教35年。如今他仍在进行关于不同国家社会福利的经济和财政方面的研究及其历史的研究。他尤其关注卫生健康和教育基金两个方面。

史蒂芬·哈里森(Stephen Harrison)，英国曼彻斯特大学(University of Manchester)社会科学院社会政策学教授。目前他正在国家初级照顾研究中心工作。他的研究兴趣包括卫生健康政策的制定、实施和评估，以及健康照顾组织中的经验研究。之前，他曾任利兹大学(University of Leeds)卫生健康政策和政治学教授。

琳达·韩特瑞斯(Linda Hantrais)，英国拉夫堡大学(Loughborough University)政治学、国际关系和欧洲研究学院的欧洲社会政策学教授。她的主要研究兴趣为跨国比较研究的理论、方法学和实务。她特别关注社会经济变迁中欧洲的社会和家庭政策。

科林·海(Colin Hay)，英国谢菲尔德大学(University of Sheffield)政治分析教授。他的研究兴趣多样化，主要包括当代欧洲社会经济比较研究、福利改革和先进自由民主国家的政治不满、当代政治科学的分析技术方法。

迈克尔·希尔(Michael Hill)，英国纽卡斯尔大学(University of Newcastle)的社会政策荣休教授。从纽卡斯尔大学退休后他受聘到金斯密学院(Goldsmiths College)和布莱顿大学(University of Brighton)教授比较社会政策课程。同时，他访问了中国台湾、中国香港、韩国和日本的多所大学。他的研究兴趣主要包括政策决策和公共社会政策过程、现代福利服务和福利给付的发展(尤其是养老金方面)，以及比较社会政策。在上述领域中，他出版了许多著作。

约翰·希尔斯(John Hills)，英国伦敦政治经济学院社会政策学教授，社会排斥分析研究中心主任。他撰写并编辑了许多社会政策方面的专著。他的研究兴趣涵盖收入所得和财富分配、社会保险、养老金政策、住房和政府政策对分配的影响。他曾任英国养老金委员会委员(2003年至2006年)。

克里斯托弗·霍尔登(Christopher Holden),英国布鲁内尔大学(Brunel University)卫生健康科学和社会照顾学院的社会政策学讲师。他出版了许多学术成果,包括市场提供的卫生健康和社会照顾、卫生健康领域的国际贸易、全球化背景下的福利政治经济学。他是社会政策学会理事委员会的成员。

约翰·赫德森(John Hudson),英国约克大学(University of York)社会政策和社会工作学院的社会政策学讲师。他的研究和教学兴趣包括信息化社会、电子政务、政策分析、比较福利政治经济学和关于足球的社会经济学。

杰里米·肯德尔(Jeremy Kendall),英国肯特大学(University of Kent)社会政策、社会学与社会研究学院的社会政策学资深(高级)讲师。他的研究兴趣包括政策过程、第三部门和公民社会、混合经济社会政策。他教授社会研究方法、经济学和卫生健康经济学,以及不列颠和欧洲社会政策方面的课程。同时,他开创了肯特大学布鲁塞尔校区欧洲社会政策和公民社会的学分交换项目。

帕特里夏·肯尼特(Patricia Kennett),英国布里斯托尔大学(University of Bristol)政策研究学院比较政策研究所资深(高级)讲师。她的研究兴趣包括全球化、治理和制度、公民身份和福利国家,以及福利体系和比较社会政策。

希拉里·兰德(Hilary Land),英国布里斯托尔大学(University of Bristol)社会政策学荣休教授,政策研究学院名誉资深研究员。她在家庭政策方面有着长期而广泛的研究,最近她主要进行照顾责任在代际和两性之间的分配等相关研究。

简·路易斯(Jane Lewis),英国伦敦政治经济学院的社会政策学教授。她的研究涵盖性别研究、家庭和社会政策、社会政策历史研究,以及第三部门的角色等方面。她发表了大量关于家庭结构和家庭变迁的学术成果。

鲁斯·利斯特(Ruth Lister),英国拉夫堡大学(Loughborough University)社会科学院社会政策学教授,教授一些社会政策课程。她的主要研究兴趣包括贫穷、公民权、性别、儿童以及福利改革。她在上述领域发表了不少学术成果,在政策领域中发表的成果也越来越多。她是贫穷、参与和权利委员会,生活机遇和儿童贫穷的费边主义协会等众多委员会的独立成员。

鲁斯·麦克唐纳(Ruth McDonald),英国曼彻斯特大学(University of Manchester)国家初级照顾研究和发展中心研究员。她的研究兴趣集中于组织中的变革和抗争等相关议题。她尽可能地通过各种方法从组织内部进行探索研究，并考察变革的意外后果和对个体认同的影响。近期，她的研究主题包括初级照顾信托组织中员工"增权"、手术室中病人安全的威胁因素、新型通用医疗合同等。她现在所做的研究都与她过去在英国国民健康体系(NHS)担任财务主管的工作不尽相同。

史蒂芬·麦凯(Stephen McKay)，英国伯明翰大学(University of Birmingham)应用社会科学研究所教授，领导关于财富、福利和福祉的研究中心。他所进行的研究包括贫穷、不平等、家庭变迁和社会保险政策的角色及影响，大部分研究为定量研究。他的教学领域和以上研究主题相似，主要包括收入维持(包括养老金)政策的作用。

托尼·莫尔特比(Tony Maltby)，在英国成人继续教育研究所(NIACE)的老年劳动力研究中心工作。他的主要研究兴趣包括增权取向的社会政策、老年人的工作和收入，尤其关注"工作能力"概念及其在英国的适用性方面的研究。他到老年劳动力研究中心工作后拓展了对培训、教育和终身学习议题的研究。

尼克·曼宁(Nick Manning)，英国诺丁汉大学(University of Nottingham)精神健康学院院长，社会政策和社会学教授。他的近期研究兴趣涵盖失业、贫穷、俄罗斯，以及东欧地区种族划分和卫生健康、医学社会学和精神健康政策。他撰写了有关健康照顾、社会问题和比较社会政策等方面的专著。

玛格丽特·梅(Margaret May)，英国伦敦大都会商学院(London Metropolitan Business School)人力资源管理首席讲师，教授一系列管理和商业课程。她的主要研究兴趣包括就业政策、职业福利和雇员关系、福利管理和比较社会政策。她曾任英国社会政策学会主席(1999年至2001年)。

简·米勒(Jane Millar)，英国巴斯大学(University of Bath)社会政策分析中心主任，社会政策学教授。她的研究兴趣包括家庭政策和家庭变迁对政策的影响、失业人群和单亲父母的收入支持及劳动力市场政策、贫穷、不平等和社会排斥、性别和社会政策，以及比较社会政策。

艾伦·缪里(Alan Murie)，英国伯明翰大学(University of Birmingham)公共政策学院都市与区域研究中心都市与区域研究教授。二十年多年来，他是住房研究和政策研究领域中的领军学者，发表了许多关于住房及相关议题的学术论文。

蒂姆·纽伯恩(Tim Newburn)，英国伦敦政治经济学院犯罪学曼海姆中心主任，犯罪学和社会政策学教授，英国社会犯罪学学会主席。他在伦敦政治经济学院主要教授本科生和研究生社会学和犯罪学相关课程。他的主要研究兴趣为政策和安全、比较刑事政策、青少年犯罪和青少年司法。

珍妮特·纽曼(Janet Newman)，英国公开大学(Open University)社会政策学教授。她的研究和相关著作聚焦于治理策略分析和政治学，包括20世纪90年代管理改革、新工党政治和政策分析、欧洲福利国家现代化进程中权力配置的变化。她的近期研究包括权力、参与和政治革新以及公民消费者。

罗伯特·M. 佩吉(Robert M. Page)，英国伯明翰大学(University of Birmingham)民主社会主义和社会政策学教授候选人(Reader)。他撰写并编辑了15本关于多个社会政策主题的专著。他的主要研究兴趣是从1940年至今的福利国家政治史。

理查德·帕里(Richard Parry)，英国爱丁堡大学(University of Edinburgh)社会和政治研究学院社会政策学教授候选人(Reader)。他教授苏格兰、英国和欧洲社会政策，以及公共政策和管理等课程。他近期的研究计划是关于英国财政部在社会政策中的角色、英国全面推行地方分权政策对社会服务的影响以及公共管理成本的跨国比较。

罗伯特·平克(Robert Pinker)，英国伦敦政治经济学院社会行政学荣休教授，出版申诉委员会国际咨询专家成员。他的研究兴趣主要包括社会政策理论、内战对社会福利的影响和公民社会中自律组织的角色等。

露辛达·普拉特(Lucinda Platt)，英国埃塞克斯大学(University of Essex)社会学资深(高级)讲师，主要教授英国和比较社会政策、社会分层和不平等、定量研究方法等课程。她的研究兴趣主要集中于儿童贫困，尤其聚焦于其产生的历史背景、少数民族群体中的儿童贫困问题及其劣势条件。她在贫穷和种族划分、儿童贫困、社会流动、社会保险、残疾人和社会资本等领域发表了不少研究成果。

马丁·鲍威尔(Martin Powell)，英国伯明翰大学(University of Birmingham)卫生健康服务管理中心卫生健康和社会政策学教授。他的主要研究兴趣和著作是关于社会政策的历史及地域、卫生健康政策、新社会民主主义、伙伴关系、分权和平等。

马克·普里斯特利(Mark Priestley)，英国利兹大学(University of Leeds)残疾人研究中心残疾人研究讲师(Reader)，国际残疾人研讨峰会残疾人研究行政主管。他于20世纪90年代中期开始教授残疾人研究课程，此前曾是康复工作讲师。他撰写了大量关于残疾人理论、政治学和政策方面的论文。他的近期研究兴趣包括生命历程和比较研究视角。

卡罗尔·普洛伯(Carol Propper),英国布里斯托尔大学(University of Bristol)公共政策经济学教授。她的主要研究兴趣包括竞争和选择对卫生健康产出的影响、公共部门职员是否有效回应财政激励措施以及低收入和儿童健康及行为的关联性。

特丝·里奇(Tess Ridge),英国巴斯大学(University of Bath)社会政策学讲师,教授儿童社会学与社会政策、家庭社会学与社会政策相关课程。她的研究兴趣主要在于儿童贫困和社会排斥、儿童和家庭政策,特别聚焦在对儿童和家庭的财政支持方面。

凯伦·罗林森(Karen Rowlingson),英国伯明翰大学(University of Birmingham)应用社会研究学院研究主任,社会政策学教授。她的研究兴趣包括社会保险和税收政策、个人理财、贫穷和不平等、财富和资产为本的福利以及家庭变迁等。她的教学兴趣主要涵盖以上领域,并包括定性研究方法和定量研究方法。

罗布·赛克斯(Rob Sykes),英国谢菲尔德哈伦大学(Sheffield Hallam University)应用社会科学部社会政策学首席讲师,教授的课程包括比较社会科学、比较政策决策和比较政治学。他的主要研究兴趣是比较社会政策,尤其是欧洲和东亚地区的社会政策,以及全球化和政治变化研究。

皮特·泰勒-古比(Peter Taylor-Gooby),英国肯特大学(University of Kent)社会政策学教授,经济与社会研究委员会(ESRC)风险研究网络主任。他的主要研究兴趣在于跨国风险研究、欧洲社会政策跨国比较研究、社会政策理论发展研究。他坚信进步是通过发展有理论基础的实证研究而获得的。

艾伦·沃克(Alan Walker),英国谢菲尔德大学(University of Sheffield)社会政策和社会老年学教授,他连续担任这一教职长达二十多年。他的主要研究领域包括老龄化和老年社会学,人口老龄化的政策含义,欧洲、中国和东亚社会政策和社会质量。他现在主持经济与社会研究委员会(ESRC)人口老化新动态研究项目,该项目由五个研究委员会资助;之前他主持过经济与社会研究委员会的成长中的老人项目。

安妮·韦斯特(Anne West),英国伦敦政治经济学院社会政策系教育政策学教授,同时也是教育研究中心主任。她的研究聚焦于近期教育政策,特别是以市场为导向的教育模式以及教育与平等相关的议题。她对学校招生政策尤其感兴趣,其他相关研究兴趣主要是关于教育资助和比较教育政策。她在伦敦政治经济学院教授教育政策和研究生课程。

菲奥纳·威廉姆斯(Fiona Williams)，英国利兹大学(University of Leeds)社会政策学教授。不久前，她担任了经济与社会研究委员会(ESRC)关于照顾、价值和福利未来研究团队负责人。她撰写了许多关于社会政策中性别、“种族”和民族的学术论文和专著。最近她正在研究欧洲家庭照顾中雇用移民员工的问题。她的教学和研究兴趣聚焦于当代社会中的照顾问题，包括家庭生活和人际关系的本质变化以及照顾的政治伦理的发展。

沙伦·赖特(Sharon Wright)，英国斯特灵大学(University of Stirling)社会政策学讲师。她的研究兴趣包括社会政策决策和执行过程、服务输送、失业、积极劳动力市场政策、社会保险以及贫穷。她教授的课程主要有理解社会政策、性别、工作和福利、贫穷、收入和财富以及定性研究方法。她是苏格兰社会政策网络的联合召集人。

尼古拉·耶茨(Nicola Yeates)，英国公开大学(Open University)社会政策学资深(高级)讲师。她发表了许多关于全球化与社会政策相关性议题的学术成果。她是英国社会政策协会国际和比较社会政策研究团队的联合召集人。

目录

第五篇

福利生产与提供

第三十章

国家福利

凯瑟琳·博切尔

概　述

- 国家福利十分复杂，有多种形式。
- 关于国家在福利事务中的参与程度以及各种福利服务提供方之间如何平衡的问题，存在较大的争论。
- 关于福利问题，个人和国家之间的关系也存在许多较大的争论。

国家的定义

现代国家的构成十分复杂，由多种不同成分组成。同时，它还与其他使用更广泛的概念如"国家"（country）、"民族"（nation）和"政府"（government）或多或少有一些联系，所以，很难用简单的术语来定义国家。对"国家"的概念和理解有多种不同看法。例如，有人认为国家的作用在于提供保护和安全；有人认为国家的定义含有私密和控制的意义；还有人认为，对国家而言，最重要的是权力及权力的实施方式。很显然，虽然关于国家的概念和定义各种各样，而且它们也有助于我们对国家以及国家和其他实体之间关系的理解，但由于篇幅有限，我们只能聚焦在较小的内容范围。因此，用一句话简单概括：研究国家最重要的原因之一就是国家对我们生活的影响很大，因此国家与社会的关系、国家与个人的关系构成了本章讨论的关键内容。

国家与混合福利经济

顾名思义，"福利国家"这个术语意味着大部分的福利是由国家提供的。由于大多数人口使用的社会服务，如医疗服务和教育往往与公共部门有关，因而不难理解人们普遍会认为国家是提供福利服务的主要机构的想法。然而，如果说过去福利主要是由国家提供的话，那么现在的情况则发生了改变。21 世纪初的福利服务是由公共部门、私有部门、非营利部门和其他非正式部门的不同组织共同支持的，因此，现实生活中如医疗和教育领域等社会服务的提供者十分多样化，在儿童照顾、住房供给和养老金服务上尤其如此。这种福利制度被称作"混合福利经济"。过去的 30 年，不同的服务提供方应该各自占多大比例、发挥多大作用，国家在资助或提供福利服务中的作用等议题一直存在大量的争议。

随着时间的推移，不同服务提供部门之间责任的平衡发生了一些变化，例如，我们可以看到自福利国家的概念被引入后，公共供给取得了一些增长；然而，到了 20 世纪 80 年代至 90 年代，其他部门的服务供给则发挥了更大的作用。近年来，虽然有争议，但各国政府已经在一定程度上达成政治共识，即尽管国家是许多福利服务的大规模资助者，但福利往往由其他部门机构，或者政府与其他部门机构合作提供。

分析国家

对国家的分析描述和取向有很多，其中一种方法就是把国家看作独立自主的机构，能行使法律权力，并得到其他国家的承认(虽然现在超国家组织如欧盟的增多对国家主权提出了挑战)，国家政府通过一系列组成机构进行立法，制定政策并实施。

很多关于国家的观点可以帮助我们理解国家权力行使的方式(参见本书第二十一章)。例如，多元主义理论(pluralist theory)认为，在自由民主国家，权力是分散的，许多群体和组织都能对政策产生影响。相反，其他理论如精英理论和马克思主义则认为，权力是更集中的。

鉴于定义和分析国家的难度，以及考虑到本章的重点，本章将注意力集中于"政府"在国家福利方面的职能上。在英国，组成政府的机构包括：

- 中央政府——威斯敏斯特议会(Westminster Parliament)、首相、内阁和政府各部门。各个部门有不同的分工，如财政部负责公共支出，其他"开支部门"则分别负责教育培训、健康照顾、养老金和社会保障等。还可以做进一步的区分，例如，有些部门主要负责制定政策，为其他部门的服务指明工作方向和工作框架，如地方政府。而有些部门则直接地参与福利服务的输送，如通过国民健康服务(NHS)开展健康照顾、发放养老金和其他福利。尤其是在戈登·布朗出任财政大臣期间，财政部一改之前只是大致把握政府收支的姿态，在一系列行动中采取了更主动的举措，极大地影响了社会福利。

- 苏格兰议会(the Scottish Parliament)、威尔士全国大会(the National Assembly for Wales)、北爱尔兰议会(the Northern Ireland Assembly)分别在其管辖范围内，在不同程度上行使福利政策制定和福利提供的权力(参见本书第四十一章)。
- 地方政府的职责之一就是对中央政府指派的一系列服务和职责的管理与实施情况进行监督，例如大部分的初级和中级教育、部分的社会照顾、部分的社会住房等(参见本书第四十章)。
- 每一级政府都有许多机构，如半独立非政府组织(准自治非政府机构)、非部级公共机构(NDPBs)、下一步行动机构(next steps agencies)和政府外部组织(Extra-Governmental Organizations，EGOs)。这些组织有效地承担了政府的部分职能，但又与向其直接负责的部门保持一定距离。同时，这些组织经常被政府要求重组和重新命名，从21世纪初期开始，这样的例子包括地区发展署(Regional Development Agencies)、地方战略性合作伙伴关系(Local Strategic Partnerships)、学习和技能委员会(Learning and Skills Councils)、住宅协会(the Housing Corporation)、平等和人权委员会(the Commission for Equality and Human Rights)、食品标准机构(the Food Standards Agency)、独立警署投诉委员会(the Independent Police Complaints Commission)、身份证和护照服务处(the Identity and Passport Service)。

国家在福利事务中的参与

对国家的分析还可以根据国家行使的职能来进行，例如国防、税收、福利服务输送和规章制度。从上面的讨论以及本书其他有关国家福利的各章可以明显地看出，国家以多种形式参与福利事务，其中较重要的方式包括：

- 政策制定和立法：在政策制定的许多领域，包括中央政府、分权政府(devolved administration)和地方政府，国家都扮演了重要的角色。中央政府和分权政府在一定程度上能够指导地方政府或其他机构执行国家政策。国家制度、立法和政策同样为服务的输送提供了框架。
- 财政资助：中央政府是国家福利的主要来源。政府提供国家福利的方式有多种：既可以直接提供服务，如提供国民健康服务；也可以间接通过地方政府、援手组织(arm's-length agencies)、私有或非营利服务提供者给予拨款或签订服务提供合同进行资助；还可以通过直接对个人的经济援助进行，如国家养老保险、儿童福利金或收入补助金就是这样的情况。另外，国家还通过减免税收等财政支持和其他形式提供资助，如对处方药费实施免费或补贴(free or subsidised prescriptions)。
- 服务输送：从前两点可明显看出，国家在直接的服务输送如国民健康服务、国民教育和大部分的社会照顾上发挥了重要的作用，尽管有部分责任转移到了地方政府的身上。
- 使能(enabling)作用：自20世纪80年代起，国家的角色从直接提供服务转变为促使或监督包括私有和非营利部门在内的其他组织提供服务。
- 管理和指导：近年来，国家的规范作用受到越来越多的关注，特别是在社会政策上的规范作用尤其突出(参见本书第三十八章)。21世纪初出现了一些管理机构，包括：负责登记注册、检察和报告英格兰社会照顾提供情况的社会照顾监督委员会；负责监督英格兰的国民健康服务和独立的健康照顾服务提供，以及威尔士部分健康照顾服务的健康照顾委员会；负责英格兰教育标准的英国教育标准处(OFSTED)；负责全英国金融服务产业规范的金融服务管理局(FSA)。
- 伙伴关系与合作：伙伴关系与合作在福利服务的输送中变得越来越重要，各级政府的重心也发生了转移，机构之间不再是单独工作或相互竞争，而是逐渐将各个部门的组织联合起来共同解决问题，以提供更灵活、更全面的福利服务。

考虑到国家在社会政策中扮演的多重角色，以及混合福利经济的存在，国家在社会福利参与中发生一系列转变也就不足为奇了。例如，教育可以由私人出资创办、公私合资创办或者完全由政府出资创办。而私人健康照顾既不由政府出资也不由政府提供服务，但是其运作的基本规则是由政府来制定的，在某些情况下，国家甚至需要为公费病人购买私人提供的健康照顾服务。这些例子都能说明福利服务和输送的多样性，因此，可明显看出混合福利经济存在巨大的复杂性。

以上讨论的话题以及谈到的各种机构的数量和种类，都说明了在制定和提供福利方面国家所扮演角色的复杂性。随着国家的发展变化，其职能也相应发生了改变，并由此引发了关于国家究竟应该扮演什么角色的大讨论。例如，有些人认为，国家发挥的作用和承担的责任已经达到了一个限度，有必要让其他组织参与进来，共同承担如服务输送和管理等责任；有些人认为大型的国家机制是低效的、官僚的，不能回应公民的需要，同时有碍自由和选择性；有些人认为，国家应继续承担大部分职责，但是需要提高执行的效率和效力；还有些人认为，国家在社会政策中的作用还有进一步提升的空间，尤其是在减少不平等方面。这些观点在本书其他各章以及社会的各种辩论中都有体现。

国家角色的变化

从19世纪中期开始，国家就通过引进公共卫生和环境改革逐渐参与福利事务。国家作用得到极大的延伸还源于1906年至1914年执政的自由党政府发起的一系列福利改革，这些举措在许多方面为福利国家的发展奠定了基础。第二次世界大战以后，工党政府根据1942年的《贝弗里奇报告》中的设计蓝图（参见本书第一章），对国家福利进行了大刀阔斧的改革。1945年至1970年，这个阶段的特点之一是在政治上就许多关键议题达成了一致，这种一致来源于凯恩斯（John Maynard Keyens）经济原理与贝弗里奇社会政策的综合，体现了混合经济和福利国家的理念。事实上，这种一致性更多地体现在手段上而非目的上，但无论如何，此期间国家在福利供给中发挥的作用稳步上升，突出了从反国家管制主义（anti-statism）到福利集体主义的立场转变。

然而，自1979年起，以玛格丽特·撒切尔和接下来的约翰·梅杰为首的，受到新右派思潮(New Right Thinking)影响的保守党，采取了减少政府在社会福利中作用的战略。1979年以后，政府开始强调“管理主义”(managerialism)，即认为将私营部门的商业模式引入公共部门有助于提高公共部门的效率；从1988年起，一系列不同的政策工具投入使用，即通常所说的“新公共管理”(the new public management)，包括：更多地利用市场，从私有化(如出售市政住房)到强制性公开招标(如公开招标医院清扫服务项目)，再到将市场机制引入到公共服务中来(如医疗和教育领域)；将国家当作福利服务的授权者而不是提供者，加大私营部门、志愿部门和个人的投入；非关键职能的下放，如将原先由中央和地方政府承担的政策执行和服务提供的职责转移给准自治的非政府组织、非部级公共机构和下一步行动机构等组织。这些发展长久以来导致组织和服务输送变得十分分散和复杂，社会评论员对这些措施的成败和社会影响也是褒贬不一。

从总体上看，保守党所做的工作可以看作更倾向于削减政府尤其是减少国家在福利供给中的作用。1997年之后新工党政府执政期间，这种倾向变得相当模糊。关于国家和社会福利之间的关系出现了许多重复甚至是矛盾的看法：

- 强调“什么管用”，认为不论提供服务的机构属于哪个部门，有效率、有效力的提供公共服务才是最重要的。然而，有部分人认为这种方式促进了私有部门的发展，尤其是帮助了私有部门进入到国家福利的新领域，并导致了新的私有化形式。
- 强调伙伴关系，包括跨部门的合作。将私有部门和非营利部门的优势用于社会目标的实现，同时承认当代社会的复杂性。
- “使能国家”(enabling state)的发展——中央政府和地方政府通常被视为服务的授权者，而非服务的直接提供者。
- 接着上面一点，更多地通过非法定机构(non-statutory agencies)提供服务。
- 更多地应用规范、审计和检查机制对福利服务和服务提供者进行管理，在一定程度上与国家角色的复杂性以及变化结合起来考虑。
- 对国家在福利中的作用衍生出了不同观点，例如，有人推动“积极的福利国家”，使得公民的权利与义务相匹配(例如，国家有责任帮助人们重新就业，然而个人也有义务自主解决就业)。
- 政府增加了某些领域的财政公共支出，特别是社会保护、教育和国民健康服务方面的财政支出。但同时，住房方面的支出相比之下却保持稳定。

- 加大了非直接“财政福利”，尤其是通过扩大针对低收入群体的税收减免手段，包括对自己找工作和继续留在已有工作岗位的个人给予鼓励。
- 英国在一定程度上采取了更多样化的措施，例如，苏格兰执行委员会在 2000 年为老年人提供免费个人照顾，威尔士国民大会决定自 2007 年 4 月起停止处方收费（参见本书第四十一章）。

工党执政期间的一系列举措和发展试图重新定义个人与国家之间的关系，并引发了大量的讨论。其中的一些受到如新右派思想、传统社会民主思想等各种思潮的影响。同时，尤其是在戴维 · 卡梅伦（David Cameron）的领导下，保守党试图与撒切尔时代的众多做法有所不同，至少在社会政策方面国家扮演了重要的角色。尽管表面上国家与福利的关系较之以前实现了更高的政治一致性，但我们还是应该清醒地认识到，有关辩论还将一直持续下去。

新兴议题

还有一系列问题可能继续对未来的国家福利产生影响。接下来讨论的都是当下十分重要的议题，但随着社会政策性质的改变，讨论的重点也可能发生变化。

个体与国家的关系

个体与国家之间的关系一直是过去 30 年社会政策发展的中心议题。20 世纪 80 年代到 90 年代，新右派思想对保守派政府的影响表现在多次削弱政府的作用和规模，强调个人养活自己和抚养家人上。尽管新工党社会政策的许多方面也体现出这些内容，但到 1997 年后，新工党才开始真正强调个人权利和责任是国家福利的关键所在。如上面提到的，政治上就这一点已达成了一致，同时还承认国家在其中应发挥辅助作用，并对没有能力承担相应责任的个人提供帮助。近年来围绕“自给自足”（self-provisioning）“积极的福利国家”和“个人化的福利”等话题开展过多次辩论。

政府的规模和作用

本章和本书其他章节都提到过，政府应该在多大程度上参与福利事务，各部门的福利供给该如何平衡，这些问题都存在争议。可以很明显地看出，混合经济福利将继续成为社会政策的一个主要特征，但各个部门参与的形式和程度仍有争议。

福利中的公民参与或卷入

保守党政府和工党政府都试图通过各种机制鼓励公民参与福利服务，如赋予公民更大的决策权等。政府对公民施加了一些压力，如：个人选择的概念可能被看作促进福利提供者效率和效能的方式之一；个人的权责考虑；灌输一种观念，即让个人参与到决策中能够更好地满足个人需要。

国家福利的复杂性

中央政府和包括独立机构与地方政府在内的不同福利提供者之间的关系变得越来越复杂，部分原因是由福利供给体系的碎片化造成的。由于很难对福利体系的现状获得一个清晰的认识，就很难对政策的实施予以控制，因此，建立责任制度和规范体系仍是需解决的关键问题。

多层治理

对苏格兰和威尔士政府的地方分权使得苏格兰议会和威尔士国民大会得以发展与威斯敏斯特议会判定的福利制度迥异的福利措施。同时，欧盟在社会政策上的角色也发生了一些改变，尽管许多领域的福利供给依然是单个国家的责任。

单一民族国家的范围

最后，有许多更广范围内的因素可能影响国家福利，例如全球化和超国家治理（参见本书第二十五章和第四十三章）。关于这些因素的潜在影响一直存在许多讨论，但至少现在，我们完全可以说国家福利的形式、发展以及政府对福利的控制程度等都还是颇具争议的话题。

高阶阅读指南

对历史发展细节更进一步的了解可以参照 R. Lowe 的 *Welfare State in Britain Since 1945*（Palgrave Macmillan，2004），这本书对福利国家的发展有十分详尽的描述。B. Lund 的 *Understanding State Welfare: Social Justice or Social Exclusion?*（Sage，2002）从不同的理论视角探讨了国家福利的演进。C. Pierson 和 F. G. Castle 的 *The Welfare State Reader*（Blackwell，2000）介绍了与福利国家相关的视角、辩论和挑战。

C. Bochel 和 H. Bochel 的 *The UK Social Policy Process*（Policy Press，2004）介绍了对政府的不同看法。J. Newman 的 *Modernising Governance: New Labour, Policy and Society*（Sage，2001）介绍了新工党的政治和政策。

M. Powell 编辑的 *Understanding the Mixed Economy of Welfare*（Policy Press，2007）提供了福利多元论的最新进展，而 C. Pierson 的著作 *Beyond the Welfare State? The New Political Economy of Welfare*（Cambridge University Press，2007）是对福利改革相关问题的详细指南。

提供福利服务和政策方面有用信息的网站有：www. cabinetoffice. gov. uk（the Cabinet Office）和 www. dwp. gov. uk（the Department for Work and Pensions）。

第三十一章

商业福利

克里斯托弗·霍尔登

概述

- 参与输送福利服务的营利性公司有许多种类。
- 国家福利活动的程度和类型在很大程度上决定了商业福利的范围。
- 近年来先进福利国家的改革使得公私部门的界限变得模糊，“准市场”和政府从私有服务提供者处购买服务的情况频频出现。
- 福利服务越依赖市场和私有福利服务提供者，在实现社会政策目标时越应该对市场和私营服务提供者进行管制。

导言

商业福利服务一直是福利供给的重要部分。本章首先讨论商业福利的性质，其次简单介绍一些参与商业福利的营利性公司的种类。再次以英国为例，介绍近年来政府改革是如何促进这些公司的参与的。最后介绍商业福利的新兴议题，包括管制以及政府的作用如何随着私营福利提供者的增加而发生变化。

福利中的市场和企业

商业福利涉及福利服务和产品在各种市场中的买卖。大多数福利服务的出售者希望盈利，但也有一些志愿组织(或者事实上也是非营利的互济会)参与其中。即使是非营利组织也努力保证收入最大化，以维持其在福利市场上的竞争优势。这些福利服务的消费者包括：个人(哪怕福利购买者可能是自己或家人)、保险公司(保险计划的来源由个人或其雇主提供)或国家机构。从原则上来说，满足人类福利需要必需的服务是可以和其他的家用品一样，放到市场上买卖的。然而有两个关键原因决定了福利服务应该与其他商品和服务区分开来。

第一，福利服务从定义上来说对于满足基本的人类需要十分重要，所以政府通常认为应该采取行动保证所有国家公民都能获得最基本的福利服务。如果政府不采取这样的行动，那么许多公民无力负担基本的需要，就会导致巨大的不平等。在20世纪的英国，政府往往通过国家机构直接输送服务，国家给予资助并进行规范。国家直接提供福利通常被认为是保证政府必需的福利服务的标准和实施程度的最好方式。以健康服务为例，靠税收支持、对公民免费的国民健康服务的建立将私人供给挤压到了边缘地位。然而，正如我们以后将会看到的，政府开始越来越多地质疑是否应由国家提供福利服务来满足公民的需要。

第二，福利服务应与其他商品和服务区分开的关键原因是市场通常并不能有效提供服务。这其中的原因有许多(参见本书第六章和第三十六章)。判断需要什么样的健康照顾服务或者该送孩子去什么样的学校与选择买一台新电视是不一样的，这需要更多的专业知识。因此，即使市场和私人提供者要在福利服务的提供上发挥一定的作用，也需要政府的规范以确保服务能有助于实现社会政策的目标。

所以，虽然大多数其他的商品和服务都是通过市场提供的，但政府供给福利服务(至少是在先进的福利国家)通常可以限制私有企业通过销售福利服务来盈利。在大多数国家，通过商业的方式提供包括健康和社会照顾、教育、养老金和其他金融产品以及住房在内的福利服务一直都是存在的。然而，在任何一个国家，福利国家的类型和发展程度都成为决定私有福利规模的最重要因素。国家提供得越少，私有部门提供得就越多。但是在许多国家(包括英国在内)，总是有一部分私有企业可以得到国家的支持，代表政府提供福利服务，我们可以看到，由于受到政府政策的影响，这样的企业呈现明显上升的趋势。而且，生产与福利服务输送密切相关商品的企业如制药企业也能得到政府的大量资助。

如果政府对福利服务的资助较少，那么市场的大小和形势就主要由有效需求度来决定，即：有多少人愿意并且有能力购买服务？由于人们并不一定在需要服务的时候有能力“掏腰包”购买，所以我们需要发展商业保险计划。在英国这样利用税收资助公共健康服务的国家，有些雇主购买医疗保险或其他的保险作为非工资津贴，还有部分人相对较富有，可以通过比公共系统更快捷的方式或在更舒适的环境下获取福利服务。

实际上有大量不同类型的营利性公司以某种方式参与到了福利服务的输送中(见资料框 31.1)。这些公司既有可能是由一两个个体或一小群投资者拥有的私人公司，也可能是许多人共同拥有股份的上市公司；既有私人护理院的所有者，也有大型跨国公司。如今，很多跨国经营的公司都生产与福利相关的商品，如药品(而非直接提供服务)。但随着私人供给福利服务的增加，这些私有企业也有可能进行跨国经营，跨国界的福利服务国际贸易也有可能随之增多。要确保和推进社会政策就必须对这些新发展进行仔细的研究。与资料框 31.1 中描述的企业一样，一批核心业务活动可能与直接福利提供没有一点关系或关系不大的公司也可能会影响社会政策。例如，企业可能以赞助或参与董事会的间接方式参与国家福利服务管理，如专科学校；企业还可能通过政治行为，如在政治家面前游说社会政策议题，以保护或促进自身利益(例如，当他们觉得最低工资水平太高时)。

资料框 31.1 盈利的福利企业的类型

在社会政策领域，第一，最重要的一种公司类型是直接向公众提供福利服务的公司。这类公司有很多种，比如提供健康服务的公司，包括医院、诊所、牙科、眼科或是药房服务，还包括学校提供的继续教育或是高等层次的教育。其他类似的公司还提供成人和儿童社会保障、培训、雇佣、住房或监狱服务。第二，还有一些公司生产输送福利服务过程中必不可少的物品，比如药品和教育资料。人们在研究社会政策时通常会忽略这种类型的公司，但是它们的行为经常对福利结果有着重要的影响。第三，还有一些公司为直接提供福利服务的公共或私有组织提供服务。例如，所有的医院，不管是由政府机构还是由私营公司来管理，都依赖那些提供药品的公司、清洁仪器的公司和为医院病人及员工提供餐饮服务的公司。此种类型的公司可能也会为直接提供者提供咨询或管理服务，例如通过接手一所现存的管理失误的国有学校或医院。第四，有一些公司提供保险或金融服务，比如健康和残疾保险、个人养老金和抵押。第五，有一些公司参与到设计、建造和维护直接提供服务的机构，例如医院、学校甚至是监狱和住房。在英国，近年来由于民间主动融资(PFI)，这种类型的公司越来越重要。还有很多不同的公司，不管它们从事哪种业务，都会向自己的雇员提供某种形式的职业福利。

我们可以看到，总是有一系列不同的企业以这样或那样的方式参与输送福利服务，通过销售产品或服务从政府获得报酬，或直接将产品或服务卖给公众从中得到回报。私有企业满足社会政策目标最重要的形式就是直接提供福利服务。在英国，近年来私有福利输送中增长最快的就是这些直接提供者，如营利性健康服务提供者，这方面的内容我们将在下一部分讨论。

政府政策和福利市场

我们说过，政府福利活动的范围和类型是决定商业福利范围的最重要的因素。对政府活动的“类型”予以关注是极其重要的，因为它不仅仅关乎此类活动的存在与否。政府可能会选择购买私营公司提供的福利服务，或是委任其他组织来执行服务，而不是自己提供服务。其中一个例子就是政府委任的社会保险方案。很多欧洲国家都有社会健康保险计划，公民(或是由雇主代表他们)支付独立的资金，这部分资金由政府管理，在需要的时候可以用来支付其健康照顾费用。这些国家的政府通常替那些无支付能力的居民支付这部分资金，以便每个人都能够获得最低限度的健康照顾。这一体系通常意味着居民既可以选择私营健康照顾提供也可以选择公有服务，并通过社会保险金来支付相应账目。这样，私营保健提供者获得收入的渠道就不仅仅限于私人支付(私人保险或是现金)，也包括政府所委托的保险金。根据所采取的形式，政府追求社会政策目标的活动将会支持而不是破坏商业服务提供者。

美国与其他大多数经济发达国家相比，福利范围要狭窄得多，但是很多居民都能支付得起他们所需的服务，商业福利也比其他任何国家都要发达(参见本书第二十七章)。因此，在健康和其他服务中存在一个巨大市场，例如有很多营利性医院。同时，在美国福利服务的获取中存在的不平等与其他大多数经济发达国家相比也是非常巨大的，因为并不是每个人都能支付得起他们所需要的服务。但是，即使这样，政府也会为最贫困的居民提供一些支持，比如医疗救助计划(英)(Medicaid)是一个由政府资助的针对穷人的健康保障服务，联邦医疗保险(美)(Medicare)是一个针对老年人的类似的方案。使用这两项服务的人和其他人一样可以享受私营服务提供者的服务，但是提供者将会向政府机构索取服务费用。因为这些提供者们主要是被营利驱动，这会导致一些问题，比如这些私营服务提供者即使没有给一些人提供服务，也会提出虚假的报销单。

正如上面所讨论的，一些国家(比如英国)自第二次世界大战结束后，健康照顾主要由政府提供，因此商业福利就没有太多的发展机会。但是，自从 20 世纪 80 年代以来，因为福利服务的组织方式进行了改革，所以这一情况开始得到改变。英国已经成为这种改革的领导者，从起初的撒切尔和梅杰保守党政府，到后来在新工党的领导之下，英国开辟了这条路并受其他发达福利国家的追随。商业福利提供者的作用因为两个主要原因得以增强。第一，改变倾向于由个人承担自己所需，例如，人们不能依赖政府提供养老金，而是必须通过职业的或私人的养老金方案来自主满足需要。第二，倾向于由政府付款的私营公司提供过去由政府亲自提供的服务。

第二种改变即把“准市场”(quasi-markets)引入到福利服务中，而在过去福利服务几乎全部由政府机构提供。国民健康服务的改革就很好地证明了这些改变是如何为私营提供者提供更多的机遇的。撒切尔极力坚持一个亲市场的新自由主义的意识形态，但是她意识到公众对国民健康服务的支持，这意味着她不能简单地把这一体系私有化，即直接把它终结，而让人们在一个没有政府支持的开放市场里购买保健服务。因此她把“内部市场”引入国民健康服务体系，这样，服务的购买就能与服务的提供分离开来。其中，医院和其他服务(即提供者)被重组为独立的信托基金，然后它们依据合同为卫生局和“资金持有”的全科医生(即购买者)提供服务。这样，虽然很少有人从私营企业购买服务，但是国民健康服务信托基金则更像是独立的公司，向购买者出售服务，这就产生了“内部市场”。

但是，购买方与提供方的分割也被引入到社会照顾服务中，像在对老年人的院舍照顾和医疗护理中，地方政府的社会服务部门作为购买者，私营机构、志愿机构和政府机构所组成的“混合经济”作为提供者。这里，市场并不是“内部的”，而是包括了外部的营利性提供者，这些提供者很快在社会照顾提供中占据了主导地位。大的跨国公司与小型私营提供者一起进入到这一新的市场，依据合同给当地政府提供保障服务来获得利润。将购买方与提供方分割开来是由撒切尔政府想出来的，以便给服务使用者提供更多的选择，虽然它在执行合同时还有附加成本，但与以前的由政府提供服务相比还是更加有效。

这种新的“混合经济”最终成为新工党政府所采用的公众服务模式，即使他们曾反对过国民健康服务体系的内部市场。一旦上台执政，新工党很快就开始一项在国民健康服务内部进行改革的新计划，在这一计划中，以全科医生为基础的初级照顾基金（Primary Care Trusts，PCT）将成为购买者，而独立的国民健康服务信托基金（包括新的“信托基金”）将会和营利性的提供者们竞争以获得国民健康服务体系的病人。政府也邀请国外的医疗机构成立“诊断与治疗中心”，作为向私营部门提供服务外包政策的一部分，其中15%的服务购买选择是由国民医疗健康体系支付的。

商业公司越来越多地参与到福利中来，包括通过“民间主动融资”（Private Finance Initiative，PFI）方案委托商业公司运行像学校和医院这些福利机构的新方法。民间主动融资包括营利性集团对这些机构的资助、维持和建造。它具有争议性，因为它意味着这些设施将被这些集团占有20年到30年的时间，而像国民健康服务信托基金这样的福利机构将会受困于成本效益不高的固定长期租赁。

用这些方法把私营部门引入到福利国家的核心服务，导致了公有部门和私营部门之间“界限的模糊”。始于撒切尔的新自由保守派政府的方法在新工党执政下得以延伸，工党政府宣称应采取更实用的方式来输送公共服务，概括起来就是“起作用的才是重要的”。新工党“第三条道路”的思想宣称要把市场和私营经济的最佳部分与政府执政的最佳部分结合起来，以便以一种新的更有效的方式提供服务。但是，事实上，这种实用主义的取向往往会落入一种假设，即私营部门通常比公有部门办事更有效，这样的假设也导致一种观点，即当服务能分包给私营部门时，就应当给私营部门。

新兴议题

在英国，这种向私营经济的转变引领并反映了发达国家的政策制定者们一个更普遍的转变，即国家应当“事半功倍”。换言之，对社会政策目标的追求并不一定需要国家直接地提供服务，政府的职责就是保证通过任何必需的方法来实现这些目标。因此从这一角度来看，对政府来说，购买其他机构和组织（包括营利性的公司）提供的服务，或者仅仅强制公民自己承担一部分（比如让他们自己支付养老金）更为有利。但是，仅仅是政府资助这些服务，或是确保居民的自我支付并不够，当公司提供服务的主要目的是为了追求利润时，如果政府想有效地“调控”服务，就需要仔细考虑两个问题。

第一，当政府要资助私营经济来提供服务时，它需要考虑支付系统所鼓励的各种行为。任何支付系统都创造自己的激励机制，激励着某种特殊的行为。营利性的提供者、志愿组织和自治的公众机构，比如医院信托基金，都会选择能使它们利益最大化的行为方法，即使其他的目标对他们来说也非常重要。市场，包括政府创造的“准市场”，也是在这一事实上假定出来的。所以政府需要非常仔细地设计它的支付系统，以便激励公司以一种最有利的方式来行动。政府也需要与服务提供者签订权责清晰的合同，以便让服务提供者了解对他们的期望是什么。

第二，政府要保证它能恰当地管理提供者。这指的是政府必须建立一系列的规则，服务提供者必须遵守、遵循这些规则，如果没有遵守这些规则会受到相应制裁。同时还需要不同类型的管理“工具”，以保证不同的政策目标得以实现（参见本书第三十八章）。例如，政府通常想保证服务输送中的最低标准，也就是说政府想要确保质量。在一个由政府机构直接提供、按等级构成的服务中，至少可以通过机构的内部管理结构部分地做到这一点。但是，如果服务是由独立的提供者提供时，就需要建立特殊的管理机构，比如“健康照顾稽核和监察委员会”（Commission for Healthcare Audit and Inspection）和“社会照顾监督委员会”（Commission for Social Care Inspection），它们的工作就是监督服务的质量，并在服务无法达标时采取有效措施。这意味着它们都必须明确需要达到哪些标准，怎样监控这些标准，针对那些无法达标的组织应采取什么措施。

但是，对于在福利中引入市场机制，最大的顾虑可能是对公平的影响。公平原则是福利国家的核心，市场可能既意味着平等获得服务，也意味着结果的平等。市场是建立在竞争的基础上的，是对刺激的反应而非鼓励社会服务思潮的结果，这就势必会改变福利体系的性质。因此需要仔细考虑社会政策的目标应当是什么，以及哪些方法最适合用来达成这些目标。

如果政府要继续允许或鼓励商业福利的扩大，公平、质量和管制这三个问题是非常重要的。在世界经济自由化和一体化的背景下，福利市场也有可能变得国际化，福利企业、参与者和服务使用者跨越国界的流动比以往都要多。这些发展可能会促进国与国之间分享知识和技能，但也使得在国内及国家间对服务的管理越发困难，对公平有着更大的影响。

高阶阅读指南

本章出现的问题延伸分析和讨论可见：M. Powell 编著的 *Understanding the Mixed Economy of Welfare*（Policy Press，2007）；K. Farnsworth 和 C. Holden 的 “The Business-Social Policy Nexus：Corporate Power and Corporate Inputs into Social Policy”，*Journal of Social Policy* 35/3（2006）：473 – 494；C. Holden，“The internationalization of corporate healthcare：extent and emerging trends”，*Competition & Change* 9/2（2000）：185 – 203；K. Farnsworth，*Corporate Power and Social Policy in a Global*

Economy: British Welfare Under the Influence（Policy Press，2004）；M. May 和 E. Brunsdon 的“Commercial and occupational welfare”， in R. M. Page 和 R. Silburn 编著的 *British Social Welfare in the Twentieth Century*（Macmillan，1999）。

第三十二章

职业福利

玛格丽特·梅

概　述

- 职业福利是英国福利组合中一个关键但却被忽视的部分。
- 职业福利最好的定义是：由雇主提供用来提高雇员福利的报酬方案中的“非工资”要素。
- 在过去的十年中，福利供给得到改善，获得显著增长。
- 福利供应转型反映了雇主和其他股东，尤其是国家政府想法的转变。
- 职业福利对公共福利、劳动力市场行为和社会公平具有极大的价值。

导　言

如本书其他章所示，福利服务可以由一个家庭和一系列政府或非法定机构提供。为了满足生活事件或其他需要，许多个人也可以从他们的雇主作为报酬的一部分提供的支持中受益。虽然有些人轻蔑地称之为“边缘福利”，但是这样的供应能够大幅提高接受者的可支配收入、生活质量和机会的结构。因此，职业指导老师经常建议毕业生在申请职位时，除了要考虑合适的薪水之外，还要考虑雇主提供的福利。对于雇主来说也要考虑福利支付，因为这样的支持绝非只是边缘的，它通常应达到基本工资的 1/3 或以上。

在许多国家，雇主的这种投资一直就是综合福利（welfare complex）的特征。在一些国家，特别是美国和日本，它是“福利组合”的一项关键要素。直到最近，基于单位的福利仍然是中国和东欧国家福利供应的重点

（参见本书第二十八章）。在欧洲其他国家，雇员集体谈判是福利秩序（welfare order）中很重要的一个维度。此外，无论环境怎么样，国家一直通过直接的立法与间接的财政手段和其他方法大力推广工作单位福利。

然而，在英国除了养老金之外，职业福利很少能够引起政策分析者的注意，这反映出官方数据的局限性以及获取组织信息过程中的困难程度。虽然如此，它也是一个在“私人”或“市场”福利的无差别概念下，以雇主供给福利为前提的产物。同样重要的工作场所规章及其在福利体制理论中的作用（参见本书第二十四章）并没有被纳入政策分析的一部分，而成为经济学、雇员关系和人力资源管理（HRM）等领域的研究对象。因此，本章在构成社会政策关注点的同时，引用了更广泛的文献，概述职业福利供应（occupational provision）研究中所面临的定义问题、职业福利提供在英国新近的发展以及这种福利形式引起的政策问题。

什么是“职业福利”？

社会政策领域关于职业福利供应的讨论起源于蒂特马斯的“福利的社会分工”（social division of welfare）的概念（参见本书第一章）。他在20世纪50年代著书强调国家服务发展的程度是职业福利发展的缩影。虽然两个概念最初的意思不同，但是他认为这两个概念在功能上是等同的，而且从个体观点来看，满足了相同的需要。

国家福利和雇主提供福利之间一致性的观念是研究的起点。然而，新近的分析在关于职业福利构成的观点上有很大不同，可操作化地区分如下：

- 一个狭义的定义——仅专注于雇主自愿提供的福利安排；
- 一个广义的定义——包括强制的和自愿的计划。

一些分析家做了进一步的区分，认为政策分析应该限制在明确的社会定位之内。而在实际操作中这样的划分很难坚持。尽管定义上有所偏差，但与法定服务一样，工作场所有着多重交叉的功能和福利意义。强制性计划通常来源于一些雇主为社会或商业目的而开发的措施。义务和自愿供应常常通过要求他人照做而发挥作用。例如，雇主可能“超越”法定最低额度，争取权利提供更慷慨的福利，或者开展其他服务。政府可能依次通过财政或其他杠杆支持这样的发展，同时给雇主施压，使其扩展到新的领域。

本章采用了较广泛的概念。在此它与当前的人力资源管理(HRM)分析和实践相一致。这里职业福利被视为全部报酬中超出基础工资以及奖金的部分，它由雇主提供，用来提高雇员福利。这种取向抓住了雇主给予服务的范围和多样性，也是过去和当前许多自愿的、强制的和政府支持的福利的具体化。它也考虑到雇主在社会保护中起作用的角色，以及越来越重要但是无形的、基于时间的利益，如假期和请假安排。

职业福利的主要形式

职业福利可以依据所支持类型的九个维度进行相应的分类。关于全部的形式和类型在其他方面有全面讨论，表 32.1 提供的是雇员可能受益的九种支持类型。在考虑这些类型的过程中，许多交互变量应该引起注意。首先，配偶/伴侣和孩子可能包括在内，虽然这一点会随着供应形式和雇主的不同而不同。其次，服务输送模式存在显著的差异。一些组织依赖机构内部的供应，其他的则依赖外部供应或两者的结合。最根本的不同在于，服务的范围、组合和类型，以及服务随时间发生变化的方式。

表 32.1　自愿性和强制性职业福利的主要形式

支持类型	例子
社会保障	● 法定社会保险缴款 ● 强制和强制之外的工资替代品（例如，疾病和裁员支付、带薪产假、产假或儿童收养假） ● 志愿工资替代品（例如，产假和育儿津贴、生命保险、重大疾病保险、残疾和个人意外保险、工作期间死亡保险和职业养老金） ● 志愿工资补充（例如，专业补偿保险、无息贷款、婚姻福利）

(续表)

支持类型	例　　子
社会照顾	● 强制和强制之外的请假安排（例如，为尽父母责任、照顾者责任、公民责任） ● 志愿支持服务（例如，建议、学龄前服务、学龄服务、成人照顾服务、工作生活平衡服务以及退休前/后服务、生活方式福利）
健康照顾	● 强制和强制之外的健康与安全措施 ● 志愿"疾病服务"（例如，个人医疗保险和现金计划） ● 志愿复职服务（例如，支持仍有健康问题的个人回到原工作岗位或再就业服务） ● 志愿"健康""福利""健康老化"服务（例如，检验、诊断和指引服务、健康教育与宣传）
教育和培训	● 强制和强制之外的健康、安全及年轻员工培训 ● 雇主提供培训 ● 雇主支持（例如，为了职业或个人发展、孩子教育）
住　房	● 雇主提供的住宿 ● 志愿资金援助（如抵押贷款/房租、装修、保险）
交　通	● 公司汽车 ● 志愿补助（例如，汽车购买/租借、其他形式的交通、驾校学习、税、汽油、保险）
休　闲	● 工作单位的娱乐设施 ● 志愿支持（例如，俱乐部或其他会员、出席运动会/其他活动）
礼宾服务	● 志愿供应（例如，信息和指引服务、自助餐厅、就餐补助/优惠券、帮佣服务）
社区参与	● 对雇员社区活动的志愿支持（例如，学校管理、委员会工作、筹资、指导、借调、请假）

确定工作单位福利的范围和角色是一项复杂的任务。不过，最近的调查显示，从 20 世纪 90 年代开始，福利的供应模式呈现出大致相似的轮廓。首先，随着工党逐渐拓展或引入强制计划，以及使用其他激励手段说服雇主拓宽他们的供应，雇主的整体福利责任和人力资源管理人员作为政府代理人的角色增加了。同时，组织开始着手从事一系列新的活动，并且改革或缩减其他活动。其次，这些不同类型的供应根据对雇员的重要程度的差异而重新调整。

最深远的变革是在职业社会保险方面，这对于雇主来说是最昂贵的支持形式，对雇员来说却是最有价值的支持形式。其中宣传最多的是职业养老金的重组和强制性雇员储蓄的引进。受到税项减免和外包安排(contracting-out arrangements)的刺激，前者演化成了补充英国最低限国家养老金制度（Britain's minimalist state pension system）的重要的"第二支柱"。到 20 世纪 80 年代，大约一半的劳动力进行了投保，主要给付形式是最终薪金的确定给付制(Defined Benefit, DB)。

将职业养老金作为一个广泛的公共和私人养老金供给再平衡的一部分，对于工党的福利议程是至关重要的。但是21世纪初直线下跌的股票市场、更严格的管制、税收变革和对寿命增长的担心共同导致了许多公司把雇员转移到固定供款(Defined Contribution, DC)的资金购买福利或其他低成本计划上。这样做使雇主将积累和赔付(accumulation and claimant)阶段的大部分风险转移到雇员身上。政府资助的企事业单位雇主也被迫调整他们一直以来非常慷慨的福利安排。工会的压力意味着变革会受到谈判拖延的影响，但是总的趋势是使用更便宜、风险更低的职业平均计划代替确定给付制福利。

为了维持职业福利供应作为养老金改革的一个部分，2007年工党提议，所有雇员从2012年开始都将被自动收录到一个全国性的个人账户(Personal Accounts, PAs)系统中，或者一个能提供对等或更好福利的职业计划中。个人账户由国家税收支持，但是更多的是由强制的雇主和雇员缴款提供资金，它的目标对象是得不到通过工作而获得养老金的一般收入或低收入者，目标旨在补充现有计划，而不是与其竞争。

情况是否会是这样目前还不清楚。但是在工党的计划中，职业养老金仍然是一项重要的固定福利计划，而雇主和政府提供的福利与之共同作用。在对小公司的财政帮助下，超过3/5的工作单位提供高于法定的职工病假工资。高于强制标准的裁员工资也传播开来，许多企业在他们的综合福利提供中增加了新职业介绍服务。

同样重要的是在20世纪90年代，主要的雇主拓宽了他们的福利组合，将一系列对父母和照顾者的支持计划包含在内。基于这些活动并且为了与欧盟战略保持一致，工党逐渐增加了产假与工资，采取带薪和无薪陪产假以及年轻父母共享假期的形式。尽管雇主的国家保险缴款大幅度增加，但是这些福利的普遍化激励着许多公司提高了他们的供应水平或增加了新的福利。其中最普遍的是以职工家庭配偶福利、折扣和代金券计划等形式来支付的补助，这些都是从20世纪90年代末期开始萌芽。

工作单位的关怀也表现出类似的单位和政府共驱的变革形式。一个主要的发展就是雇主实施的咨询、建议和引荐服务的扩展。这些服务填补了政府福利的一个空白，范围包括从帮助处理关系、解决照顾和法律问题到财务和债务管理。除了为雇主提供避免压力相关诉讼的保护，这些服务还包括了工作中的一些考虑。为了补偿养老金变革并填补另一项空白，一些雇主也发展了退休计划服务。许多雇主还采取了假期、工作生活平衡、孩子和老人照顾措施。

工党把改善的大部分工作留给了雇主。但是它要求所有的雇主提供一定的服务和基于时间的福利。法定的假日权利逐渐得到增加，同时照顾者和年幼或残疾孩子的父母对紧急事件和弹性工作的请求权开始建立。政府还采用了奖励、树立标杆和资金支持等措施来劝说单位实施高于法定标准的和工作生活平衡的服务。

在发展咨询和照顾方案的过程中，许多雇主，尤其是起带头作用的雇主，以更主动的方式重新设计了他们的职业健康体系，并且启动大量的“健康”和“福祉”计划。许多组织内部的培训也以类似的方式重组。一些大公司建立了公司大学，还有一些公司对工作中的学习进行考核，总的来说，员工发展获得了稳定的提升。随之雇主增加了对雇员社区活动的支持，启动新的礼宾服务产品，并且重新定位他们的休闲和交通服务。一些雇主也改革了住房支持，主要是以提供抵押帮助而不是养老金的形式。

工党也在这些领域鼓励雇主的行为，但是使用的机制是奖励性或财政性的，尤其在工作单位中医疗和培训方面最明显。与之形成对比的是，北欧和欧洲大陆传统上认为这两种机制主要是组织的责任。在促进雇主行动方面，工党试图更加直接地把他们合并纳入一个更广泛的公共战略内。该战略的公共健康议程集中于单位要更主动地提供服务上，把工作单位当作输送预防性关怀的关键地点。此外，它的技能、“培训以获取”(train to gain)和终身学习政策同样使雇主参与到各种合伙计划中(参见本书第四十八章)。根据2007年的技能宣言，计划到2010年雇主将为所有的员工提供第二级的培训，包括未能输送服务的情况下的相关法定培训。补偿性培训是由政府提供资金的。但是就雇员福利税款补助来说，与此有关的资金转移支付通常是不透明的。

职业福利方面的变化

呈现出来的总体情况是职业福利在可自由支配的授权和政府支持的志

愿供应共同推进下，得到了很大的提升。然而，后者还很不统一。用很普通的术语来说，雇主的支出根据以下因素而不同：

- 组织规模：福利体系在大的组织中更常见，这些组织实施的计划也更加慷慨。
- 部门：在供应的水平和范围方面，公共部门比商业或者志愿组织更慷慨。
- 产业：在金融产业、专业的和其他“知识”产业、资本密集型制造业和高端零售业公司比其他市场中的公司在福利计划上投资更多。
- 雇佣状况：有些福利和服务提供给所有或大多数雇员，其他的则局限于高级员工层面，他们通常也有权获得更综合的福利。

这种分割意味着在不同维度工作单位福利也有不同。女性往往集中在“5Cs”①，在较小的公司和较低的职位层中，这意味着她们通常被排除在很多福利之外，或者只能获得一小部分的福利。

少数民族群体的成员也存在类似的差别。尽管机会平等的立法包括了一些服务，但培训机会对于全职人员和兼职人员(主要是女性)存在很大的不同。

所有这些差异都并不新鲜。但是它们因为其他因素而变得错综复杂，尤其是福利供应取决于雇员贡献的程度，以及21世纪灵活的“自助式”福利和工资—供款制的普及。虽然它们跟“个性化”服务和共同支付公共福利有相似之处，但是它们使得志愿福利的供给和由雇主发起、共同资助、提供税款补助的计划多样性变得更加复杂和不一致。

对职业福利的解释

雇主资助的福利模式在起源、分配和政府支持的角色等方面给政策分析者提出了较大的难题。很明显，职业福利根源于不同组织的不同考量，

① 女性集中在秘书(Clerical)、清洁(Cleaning)、照顾(Caring)、收银(Cashiering)、餐饮(Catering)五种职业领域中就业，因这五种职业均以“C”开头，简称5Cs。

就好像不同福利被感知的价值也存在波动一样。但是近年来的研究强调了许多宽泛的规则，这些规则与责任塑造了工作单位福利中主要利益相关者的战略。

政府的考量

传统上政府对职业福利的认可归因于五个主要因素。不管其政治立场如何，战后各界政府都视其为填补政府供应缺口的手段，同时通过对雇主福利供款制的财政补贴，控制和粉饰财政支出。养老金和其他基于贡献的福利还帮助政府借贷和政府对企业的投资。尽管工党的立场并不明了，但是保守派政府，特别是在 20 世纪 80 年代和 90 年代，却将职业福利计划视为将公共福利最小化的一个手段。

工党对职业福利的拥护很少被讨论，但却是其力挺英国福利制度和经济现代化的一个重要因素。英国的政府干预部分是受欧盟指令（EU Directives）和欧盟就业战略要求的驱动，但是同样也受到工党通过构建一个使能的、充满机会的、市场导向的福利体系，在促进效率的同时又保证公平。由于有偿工作被视为解决社会排斥的有效方法，因此最大化劳动力市场成为工党议程的核心。同时为公共服务提供资金和支持人口老龄化也是非常必要的。但是，推进就业一般要视支持父母、照顾者和雇员福利的工作实践而定。这些对工党力求填补英国长期的生产力缺口，应对全球化挑战是十分重要的。英国要想在世界市场中竞争，必须从大规模生产转移到不易模仿、基于知识的增值产品和服务的专业型贸易上来。相应的，要管理富有弹性的、可自由支配的和关系型的劳动力，雇主需要高承诺的人力资源管理实践。

公共服务改革同样取决于高效能工作理念的灌输。因此，在推动工作单位福利作为更广泛政策议程的一部分时，政府命令国家机构要做出表率。这里回到了在 20 世纪 80 年代和 90 年代被扬弃的战后观念上，即认为公共机构是“模范”雇主和“最佳实践”传播者的角色。这样的思想部分地解释了政府资助企事业部门和私营企业间长久以来的职位提供的差别，它也成为志愿部门中职业福利形成的原因。不过，这两个实例反映了来自其他雇主的竞争压力以及他们不断变化的考量。

雇主的考量

历史上职业福利的一个推动力是社会受托责任(social stewardship)的观念，维多利亚女王时代和爱德华时代一些雇主带头对此表示拥护，随后又得到了英国“工业福利”运动和美国与日本的“福利资本家”游说团的支持。这些人提倡职业服务先于政府福利。但是他们也宣传持久“互惠互利”(mutual gain)的概念，即负责任的雇主在支持员工的同时，可以从员工提高的生产率中获益。近年来将职位提供置于一个组织企业社会责任(CSR)旗帜下的活动也是以类似的思想为基础的。

促进这些发展的真正的福利考虑不应该被打折扣，但是大多数研究突出了工作单位场所福利的战略性和操作性基础。作为一个企业公民职能，它保证了产生顾客信任和强大的品牌形象所必需的社会合法性。正如激进的分析者所强调的，职业福利也是管理和控制劳动力过程的一个强有力的工具。从这些视角来看，它最初是被用来压制工会化(unionisation)并且最小化雇员对新的生产模式和职能的抵抗。可以说，这些新的生产和职能模式仍继续为当代发展打下基础。

尽管工会的作用得到承认，不过，它们在工作单位福利的孕育和传播中起了很重要的作用。它们将工作单位福利并入吸收会员的运动和劳资双方的集体谈判之中，以填补法定福利和收入提高的缺口，或者弥补工作实践中的低工资增长和变化。尽管私营部门的工会数量自从20世纪80年代开始急剧下降，但工会压力仍然是支持雇主供应和工作单位福利间差异的一个关键要素。福利谈判在高度工会化的公共部门中仍然是很重要的，它有助于为国家雇员提供更广泛的福利计划。从这个角度来说，和在欧洲一样，集体协议在英国的福利组合中扮演了一个重要的但是经常被忽略的角色。

但是，特别是对于大型雇主来说，职业福利很早就服务于其劳工管理。作为一个招聘工具，它的作用是吸引能力强的人员，尤其是在劳动力短缺的地区和劳动力紧张的市场。至于留住雇员，报酬和绩效管理是使员工不离开组织、保持内部劳动力市场和公司专有技能以及推进生产力的手段。同样重要的是，工作单位福利计划能够推进重组，同时获取技术上和其他变革的支持，并缓冲人员冗余的影响。在抵消“幸存者综合征”并补偿更扁平的职业结构的同时，职业福利也有助于雇主的人力资本、声誉和风险管理战略。福利提供行动既直接支持了这些战略，又象征性地通过提高工作满意度、最小化缺勤和维持雇员动力与福利等其他方式来共同支持这些管理战略。最具批判性的是，它们形成了难于复制的文化和多价值资源的基础。

近年来的经济发展对职业计划在管理变革和满足日益增长的多样化劳动力需要中的角色做出了更多的回应。工党和许多雇主在这些方面达成了一致性，并得到了人力资源管理咨询顾问和福利产业的支持。但是它们的重要性也根据资本、商品与劳动力市场、技术和组织规模的变化而不同。简言之，市场中不同特点的公司面临着不同的压力。一类是处于激烈的利润导向的竞争中、拥有对价格而不是对质量敏感的顾客的公司，或者是那些低技术、劳动力密集型部门的公司；另一类是处于高技术、资本密集型的产业中，依赖雇员专业技能的公司。生产经济也随股东预期和组织规模的不同而变化。然而，尽管“知识”及相关产业在过去的十年中得到发展，服务和照顾部门的常规低层工作也有了大规模的上升，但这些工作大部分仍由妇女和不同的少数民族成员承担。此外，多数雇员出于各自的考虑，继续为小公司而不是大公司工作。

新兴议题

在“沙漏经济”（hour-glass economy）的情境下，职业福利供应的地位及其与税收的相互影响在英国福利组合问题上很可能成为政策分析的重中之重。虽然雇员获得了许多新的职业福利权利，并且许多雇主的活动是覆盖整个劳动力范围的，但是在志愿供应上仍存在着组织内和组织间的较大差异。与此不同的是，国家服务授权不是由社会风险、需要或公平原则和社会融合决定的，而是取决于就业情况和人力资源管理。首要的受益人是那些大组织内部处于高级职位的人，他们同样从财政减免上获益很多。职业福利供应加剧了可支配收入的分散和经济分化（bifurcated economy）导致的社会分化。由于在不安全环境中或在最低工资和低薪领域工作的雇员不太可能获得关键的福利，尤其是培训福利，因此它也加剧了社会的不流动性。

一些观察者认为，前方的出路在于进一步的强制和财政支持。关于产假的讨论在逐渐增多，两党都对父母双方的弹性工作请求权表示支持。为全部雇员争取类似的权利正在讨论中，为全部雇员提供的法定培训也在政府和欧盟内部进行讨论，类似的还有一些加强职业健康和社会照顾的提议。然而，同样存在着许多对于强制性福利的反对意见。从一个新自由主义的立场来看，工作单位福利取决于雇主的判断，有可能会限制雇员决定自身福利需要和服务的自由。规章制度歪曲了劳动力市场行为，增加了雇主的成本并且削弱了他们在世界市场中的竞争力。在提倡建立一个使能的平台的同时，工党政策制定者也反对福利成为威胁个人动机和财富创造的手段。

从其他视角来看，存在这样一种担心，即强制性福利和养老金变革一样，可能会形成新的分化形式。普通雇员的权利尽管是必要的，但社会政策的目标最好通过减少职业福利的税收减免并投资于平等的国家福利来达成，从而实现经济繁荣。这些问题是社会政策的核心。随着对阶级问题和其他形式的不平等的担忧，职业福利问题在经济合作发展组织(OECD)国家、欧盟以及英国被提上议事日程，并有可能在各个国家之间引起争论。

高阶阅读指南

E. Brunsdon 和 M. May 的《职业福利》载《解析混合福利经济》"Occupational welfare"， in M. Powell 编著的 *Understanding the Mixed Economy of Welfare*（The Policy Press，2007)；M. May 和 E. Brunsdon 的《商业福利和职业福利》载《21 世纪英国社会福利》"Commercial and occupational welfare"，in R. M. Page 和 R. Silburn 的 *British Social Welfare in the Twentieth Century*（Macmillan，1999)，以及 K. Farnsworth 的《全球经济中的企业权力和社会政策》*Corporate Power and Social policy in a Global Economy*（Policy Press，2004)等文章对本章所提出的问题进行了更全面的研究。当今的发展使研究者能通过收入数据服务机构、劳资关系服务机构和 www.cipd.co.uk(人事发展特许机构网站)所提供的各种资料进行追踪研究。

第三十三章

志愿福利

杰里米·肯德尔

概　述

- “志愿福利”通过众多介于市场和国家之间的组织孕育并传播。
- 这些组织的范围、规模、结构和多样性已经引起了越来越多的经验研究的关注，并出现了越来越复杂的理论解释。
- 近年来，人们对“社会资本”日益浓厚的兴趣强化了一种现有的趋势，即关注社会、政治和经济生活中各种团体的角色。
- 志愿行为被越来越多地理解为涉及多种动机和多层社会结构的行为。
- 这些组织逐渐向政府靠拢的趋势引起了日益热烈的辩论。

导　言

“志愿福利”——是介于市场和政府之间的组织对社会福利的贡献——包括一系列各种各样的活动，这些活动使得本来不能被社会承认并满足的需要得以满足。在英国，志愿福利的覆盖面和规模都是相当大的，从众所周知的地方性学龄前托儿所、临终照顾机构和老人照顾机构，到全国性的巴纳德(Barnardos)和反儿童贫困行动小组，以及国际性组织天主教海外开发机构(CAFOD)和乐施会(Oxfam)。这些团体在法律上通常被认作慈善机构，然而公众对此看法不一：许多被公众认为具有慈善性质的组织并非慈善机构，而一些公众不认为是慈善机构的组织，如私立学校和一些高档医院，反而属于慈善机构。慈善机构的合法地位近年来随着《2006年慈善法案》(Charities Act 2006)的实施得到了改变。这部法案出台的部分原因是为了通过矫正法律中的定义来纠正一些混淆，使之与公众认知和预期更为接近。具体的做法是：一方面，扩大慈善的概念定义范围；另一方面，要求所有合法注册的慈善机构必须明确将公众利益作为其成立的必要条件。这在立法上还是首次。

其他许多具有悠久的自由民主历史的国家同样具有丰富的志愿主义传统，尽管各个国家所采取的形式和方式有很大不同。但是，英国给予这些团体越来越多的政策上的承认，使其被视为“主流”。这背后的驱动因素包括政策制定者持有这样的信念：志愿组织可以比其他组织更积极地做出反应，更低成本地运营，承担更多责任，能够对被社会排斥在外的民众的需要更加敏感，在帮助培育社会资本和社会企业方面发挥核心作用。这其中的一部分信念是基于证据的，但其他的则缺少证据。志愿组织兴起的大背景是对市场和政府措施失去信心——志愿福利部门可以对政治左派的国家管制主义经济统治模型和政治右派的“市场教条”进行必要的补充。从这种意义上来说，这个部门找到了可以部分地解释它是什么而不是什么的理由，以及什么是它肯定能实现的。

在过去的20年中，对于涉及公众福利服务但又超出此范围的志愿福利部门的研究取得了显著的发展，其作为一个多学科的独立研究领域已经初具雏形。在国家和国际范围内，志愿福利研究现在拥有了依托大学和其他机构的研究中心，众多致力于志愿福利研究的会员和学术协会，以及被广泛阅读的专业期刊。这些期刊与其他一般化的社会科学媒体一起传播着志愿福利研究思想。它的论题尽管越来越广泛，但界定却越来越经得起清晰的论证，其中的国际比较研究尤其富有挑战性和活力。志愿福利研究涉及传统社会科学学科中论证风格和分析技巧的应用，因此它的范围包括社会学、经济学、政治学和社会心理学。然而它不但涵盖了现有学科间思想的交融并与之互动，而且也为学科内以及学科间创造性的融合提供了空间。例如，我们不但可以思考它与“公共管理”“政策分析”和“地方政府研究”之间的联系，而且可以遵循同样的路径思考它与“社会政策”的关系。

定义与类型

尝试理解志愿福利领域的差异性和多样性特征的学者给它贴上了标签："一个散漫且松弛的神奇动物。"它的流动性和模糊性使得一些评论员认为评论一个"部门"是没有帮助的，甚至是危险的。尤其是在欧洲大陆的研究中，一些人通常倾向于使用诸如"空间"(space)或"领域"(field)的隐喻，或者重新将我们的论题表达为(有组织的)公民社会的一部分。其他学者(包括本人在内)坚持认为"部门"(sector)是一个较好的称呼，同时明确地将多样性和流动性作为潜在的分析主题，而非前提假设。

如果一个人务实地接受了"部门"这个概念，该如何定义呢？部门的定义不单是有争议，而是从根本上就遭到了质疑。没有什么通用的定义，恰当的定义取决于分析者的具体目的，以及他们的价值观和优先级的背景情况。例如，马克思主义者将倾向于否定一个独立的部门在资本主义系统经久繁荣中存在的可能性。新精英主义者(neo-elitist)同样采取的是一种反实证主义或后实证主义的认识论，但是现在却接受了部门的存在——尽管认为部门从根本上是符合有权阶级利益的"建构"工程。也就是说，它只是一个产生于特殊利益群体、政治家和相关研究者议程中的政治概念。然而，如果我们支持自由的、实证主义的世界观——即主张客观存在一个组织领域，它能够通过科学的方法被发现——一个"结构化操作性"定义似乎是行得通的。这样，"非营利部门"就被定义为正式组织的实体，体制上或法律上与政府相分离，不需将盈余("利润")分配给所有者，同时明显地从某种程度的自愿金钱捐献("非胁迫的给予")或自愿时间("做义工")捐献中获益。

一旦我们通过这种方式确定了我们的研究领域，那么接下来就应从对假设的提出和检验等多个角度对这个概念下的志愿主义组织进行区分。"类型"可以根据组织的社会职能进行划分——如服务提供、宣传、创新、"团体创建"(或者"团体发展")以及价值表达功能。其他的分类法包括根据主要角色(leading actors)或“本质工具”(constitutional instruments)的价值观、规范和动机进行比较——通常与一些规范性观点进行匹配，如是否是优良的、进步的、建设性的、健康的。我们同样可以从资源基础方面(财务或人力资源数量和其他规模上的测量)以及管理、控制权分配角度进行对比。

现今同样使用较多的还有政策领域区的分类法(类似经济活动中的“产业”概念，现在被调整成适合这些团体特色的方法)。这些分类法对于分析英国社会政策具有很大帮助。我们通常对如何区分这些团体感兴趣，以下是按经济重要性(不一定是社会重要性)降序进行排列：教育和科研(只有民办学校和大学属于此范围，尽管它们在体系上仍然归于“国家”类别)；社会照顾；发展与住房；健康。一些作者可能会将宗教包含其中。部门角色和关系的发展轨迹从一个领域到另一个领域具有显著的变化。这也反映了在政策遗产、意识形态以及政治约束下国家和地方政府能力的差异。目前状况下的“主流”方式的具体形成——并且最终它是帮助还是阻碍了这个部门的发展，以及会带来什么结果——同样在这些方面也各不相同(cf. Kendall，2003，比较了老年人的社会住房、照顾和支持以及环境行为方面的政策轨迹)。

最后，社会学做出解释，一直以来人们根据是否表现出明显的为建立信任的人与人之间面对面的交往，来区分团体之间的差异。在学科交叉的领域中，随着把部门看作“公民复兴”或社会资本投资(参阅下文)载体的研究越来越多，这种区分方法也得到了广泛的传播。因此“次级团体”(secondary associations)被认为比“三级团体”(tertiary associations)更有益于经济和政治成功，因为它拥有明显的非常积极的会员和充满活力的参与、互惠和人际网络文化，而三级团体的会员往往很消极、“脱离实际”或者只是“支票簿”型会员(家庭和朋友圈被认为是初级团体形式)。

从总体上看，唯一在英国社会政策中流传较广泛的表达可能还要算“志愿部门”。但对政策感兴趣的学生还需要了解三种相互交叉的中央政府的官方正式表达，及其这方面最有力的规范机构——慈善委员会的定义(见本章最后的网站，以及 OTS 和 Charity and Third Sector Finance Unit 等网站目前流行的对“第三部门”和“社会企业”的定义与解释)。

第三部门理论的建立

到目前为止，我们承认了两种认识论传统的相关性，即实证主义的“发现者”和政治主义的“构建者”，以及(截然不同的)马克思主义的观点。由于政府比以前更关注“绩效”的测量，因此在实证主义广泛的讨论中，有必要对“效果”和“绩效”做出区分。在社会政策领域，实证主义和社会构建主义工具都被用于与这个部门相关的评估中。但是在过去的20年里，人们花费了更多的努力尝试回答两个更深入的基本问题。第一，在发达的市场经济中，我们为什么还需要一个第三部门？第二，对于经济生活的生产力以及政治绩效来说，第三部门带来了哪些不同？这就是近年来“社会资本”研究涌现的原因。

这个领域中经济理论发挥了主导作用——首先是作为灵感的来源，然后又成了替罪羊。可以说，这个领域最初能成为有重大影响的跨学科独立专业知识领域(而不是学科内不为人注意的细分领域)，吸引到大批关键人物，很大部分要归功于20世纪70年代至80年代美国经济学家敏锐的分析思想。博尔顿·威斯博格(Burton. A. Weisbrod)就是一位著名的先驱，他认为这些组织可以被看作是对市场和政府无力提供“集体物品”的一个反应(服务并不局限于仅使付费顾客受益，一个人消费此服务并不完全排斥其他人进行同样的消费)。当时正统经济学的主流假设是，公共物品供给的“市场失灵”暴露了政府作用的不足。亨利·汉斯曼(Henry Hansmann)是另一个主要的推动者，他的“契约失灵”理论指出，这些组织在“信息不对称”的情况下提供公共物品，而提供者或使用者由于距离的原因或处于较弱势地位，无法推测出产品质量。人们往往认为由于没有股东在后面急切地等着从资助人和使用者的身上牟取暴利，因此他们能免于受到不分配约束(non-distribution constraint)的剥削。最后，艾斯塔尔·詹姆斯(Estelle James)将注意力从需求转到供应上，指向意识形态(包括宗教和政治)的企业家在创建并维持这类组织中的角色。这些见解在以美国为主的经济学界引起了一场广泛的辩论，也被运用到英国第三部门的政策和社会角色的框架分析中。

社会政治模型起源于(被催化)最初的“经济主义”推理方法，并得到进一步发展。对这种模型的批评包括：这些模型的非历史性质(其实对大多数经济学家来说这不是一个“难题”，他们对预言性力量的偏好超过现实)；他们声称不能识别部门间合作(而不是取代)的模式；他们倾向于将部门之间的劳动分工理解为对自由、有效选择和稳定需要的反映；以及他们主张 “服务提供”职能的分析比其他的分析更重要。这些批评者认为，最好将部门成果看作反映宏观政治力量的一些组合，或承认需要而非欲求的作用，同时在微观层次上引入规范的、承担责任的行动者而非独立的消费者。

这里突出的一直是伊瓦斯(Adelbert Evers)的福利多元组合理论(welfare mix)。它引入了非工具理性，并强调市场驱动、政府驱动和社团驱动逻辑间的紧张关系；还有沙拉蒙(Lester Salamon)和安海尔(HelmutAnheier)的社会起源框架，借用了埃斯平-安德森(Gøsta Esping-Andersen)的福利体制理论概念(参见本书第五章)。这比伊瓦斯的解释在制度上更具体，并且能得到实证的应用。他尝试着解释了政治精英团体的战略是如何在福利体系设计的关键时刻，使得第三部门相对于被政府直接所有或被政府控制的优势或边缘化的。

社会资本

“社会资本”超越了上述方法，也对这个领域的思想施加了强有力的影响。它不仅涉及福利服务的输送，还包括社区内更普遍的联系、习惯、关系和互动；如果包括信任、互惠、稳定和尊重，社会资本将发挥更大的作用。因此，社会资本还与前面所提到的“社区建立”或“社区发展”的“职能”关系密切，尤其是在英国的历史十分悠久。当前社区导向的辩论的最新发展是，信任关系和互惠的规范被认为不仅具有社会建设性，而且对经济和政治发展也起到一定作用。“资本”这个词强调了经济价值——然而，同时使公民形象和公众意识参与其中。罗伯特·普特南（Robert Putnam）在这里做的工作很关键。我们的部门，尤其是那些“次级的”（参阅上文）或包括志愿者的组织，作为培育公民技能的学校，重建已消失的“社区”价值，甚至“复兴”民主自身的舞台而得到重视——同时还能促进经济绩效！难怪这听起来很吸引人。但是鱼和熊掌我们真能兼得吗？关于这一主题的论证得到强化，论据基础不断充实，出现一轮又一轮的申辩和反申辩。这些都将一直持续下去。

志愿主义与志愿福利

志愿主义是指在非正式部门（参见本书第三十四章）之外，没有受到政府强制或市场命令直接约束的行为。它既在上述一些理论中得到明显的体现，也暗含在其他一些理论中。可以说，在理解第三部门和政策之间的关系时，志愿主义应该处于中心位置。这既非不证自明也非循环论证：目前2/3的有关政策——“第三部门”和“社会企业”——的正式定义原则上都不强制要求将它纳入其中（“慈善”的定义除外，因为默认的法律前提是，那些具有最终统治控制的“托管人”不应该被支付费用）。

随着政府与第三部门联系的增多，以及公共基金的流动，尤其是流进更大的组织，私人捐款相对减少，而成为相对有限的支持形式。虽然从财政角度，政治家和其他人一道对“给予的时代”（giving age）已经做了很多讨论，但是英国同欧洲其他地方一样，志愿主义表现出来的主要方式还是无偿劳动。并且，在20世纪90年代中期（可获得比较性数据的最近年限)，尽管全世界付薪员工的工作时间加在一起和志愿者工作的总时间十分接近，但后者在数量上仍然大大地超过了前者(许多有薪水的员工，即使在志愿部门，也是全职的；大多数志愿者员工每周贡献出不到半天的时间)。而且，在社会照顾的关键政策领域(参见本书第五十章)，即使在“全职时间相等”的条件下，志愿工作在这个部门仍然比有偿工作更重要——跨越各个部门来看，志愿者仍然比付薪员工更多。

那么，人们为什么会做志愿工作呢？在蒂特马斯的时代(参见本书第一章)，我们可能会暗指市场处于从属地位，而利他主义处于中心地位，这与有偿工作(市场的原形)形成对比。但是对志愿行为的理解取得了突飞猛进的发展，呈现出更复杂且丰富多彩的图像——尽管将明显的更公开的导向和更隐私的导向之间区别开来仍然是有争议的。现在被识别到的志愿主义动机(混合了利他主义和自利原则)包括：有意或无意地建立“社会资本”；投资于人力资本(为个人和社会带来有用的培训和经验)，使其工作和生活受益；来自志愿行为在与他人建立关系的相关过程中带来的“内在”满足，或志愿行为结果的“外在”满足；相关的精神上的好处，或者在自尊和受人尊敬方面得到的收获。

显而易见，支持志愿行为的政府政策和为此提供资金的项目能够直接或间接帮助或者阻碍组织招募并留住志愿者。还有许多其他的方式将社会政策与志愿行为联系在一起。例如，正式的教育政策和其他的教育经历是相关的，因为社会化经历似乎影响人们基本的志愿倾向。对志愿行为的态度——以及参与其中的机会的特征——与种族、性别和社会阶层有着系统的相关性，同时，有偿工作和在家庭中的承诺在本质上也塑造了个人参与志愿行为的意愿和能力。

新兴议题

在写作本章时，布莱尔新工党行政机关正值当权，从米利班德(David

Wright Miliband）大臣的相关行为可以很明显地看出政府对第三部门的认同。但是如果政党的领导权改变，或者轮到其他政党执政，这个主流化的进程会不会逆向而行？对此的答案显然是否定的：尽管是在位政府推动了对这个部门政策认知的步伐变革，但很可能未来的领导人和其他所有的主流政党也会同样渴望被认为是支持这些组织的，原因我们在导言中已经谈过。新近的和正在进行中的政策评论就此向在野的保守党进行了确认。

比以往更引人注目的公共政策——和它所带来的与政府更紧密的关系——引起了关于自治权、身份和社会职能的一系列关注。马克思主义作家（有一些人受到福柯主义［Foucauldian］传统的影响），以及那些原则上对各种形式的政府干预表现出敌意的右派人士（参见本书第八章），倾向于以宿命论的观点解读这个趋势。对他们来说，这个趋势现在或将来必然导致这些组织的“合并”“合选”或者“从属”。但是，其他的分析视角对演进的证据和辩论持更开放的态度，并且将政府和第三部门如何能够以及如何切实地共同演进作为实证问题来考虑。

正如前面强调的那样，由于第三部门在与其他事务的关系、规模、实质性的政策领域、意识形态和与政府合作的水平等方面的多样性，要想在这里进行概括必然存在严重的局限性。然而，我们或许能够强调两个关键的问题，这两个问题是政策评论者需要在接下来的几年中重点分析的。

首先，从相关组织及其利益相关者——尤其是使用者或受益人和志愿者的视角来看——继承下来的和新出现的第三部门为什么在一线政策执行中失败了？言辞上的承认已经达到或者接近饱和点，现在重要的是政策支持在具体实践中被遵循的程度。这些组织和相关组织是否能在与政府日益密切的关系中受到尊重，而取得生存空间继而蓬勃发展？最新的研究在这一点上未达成一致——尤其是交易的金融维度——因此应该特别关注这个进程如何在未来获得成功。

其次，包括一线实践在内的相关政策是否正在以一种平衡的方式演进？是否存在一些机构和关系能够遵守我们所认定的多种角色和职能？或许关键的挑战是确保增强该部门在公共服务输送中的作用，不会破坏它在其他维度的运转——包括社会变革运动和社区发展贡献。

高阶阅读指南

H. K. Anheier 的 *Nonprofit Organization: Theory, Management, Policy*（Routledge，2005）对本章所陈述的问题进行了有启发性的且较有难度的比较研究。D. Billis 和 H. Glennerster 的 "Human services and the voluntary sector: towards a theory of comparative advantage"，*Journal of Social Policy*，27/1（1998）：79－98，对利用经济学和组织理论来解释这个部门做出了有趣的尝试。A. Evers 和 J.-L. Laville 编著的 *The Third Sector in Europe*（Edward Elgar，2003）提供了一个对当前问题范围广泛、丰富且引人入胜的概述——尽管在某些论点上是反对美国的。J. Kendall 的 *The Voluntary Sector: Comparative Perspectives in the UK*（Routledge，2003）提供了最系统且最新的批判性说明。W. W. Powell 编著的 *The Nonprofit Sector: A Research Handbook*，1st edn（Yale University Press，1987）和 W. W. Powell 和 R. Steinberg 编著的 *The Nonprofit Sector: A Research Handbook*，2nd edn（Yale University Press，2006）往往被认为是美国非营利性研究的"圣经"。

任何对社会资本感兴趣的人都应该阅读 R. Putnam 的作品。从地方到全国再到全世界都在流传着他的著作 *Making Democracy Work*（Princeton University Press，1993），*Bowling Alone*（Schuster & Schuster，2000）以及一部选集，*Democracies in Flux*（Oxford University Press，2002）。这部选集收录了 P. A. Hall 对英国研究以及 T. Skocpol 对美国研究的重要章节。D. Scott 的 "The role of the voluntary and community sectors"，in J. Baldock 和 N. Manning 编著的 *Social Policy*，2nd edn（Oxford University Press，2007）提供了一个全面的总结，可以被推荐为本章的补充阅读材料。

有用的网络资源包括：http://www.cabinetoffice.gov.uk/third_sector/index.asp（第三部门内阁办公室网站）；www.ncvo-vol.org.uk（由英国国家委员会为志愿组织而运行的网站，是英国志愿部门信息和政策发展的主要协调和基础机构）；www.vssn.org.uk（志愿部门研究网络：最高英国学术研究协会）；http：//www. hm-treasury. gov. uk/documents/public_spending_and_services/third_sector/pss_thirdsector_index. cfm（自从财政部最终控制公共开支后，HM 财政部慈善与第三部门财务单元网站变得和内阁办公室一样重要）。

第三十四章

非正式照顾

卡罗琳·格兰丁　希拉里·阿肯锡

概　述

- 非正式或者无偿的照顾者对病人、残疾人或老年人提供了大部分的物质、情感和实际支持。
- 提供照顾可能对照顾者的身体健康和心理健康产生负面的影响。
- 照顾者将照顾工作与带薪工作结合起来是困难的，但是放弃就业或者减少工作时间对其经济收入和未来工作前景具有负面影响。
- 证据表明，支持照顾者的国家政策的效果是有限的。
- 未来非正式照顾者的供给可能不足以支撑人口的老龄化。

什么是非正式照顾？

非正式照顾描述的是朋友或亲属向病人、残疾人和老年人提供的额外帮助，用以区分诸如护理、照顾助理、家务女工或家庭工人等正式带薪工作所提供的帮助。非正式照顾指的是家庭成员之间除正常赡养之外的理所当然的照顾。照顾残疾人或老年人与承担儿童护理有着不同的经历和需要。例如，老年人的照顾者往往比负责儿童照顾的人年龄更大一些，并且两者分别处于不同的职业生涯和生命周期阶段。他们可能与他们所照顾的人不住在一起。非正式照顾没有儿童照顾的可测量性强；照顾接受者的状况可能会随时间的变化而波动或恶化，因此提供照顾的责任很可能会增加而不是减少，这与儿童照顾的需要不同。在反映出这些差别的同时，社会政策倾向于用与儿童照顾不同的方式对待非正式照顾。随着人口老龄化的加剧，非正式照顾者提供的支持越来越重要——确实，非正式照顾者是发达社会为老年人提供帮助的主要来源。据估计，在英国如果替代由非正式照顾者提供的支持，政府与社会将花费5700万英镑——大约相当于国民健康服务体系的总预算。

非正式照顾包括：

- 个人的或物质上的照顾——帮助他们洗澡、上厕所、喂饭、起床和上床、出入房间。
- 其他实际的帮助——购物、做饭、清洁、付账。
- 提供陪伴或保证他们避免危险。

照顾者——他们是谁？

2001年的人口普查第一次问到每个人，他们是否曾照顾过病人、残疾人或老年人。在整个英格兰和威尔士有大约520万照顾者（占总人口的1/10）；这些人中有大约17.5万人的年龄小于18岁。2/3（68%）的人每周照顾时间达到19个小时，11%的人达到每周20～49小时，21%的人每周达到50小时或更多。

提供个人照顾的照顾者很可能是关系亲密的亲属；他们与被赡养的人住在同一个家庭住房中；与只提供实际帮助的人相比，他们唯一的责任就是提供支持。照顾者不仅为患有精神健康问题的亲属和密友提供各种支持和鼓励，还要帮助他们与官员打交道、管理财务以及监督他们进行药物治疗。

虽然人们在他们50多岁的时候最有可能提供照顾，但是随着人口逐渐老龄化，老年非正式照顾者的数量也仍然在增加。在整个英国有超过150万的照顾者年龄超过60岁；这些人中，将近35万人的年龄在75岁或以上，超过8 000人的年龄在90岁以上。

传统的照顾工作一直被认为是女性的专属；总体来说，女性确实比男性更可能成为照顾者。然而，随着年龄的增大，男性比女性更可能成为照顾者，并且他们提供照顾的数量也在增加。年龄在85岁及以上的这个年龄段里，超过一半的男性照顾者和将近一半的女性照顾者每周提供50多个小时的照顾工作。

许多照顾者也拥有带薪工作；17%从事兼职工作的成年人是照顾者，而只有大约1/8的全职工作照顾者。女性照顾者比男性照顾者更可能从事兼职工作。很显然照顾者减少工作时间或者完全不工作的风险会随着照顾工作时数的增加而增加。照顾的发生率在失业或者经济上不活跃的成年人中是最高的，这个人群中有21%的人是照顾者。然而，人们在多大程度上是出于提供照顾的责任而放弃带薪工作还是由于他们已经在经济上不活跃而成为照顾者，这一点并不清楚。

来自少数民族社区的人们健康状况欠佳，这意味着这些社区中可能存在着对于非正式照顾的更巨大的需要。获取适当的健康和社会服务的困难可能会增加对少数民族照顾者的需要，这些人更可能面临贫穷、恶劣的住房条件、信息缺乏以及社会隔离。

威尔士比英国其他任何地区都拥有更高的照顾者比例(11.7%)，这个数字部分地反映出健康状况不佳和残疾的不均衡分布情况。在英格兰，东北部拥有最高比例的照顾者(11%)，伦敦的比例最低(8.5%)。照顾者的人员流动率很低；每年1/3的同住人和40%的非同住人成为照顾者，同时相似比例的照顾者停止照顾工作。

照顾工作的结果

虽然没有充分的证据支持照顾工作会损害照顾者的健康，尤其是他们的精神健康和福祉，但许多照顾者的身体并不健康，特别是年老的照顾者。照顾者面临的健康风险随着照顾工作的强度(每周的工作时间量)和持续时间(时间长度)的增加而增加。不过，许多照顾者也能够从帮助他们亲近的人中获得情感回报。

与非照顾者相比，照顾者放弃带薪工作、减少工作时间或者无法把握职业机会，因而在财务上也遭遇到困难。他们的收入很可能比平均水平低，尤其是当他们每周花费20个小时以上的时间用来做照顾工作的时候。照顾工作经常会涉及额外的成本(例如交通费、洗衣费、额外取暖费、特殊食品或设备费),因此他们的储蓄会被耗尽。对照顾者的社会保险给付并不能弥补他们的收入损失。就业的中断或低收入也同样可能损害照顾者应享有的养老金权利,并增加他们自己年老时面临的贫困风险,特别对女性来说更是如此。

有证据表明,照顾者经历了许多导致社会排斥的因素,包括被孤立、很难为自己的健康问题获得帮助、很难获得其他服务以帮助照顾工作。的确,一位老年人或残疾人如果拥有非正式照顾者,他们可能会被认为面临较小的风险,因此与独居在家没有人照顾的老人或残疾人相比,其获得服务的可能性较小。

支持照顾者的政策

与其他大多数国家相比,英国有针对照顾者的更广泛的政策。经过照顾者组织激烈且有效的运动,照顾者问题上升到政府政策议程上。自从1986年全英照顾者协会(National Council for Carers)与老年受供养者协会(Elderly Dependants)合并之后,照顾者全国协会(Carers National Association)(即现在人们所知道的英国照顾者协会,Carers UK)发展成为一个非常成功的运动组织,并经常采用学术研究人员的知识支持其论点。成立于1991年的皇家照顾基金会(Princess Royal Trust for Carers)是另一个旨在影响政府政策的英国照顾者组织,例如在选出的政府领导小组(government steering groups)中代表照顾者的利益。这两个组织都通过它们的网站以及地方照顾者团体和中心为照顾者提供信息和建议。

英国对于必须放弃就业以进行照顾工作的照顾者提供一项社会保险服务,这与其他国家是不同的。在1975年,弱势照顾者津贴(Invalid Carers Allowance)(现在的照顾者津贴)是为全职照顾者而引入的,因为他们其他来源的收入极少。与其他一些国家,如与德国照顾者面临着财务上依赖照顾对象的风险的情况相比,这种津贴尽管非常少,但照顾者拥有直接使用津贴的权利。

自 1995 年开始，一系列的行动被引入以支持照顾者获取这些服务（见资料框 34.1），而贯彻这些政策的责任属于地方当局。

资料框 34.1 照顾者政策里程碑

1995 年《照顾者（认定与服务）法案》（Carers [Recognition and Services] Act）

1999 年《全英照顾者战略》（National Strategy for Carers）

2000 年《照顾者和残疾儿童法案》（Carers and Disabled Children Act）

2004 年《照顾者（机会公平）法案》（Carers [Equal Opportunities] Act）

2007 年给照顾者新的支持与服务福利（New package of support and services for carers）

《照顾者（认定与服务）法案》（1995 年）为一些照顾者提供了权利以评估他们的经济状况和照顾提供角色的需要。这种赋权取决于得到照顾和评估的人，而且照顾者自身并没有权利使用服务。随后的政策将照顾者的权利拓展到评估和服务。

《全英照顾者战略》（1999 年）强调照顾者对于信息的需要，鼓励建立地方中心以提供建议和支持，而且提出照顾者特别补助金计划。这项计划包括三年 1.4 亿英镑的拨款以使地方当局能够为照顾者发展创新和灵活的喘息服务（respite care services）。虽然在 2004 年解除了资金的安全保证，但是这笔拨款一直延续了下来。

《照顾者和残疾儿童法案》（2000 年）使照顾者评估自身需要的权利得到加强，并且照顾者第一次可以凭自身获得服务或直接用现金支付，以安排他们自己的服务。

《照顾者（机会公平）法案》（2004 年颁布，2005 年 4 月生效）具有更大的雄心。在评估照顾者的需要时，地方当局必须考虑他们参与带薪工作、教育、培训和休闲娱乐的愿望，而且必须提供适当的信息、建议和支持。

2006 年白皮书《我们的健康，我们的照顾，我们的发言权：社区服务的一个新方向》宣布进一步增加对照顾者的帮助，这在第二年就被转化为 3 300 万英镑的资金，给照顾者提供支持和服务福利。这些资金的绝大部分（2 500 万英镑）被拨给地方当局，用来为照顾者提供紧急事件支持服务。这又一次反映了英国照顾者协会运动的成功。该组织第一次注意到照顾者在某个时刻（如突然生病时）是很难找到其他人接管他们的照顾责任的。其余的资金在一个全国建议和信息服务项目（300 万英镑）与“专业照顾者”计划（500 万英镑）之间分配。前者使照顾者能够获得有关他们权利和资格的急需的信息，后者旨在为照顾者提供培训以更好地管理他们自己以及他们的照顾对象的健康。

同时，包含在《就业法》（2002 年）中灵活的工作规章赋予了 6 岁以下儿童（如果是残疾儿童的话就是 18 岁）的父母向雇主请求弹性工作时间的权利。2007 年 4 月，这项权利拓展到了为成年人或老年人提供照顾并与他们同住的照顾者。工作时间和地点的灵活性以及能够在遇到紧急事件时抽出时间，这对于许多照顾者保留带薪工作至关重要。然而，英国现在既没有对照顾者因请假而带来的收入损失进行任何补偿，也没有授予照顾者一段时间的带薪假去照顾一个身患晚期绝症的亲属。这种情况在加拿大和瑞典也是如此。

这些政策有多充分？

照顾者津贴仍然是英国社会保险制度中最低的福利之一。当照顾者必须放弃带薪工作时，照顾者津贴只象征性地对照顾者所损失的收入提供了补偿。由于其严格的审核标准，它并不鼓励照顾者将工作与照顾结合在一起。长期失业的照顾者在晚年将面临贫困的风险，因为他们只能领到最低养老金。

《照顾者（认定与服务）法案》（1995 年）影响力有限。对照顾者进行的评估数量很少，照顾者往往没有意识到评估的发生；并且很少有人收到评估的书面结果。尽管《国家战略》（1999 年）（National Strategy）受到广泛的欢迎，但是它也因没有陈述许多照顾者经历的贫困、缺少一致性和不同政策间可能的冲突而受到批评。例如，政府热切希望照顾者继续从事照顾工作，但是同时（更）希望他们也从事带薪工作。更进一步的批评是，这项战略既没有充分提出照顾关系的复杂本质，也没有考虑照顾接受者的观点。

在接下来的《照顾者和残疾儿童法案》(2000 年)中，评估实践和对照顾者的信息提供似乎没有显著的改善。一项研究发现，在十个地方当局中，只有少数照顾者通过自己获得支持，如参加照顾者支持团体或夜校的出租车费、驾校培训和假期。

照顾者也可以获得服务或者直接以现金支付。这些支持更加灵活，这样照顾者可以购买替代性照顾以便继续工作，这在传统服务中是不可能的。然而，获得直接支付的照顾者的数量仍然很少，并且不同地方当局之间在这方面也存在很大差异。

关键的问题与争论

关于支持照顾者的当前政策的充分性和适当性存在较多的问题。尽管英国在这个方面仍然领先于许多国家，但无论从短期还是长期来看，照顾者仍然面临压力、健康状况欠佳、社会隔离和贫困的风险。出于各种原因，这些问题不容易解决。

谁应该被支持——残疾人和老年人还是非正式照顾者?

关于谁应该成为政策的首要目标，目前的意见并不统一——是照顾者还是残疾人和老年人？《全英照顾者战略》宣称“帮助照顾者是帮助他们所照顾的人的最好方式之一”。实践者和政策制定者可能会认为照顾者和他们所支持的人的需要和利益是相同的，因此可以通过相同的政策和服务解决。然而，随着公众对照顾者关注度的增加，残疾人组织认为这忽视了他们选择、控制和自我决定的权利。的确，残疾人认为，“照顾”和“照顾者”意味着依赖，即认为残疾人是“负担”，不能自己做选择。此外，关注照顾者的政策因为忽视了奠定照顾关系的互惠而受到批评，许多残疾的成年人和老年人在需要个人和日常活动支持的同时也在照顾他人。

研究显示，为残疾人和老年人提供服务是支持照顾者最有效的方式，因为这样做减轻了家人和朋友的压力。同时，尽管有可能改变支持的性质，用正式服务替换一些由非正式照顾者提供的帮助并不一定能减少由亲属和朋友提供的支持。在苏格兰，对老年人正式服务资助的增加使得照顾者能够专注于提供社会支持，如陪伴且带他们外出，而不是必须承担世俗的任务或冒昧地提供亲密的照顾；对老年人的额外服务也帮助照顾者维持更长时间的照顾服务。

政策和实践中的非正式照顾模型

传统上，健康和社会照顾服务把残疾人和老年人而非他们的照顾者放在优先考虑的地位，这导致了照顾者处于一个模糊的位置。人们建议社会和健康照顾专业人员根据四种不同的模型对照顾者做出判断。“资源型照顾者”模型将照顾者作为一种理所当然的资源，其主要的焦点在照顾接受者身上，提升照顾者的福利只有在它能够支持照顾给予时才是重要的。照顾者的福利在“同事型照顾者”模型中得到稍多的关注，尽管主要的注意力仍然在被照顾者身上，但是这个模型包含了照顾者的利益和福利，虽然主要是在基于工具性的基础上。第三个模型把照顾者概念化为“同为案主”(co-clients)，换句话说就是，他们被视为自身具有需要的人，照顾者的利益和福利是政策和实践重视的结果，为此，提供服务的目的在于使照顾者更便于对照顾工作的情况进行管理。在第四个“照顾者替代”(superseded carer)模型中，通过提供服务满足所有残疾人的需要，否定了来自非正式照顾者的支持，照顾接受者和照顾者都潜在地获得了独立。

研究人员认为，当前的政策主要是基于“资源型照顾者”模型的，其中一些要素来自照顾者“同为案主”(carer as co-client)模型。在这个概念模型支持政策转变之前，照顾者很可能将会继续忍受在健康、就业和财务方面的负面后果。

新兴议题

非正式照顾未来的需要和供给

人口老龄化是一个全球现象；大多数西方国家的人口出生率逐渐下降，人口寿命逐渐增长，这导致了人口的年龄结构的变化。未来人口残疾趋势存在着不确定性，但是有些证据表明，增长的寿命预期，将使人们见证轻微和适度残疾的人寿命增长，而不是重残者。技术的发展和健康照顾模式的改变也将导致需要额外支持以维持生活的人数增加。全世界的政府都在担心今后非正式照顾的供给能否与增加的需要保持同步。然而许多因素都影响着非正式照顾的未来供给：

- 人口老龄化也影响照顾者；老年人能否照顾他们的伙伴和配偶取决于他们自己的健康状况。
- 与以往各代人相比，成年的子女很少会与他们年老的父母住在一起。虽然没有证据显示他们会较少地照顾父母，但是他们确实很少能够从外地提供悉心的私人照顾。
- 态度的变化可能导致潜在照顾者想规避照顾给予方面的限制。
- 残疾人和老年人可能期望对照顾他们的人拥有更大的选择权和控制权，且能选择是接受非正式照顾还是正式服务的帮助。

假定已经了解非正式照顾的未来需要以及许多人为亲近的人提供照顾的意愿，那么非正式照顾将会继续提供重要的投入。然而，基于目前的模式，非正式照顾的未来供给很可能跟不上需要增加的进程。对英格兰年龄在 65 岁及以上的人们的长期照顾服务需要进行模型预测，预测结果表明，配偶照顾者很可能变得越来越重要。鉴于配偶照顾者自己往往也是年迈并且健康状况不佳，因此也会引起一些有关他们支持需要的问题。

竞争优先权：照顾给予 VS. 就业

在英国以及许多国家，如何解决非正式照顾需要与劳动力市场需要之间的紧张状况引发了日益增多的辩论。开始照顾工作的高峰年龄是 45 岁至 64 岁；因此当年老的亲属开始需要实际帮助时，许多照顾者(包括妇女)仍然在从事带薪工作。

《全英照顾者战略》建议，照顾者应该放弃工作以投入完全的照顾——如果他们愿意的话。然而，那些决定放弃工作的人目前没有得到足够的收入维持福利、享有未来养老金权利的充分保护，或者一旦照顾责任停止后能获得帮助其重返工作的机会。《照顾者(机会公平)法案》(2004年)要求实践者在引导评估的时候要考虑照顾者关于培训和带薪工作的愿望。不过，在社会服务实践者认识到照顾者参加带薪工作是合法的，并且有能力提供照顾者和需要支持的人都能接受的适当的服务之前，仍然有很多工作要做。

高阶阅读指南

2001 Cebsus 数据的概要可以在 L. Buckner 和 S. Yeandle 的 *We Care — Do You?* (Carers UK, 2005) 中找到。K. Stalker 编著的 *Reconceptualising Work with "Carers": New Directions for Policy and Practice* (Jessica Kingsley, 2003)总结了有关照顾者的重大辩论，包括照顾关系、差异性、照顾者参与以及法律和质量问题。M. Howard 的 *Paying the Price. Carers, Poverty and Social Exclusion* (Child Poverty Action Group, 2001)从照顾者自身的角度检验了对照顾者的政策和财政支持。

T. Shakespeare 的 "The social relations of care", in G. Lewis, S. Gewirtz and J. Clarke (eds), *Rethinking Social Policy* (Sage, 2000)对"照顾依赖"和"独立"的假设进行了挑战。

L. Pickard, R. Wittenberg, A. Comas-Herrera, B. Davies and R. Darton, "Relying on Informal Care in the New Century? Informal Care for Elderly People in England in 2031", *Ageing and Society* 20 (2000): 745－772，分析了影响非正式照顾的未来需要与供给。L. Pickard, "Carer break or carer-blind? Policies for informal carers in the UK", *Social Policy and Administration*, 35/4 (2001): 441 - 458, 对旨在支持非正式照顾者的政策和旨在支持老年人的政策进行了比较。

J. Twigg 和 K. Atkin 的 *Carers Perceived: Policy and Practice in Informal Care* (Open University Press, 1994)使用来自照顾者和卫生与社会照顾专家的证据对服务提供者是如何对照顾者和四种概念模型做出判断的现实进行了探索。

最好的入门网站是: www.direct.gov.uk/carers(面向与照顾者一起工作的健康和社会照顾专家的政府网站)和 www.carersuk.org(英国照顾者协会网站,提供了有关照顾者及其需要的信息,其中包括利益、对照顾者在就业方面的服务与帮助、目前有关照顾者运动的详细信息。还有"照顾者雇主"官网——为想支持照顾者的雇主提供了许多最佳的实践案例来源)。

第三十五章

支付福利费用

霍华德·格兰内斯特

概　　述

- 我们为什么要通过某些集体的政府基金来支付生命中许多最重要的东西，其中的一些原因源于市场失灵的经济理论。
- 另一个原因在于生命周期过程中我们需要的扩展。当我们对收入的索要能力下降时，福利基金就发挥作用。在很大程度上，福利国家是一个在私有银行不起作用的时候发挥作用的储蓄银行。
- 我们如何支付这些服务，是公共支付还是私人支付，不仅关系到支出负担如何在富人和穷人之间分配，而且关系到征税对广泛的经济活动效率的影响。福利机构筹集资金的方式也影响它们自身的效率。
- 许多福利服务由照顾者通过现金和服务时间来支付。
- 本章描述了融资机制的规模和种类。
- 政府目前使用新的方式来应对人口老龄化、不断提高的服务标准预期以及人们越来越不情愿通过征税来为此买单的挑战。

由谁来支付很重要

除非有些人愿意为达成目标支付费用，否则本篇前面讨论的理想都无法实现。通过某种福利国家来满足社会定义的需要，或者为自己家人提供照顾和教育，都是需要花钱的。由谁来支付以及怎样支付对投票人和各个家庭都至关重要。

如果我们拥有大量丰富的公共服务事业，然而我们却通过对穷人征收重税来支付这些服务的话，那么我们非但不是在帮助穷人，而是在削弱他们。如果我们的征税方式或者测量手段对于就业是很大的阻碍的话，那也是无效率的。如果你是一个社会政策专业的毕业生，在一家人事服务代理机构上班，那你首先要注意的事情是它的预算限制和你要完成一项得体的职业任务时所拥有的资源。学校是如何得到现金资源的？医院呢？社会服务组织呢？除非你能回答这些问题，否则你的职业生涯不会很顺利。

我们在支付什么？

前面作者简要探讨了社会政策意味着什么。为了研究目的，我们将社会政策定义为对人类生存和幸福来说必要的稀缺资源的分配。究竟什么是基本的生活必需品，答案会随着时间而改变，并且在不同社会是不一样的。然而，支付这种需要的费用是一个普遍存在的两难问题。

本章关注的是确保每个人的生活都不低于可接受的最低生活标准，即拥有足够的饮食、住所、教育和健康照顾所需要的费用。我们要确保那些由于年老体虚而不能照顾自己的人能够得到足够的照顾。我们如何来支付这些费用是我们这个时代政治和经济争论的中心问题之一。

市场失灵

并没有内在的原因可以解释为什么不让个人自己购买这些服务（如果他们有钱的话），而富人几乎都是自己购买服务。许多经济学家认为，政府只应该为穷人提供足够生存的钱，并且不应该继续由政府来提供这样的服务。米尔顿·弗里德曼（Milton Friedman，1962）在他多年前一本非常有影响力的著作中曾提出这样的观点。

然而，许多人类需要和满足这些需要的服务的基本特征注定这些服务不是很适合在市场中由个人来购买。我们不能购买装在瓶子里的干净空气，然后作为私人产品对它进行消费。如果空气是洁净的，它就应该被我们所有人和其他国家的人享用。“非排他性”就是经济学家所谓的“公共”或“社会”商品。当出现像我们所说的商品和服务时，我们管这种现象叫作“市场失灵”（关于市场失灵的简要说明，以及它在社会政策上的应用，请参阅 Glennerster，2003）。然而，这样的公共商品并不是免费的。我们需要在必须安装过滤器且燃烧无烟燃料的工厂所生产的商品价格中支付清洁空气的制造成本。英国政府在一项新近的报告中估计了采取行动限制气候变化的成本和什么也不做的成本（H. M. Treasury，2006）。

虽然社会政策的一些方面关系到诸如清洁的空气那样的公共物品的生产，但是其他方面并不涉及。我们可以购买医疗或教育，但是作为私人消费者却不能做出有效率的选择，因为有效购买医疗服务所需要的信息不容易得到。在卖方和买方之间存在信息的不平衡，经济学家称之为“信息不对称问题”。

我们想要买的东西遥不可及，以至于我们很难认真地考虑。担心将来赡养老人的问题就是一个很好的例子。有多少人在为这件事伤脑筋？养老金是另一个稍有不同的例子。人们理论上知道他们应该支付私人养老金，但他们在行动上却是一拖再拖。新行为经济学中所研究的这种市场失灵在最近的英国养老金委员会（The Pensions Commission）的报告（2004 年首份报告）中有相关讨论。

市场失灵、信息失灵和“行为”失灵解释了为什么在世界上的绝大部分国家，许多公共事业不是通过普通私人市场而是通过集体基金方式——税收、缴纳保险以及诸如此类的或者通过强制个人的行为——提供或进行支付的。要求或者强烈鼓励人们加入私人养老金计划是后者的一个例子。注意，这些都不是由出于帮助穷人的动机所驱动的。一些案例证据表明国家干预更有效率。

储蓄银行

还有一个原因导致了我们共同地为这样的服务付钱。我们需要的很多东西，诸如对孩子的教育、为家人安置一处新家、健康照顾和养老金等，不能刚好在我们需要它们的时候就顺利得到资金支持。当我们生病的时候，我们仅有一点收入，或者可能完全没有收入来支付昂贵的医疗费用。教育和住房是非常昂贵的，并且要求在家庭成立之初，还没来得及积蓄足够的存款之前就被支付。只有当某个家庭有富有的父母、一项安全的遗产或者一项安全的资产——如房子，银行才会贷款给你用于付账。因此市场可能会让一些家庭先借款来支付昂贵的必需品，但是不会为大多数人这样做，尤其是不会为贫困的人这样做。这就是所谓的“资本市场失灵”。这一点在教育上尤其重要。一个父母贫穷但是有才能的学生不能得到一笔银行贷款。由于缺乏这笔贷款，他的人力资本不能得到充分的发展，这也是无效率且是不公正的。因此需要国家发放一笔贷款。部分社会政策正在做的事情是，将人们支付所需服务的时间从他们无力支付的阶段转移到他们能够支付的阶段。社会政策像一个终生储蓄银行一样发挥作用(Falkingham and Hills，1995)。

政府支付了多少?

看待我们正在支付什么的问题存在另一种方式。由税收提供资金的社会政策总预算的支出方式可参见图 35.1。养老金和其他社会保险支出占总

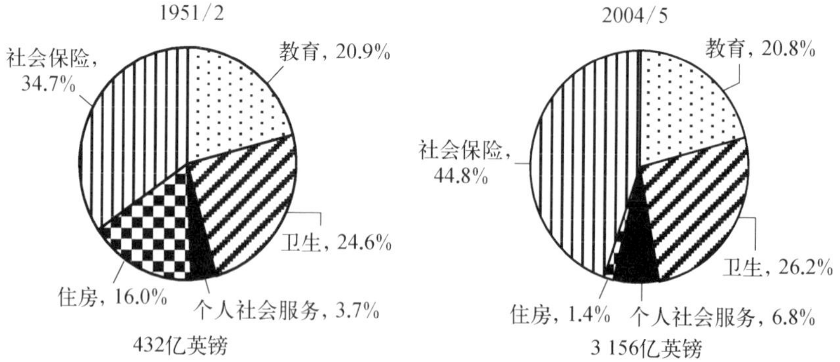

图 35.1 福利政府 1951 年和 2004 年的规模

注：总数以亿英镑为单位，以英国为基础，以 2004 年 5 月的价格为标准。
资料来源：Glennerster (2007)。

数的 45%。社会保险支出所占的比例比 50 年前低很多，而那个时候失业和老年人口都更少。另外，住房是国家一项更重要的支出。现在大多数人都在购买他们自己的房子。教育和卫生健康分别占 1/5 和超过 1/4 的总公共福利服务投资支出。经济学家称这些为“税务支出”。

谁来支付？

尽管本书关注有公共税收财政资助的社会服务是理所当然的，但还有大量的人类服务属于社会政策中的辅助性服务。这都需要由个人直接用收入来购买，或通过私人借款、保险政策等进行支付。除了私有福利的这种形式之外，公司可以为他们的员工提供养老金计划或健康照顾福利——蒂特马斯称其为职业福利。由伦敦政治经济学院的社会排斥政策研究中心进行的一项研究计算出了福利总费用中有多少是以这些不同方式进行支付的(Burchardt，Hills and Propper，1999，更新自 Smithies，2005)。这是自蒂特马斯的早期研究以来第一次重新计算国民核算来审核这些资金的来源。事实表明，国家收入的 40%被花在广泛提供人类服务的目的上——如提供给不能独自生活的老人的长期照顾、健康照顾、教育、养老金和住房。这还没有包括不在国民核算中的项目，如在本书第三十四章中讨论的家庭对自己家人的照顾。

在前面定义的总的“福利活动”中，大约有 70%是由政府通过税收之外的途径提供资金的。具体数额在不同服务之间差异很大。个人直接支付住房费用的约占 79%，但是个人只支付 20%的教育和 15%的健康照顾费用。这在税收之外留下了一个非常大的总数要支付——在 2005 年至 2006 年度是 3 320 亿英镑，这相当于国家总收入或者国内生产总值(GDP)的 28%。超过个人收入的 1/4 必须被征税，以用来支付福利服务或者现金给付。

在先进的工业化国家中不太常见的是，英国在很大程度上依赖于国家政府所征收的税款以支付它的社会服务。低于 5%的政府收入由地方政府所征收的税款提供资金，即议会税。健康和社会保险由中央政府机构以一种或另一种形式直接提供。但是住房、教育和个人社会服务并不如此，必须有一个复杂的授权系统来重新分配中央政府征收的税款，并将税款用以支付地方委员会的开支。此外，政府可能向个人征收较少的税，鼓励为退休、购买住房而进行储蓄或向慈善机构捐助。经济学家把这种流动称为税收支出。

谁来决定？

英国皇家财政部是负责建议内阁财政经济能在公共项目支出中负担多少的中央政府部门。它同时负责策划支出部门之间复杂的多回合谈判，决定有多少财政资金能够用于支出，例如用于下一年度的健康照顾服务或大学教育。

英国工党首相戈登·布朗在1997年对此进行了改革，从一年一次的支出轮回到一年两次，将最后一轮改成三年的周期。关于哪些服务得到多少预算的重大决定被作为综合支出审查的一部分。这些决定由内阁和议会批准，确定国民健康服务体系、大学、中小学和地方当局分别能获得多少预算。地方议会现在获得了一项必须用于中小学校的专用拨款和一项能够用于任何服务的综合或自由拨款。同时还得到一些被用于特别小的具体服务的小额拨款。从议会税之外所征的税受到政府规章的制约。这种税是基于地区内所拥有的财产价值的。地方税的基础一直引起政治上的争议，仅次于撒切尔夫人时期的人头税争论。英国的里昂调查机构（Lyons Inquiry）和苏格兰博特委员会（the Burt Committee）近来对地方财政的整体基础做出了评论。

中央政府也向地方卫生部门分配资金，且以人口基础为原则进行分配。如果一个地方的老年人、病人或者穷人数量更多，那么就需要为那个地方分配更多的资金，因为当地的医疗卫生服务使用更多。一旦这些地方机构得到资金，它们就会将资金分配给诸如学校或医院信托基金等日益独立的单位。学校为生源相互竞争，每吸引一名学生就会被给付一份资金。医院信托基金为接收更多的病人而竞争，也将根据治疗的病人数量而获得给付。社会服务部门要支付它们自身的养老院、志愿机构或营利机构费用，为老年人或残疾人提供服务。在过去的十年中，对后者的拨款发生了非常大的转变。在过去，大多数老年人服务由地方议会政府的雇员提供，他们通常在由议会政府所有的养老院工作。现在，这些养老院更多地由私人机构所有。这些养老院中的住院床位或在老年人自己家中提供的服务往往从私人提供者那里购买。私人机构也在老年人自己家中向他们提供护理服务，但是要由地方议会政府提供资金(参见本书第三十、三十一、四十章)。

必需的或提倡的行为

政府可以鼓励个人通过各种行动方式为自己提供福利——购买一座房子或者为自己储蓄养老金。传统上，英国政府通过对办理了抵押贷款的人减免税款(现在已经不这样做了)或者对储蓄私人养老金的个人降低税款的方式来达到这个目的。政府现在正提议引入另一种激励机制促使人们为自己的退休生活进行储蓄。年轻人不愿意采取行动主动为他们的退休而进行储蓄，因为他们的投资决定很复杂，而且对他们来说，退休看起来是很遥远的事情。然而，来自其他国家的证据表明，如果雇员自动选择参与一项私人养老金计划，并且如果雇主被要求增加投资份额，同时由政府进行补充，那么大多数人将不会退出养老金计划。至少，这是政府最新养老金计划(参见本书第三十二章)背后的希望。

担保和准担保

我们描述了拨款分配给地方当局以及随后被分配到如学校和医院等团

体的方式。一些经济学家认为，如果使用者对这些机构有些约束力——即有选择其他提供者的机会，那么这些机构的运行可能会更有效率。对于这种情况存在正反两方面的意见(Le Grand 2003；Burgess，Propper and Wilson 2005)。认识到这一点很重要，即根据其吸引到的儿童或病人数量来向州立学校或医院提供资金，这本身已经是一种担保的形式——一个“准担保”(Quasi-Vouchers)系统。

给　付

个人为志愿组织和法定组织会付出一大笔资金和很多时间，用来帮助对老年人的照顾或青年俱乐部的运转。捐助现金能带来税款减免，但是贡献时间却不能。在蒂特马斯(Richard Titmuss，1970)关于献血的经典研究中，他表明无偿向英国国家输血服务中心献血不仅是一个切实的个人贡献于更广泛社会的例子(并在这个过程中使社会受益)，而且被证明是一个更有效率的过程，因为捐献者没有对他们的病史撒谎的动机。如果穷人献血会得到报酬的话，他们就具有了对自己病史撒谎的动机，这可能使他们成为被感染血液的携带者。女性主义作家(参见本书第十三章、第三十四章)使我们更加明白，当妇女以及一小部分男性承担了照顾工作时，家庭内个人付出的程度有多高。如果我们要对妇女的这些职责支付费用的话，那么个人社会服务的预算就需要加倍。

定量供给

我们已经看到，财政部基本设定了对社会服务公共支出的限制，当然是在服从政治方向的前提下，结果是这些服务的供应由政治决策确定。然而这些服务是免费的，至少部分是免费的。价格不会上涨到供应等于需求的水平。结果是服务提供者必须采取一些行动来确定优先权，定量供给照顾服务。像本书第十八章所讨论的那样，有可能以规章和权利的形式来提供帮助，或者根据专业人员的判断来确定固定预算。他们所得到的预算可能是一个明确优先权的决策结果，即对某一年来说，服务的某个特定部分的预算是一个给定的总数，但确切地是哪个病人或者哪类病人得到这项服务通常由一线专业人员的判断来决定。因此，稀缺社会政策资源的供给是在一整套决策过程中进行的，这些决策来自内阁对每项服务应该获得多少预算做出的相当明确的判断。内阁根据程序规定，对地区，实际上是学校之类的机构进行明确的拨款。但是接下来的是一线的、不那么明确的分配问题，即一个班级中的哪个孩子或哪个案主应得到工作人员的更多关注。这在格兰内斯特(Glennerster，2003)的研究中有更全面的讨论。

新兴议题

超过传统退休年龄的人数比达到工作年龄的家庭数增长得更快，退休以后的生活占据了成年人生活越来越大的比重。为超过 70 岁的老人，尤其是 80 岁以上的老人提供医疗卫生保健和社会照顾所需的成本要比为年轻人群提供此类服务的成本高很多。这个成本将越来越多地落在达到工作年龄的人群身上。在标准没有任何改善的前提下，可以将超过国内生产总值 5% 的资金增加到福利国家的成本里。养老金委员会(The Pensions Commission，2005)建议工作年限应该随着预期寿命的增加而延长，这样退休后的时间在我们生命中所占的百分比就会保持不变。英国政府正在实施此项建议的过程当中。这与欧洲其他国家如瑞典和德国的政策是一致的。健康照顾和社会照顾系统的成本会随着老年人的服务而急剧地提高。

因为对更好的服务需要的增长以及人口年龄结构带来的成本提高，选民变得越来越不愿意支付更高的税收。与其他国家相比，英国比例非常小的地方拨款必须像地方征税那样，接受详细的审查。关于变革的提议正在讨论中。

越来越多地使用私人的和非营利提供者作为税收资助的福利输送代理，还受到越来越大的争议，并且将继续引发激烈的辩论。在高等教育中获益的那些人将越来越多地被期望对改善了他们经济状况的教育做出贡献。澳大利亚在这方面早就开始实施，英国目前也正在推行。这个模式正引起欧洲其他国家的兴趣。它同样也引起了很多争论。

家庭所面临的老人需要照顾而家庭却无力负担的困境将会增多。政府提供的免费照顾应该到什么程度？家庭应该在多大程度上继续为他们自己的晚年储蓄？或者说人们应该被要求为自己的晚年储蓄到什么程度呢？这将是一场日益激烈的辩论。

高阶阅读指南

T. Burchardt，J. Hills 和 C. Propper 的 *Private Welfare and Public Policy*（Joseph Rowntree Foundation，1999）包含了一些本章提出的关键问题，文中更具体地，尤其是以综合的方式讨论了公共和私人资金捐助与供应间的相互作用。最新版请参阅 R. Smithies 的 *Public and Private Welfare Activity in the United Kingdom，1979－1999*，CASEpaper no. 93（LSE\CASE，2005）。

2006 年博特调查（Burt Inquiry）及相关论文提供了关于苏格兰地方政府财政的历史发展，对财政变迁的分析和建议，以及对一个变革的分析和推荐等信息，这些信息可在 www. lyonsinquiry. org. uk 网站上找到。J. Falkingham 和 J. Hills 的 *The Dynamics of Welfare*（Harvester Wheatsheaf，1995）揭示了福利国家如何以及为什么自始至终都在进行收入再分配。M. Friedman 的 *Capitalism and Freedom*（University of Chicago Press，1962）是一本非常有影响的书，提出了实施最小政府干预、代金券和学生贷款的理由。H. Glennerster 的 *Understanding the Finance of Welfare. What welfare costs and how to pay for It*（Policy Press，2003）包含了社会财政政策和配给理论的

各个方面。

J. Le Grand 的 *Motivation, Agency and Public Policy: Of Knights and Knaves, Pawns and Queens*（Oxford University Press，2003）提出了消费者在学校教育和医疗健康间选择的权利，作为鼓励社会提供更好的服务标准的方式。其证据在下文中被讨论：S. Burgess，C. Propper 和 D. Wilson 的 *Choice: Will more Choice Improve Outcomes in Education and Health Care? The Evidence from Economic Research*（The Centre for Market and Public Organisation，2005）。R. M. T. Titmuss 的 *The Gift Relationship*（Allen & Unwin，1970）提供了一个不同的观点，将无偿献血作为现代社会中给予的美德。

一篇有关地方政府所面临问题的尖锐的评论可以在 Lyons Inquiry（2007）的报告以及相应的证据和研究论文中找到（www. localgovernmentfinancereview. org）。其他重要的问题在 Pensions Commission（First Report），*Pensions: Challenges and Choices*（The Stationery Office，2004），Pensions Commission（Second Report）的 *A New Pensions Settlement for the Twenty-First Century*（The Stationery Office，2005），还有 HM Treasury 的 *Stern Review: The Economics of Climate Change*（Cambridge University Press，2006）中可以找到；也可发送邮件至 stern. review@hm-treasury. gov. uk 进行咨询。财政部网站（www. hm-treasury. gov. uk）在提供最新公共支出、经济和征税的数据方面也是有帮助的。

第三十六章

公民资格和福利的获取

鲁斯·利斯特

概　　述

- 从某种程度上说，决定社会成员福利获取多少的原则即分配资源的原则。
- 评价这些原则的关键标准是人的需要得到满足的程度。
- “需要”有广义和狭义两种不同的解释，分别基于普遍性原则和选择性原则。
- 福利的获取依赖居留身份，并受到权利(有条件权利和无条件权利)和裁量的共同影响。
- 要改善福利，既可以通过实质性改革扩大受益面，也可以改进程序和流程，目的是确保福利使用者受到尊重，使用者的权利得到保障并得以实现，确保使用者参与到福利事业发展进程中来。

导　　言

社会政策定义的中心是人的福利以及为改善福利而制定的社会制度。对于社会政策以及个人和群体而言，关键的问题在于怎样分配受到经济和政治因素双重制约的有限资源，从而改善人的福利，满足人的需要。换言之，从某一方面来看，讨论社会政策就是讨论如何分配资源。本章将探讨决定这种资源分配过程的几类关键但有冲突的规则，重点从社会公民资格的角度探讨决定社会中不同群体和个人福利获取的原则。

本章首先在满足需要的不同模式框架下，介绍一些主要概念。接下来以社会保障补贴为例，重点介绍决定福利获取的关键原则及其含义。这些原则见资料框 36.1。最后，本章将探索通过加强公民资格观念和福利权观念来促进福利事业的一些方法。

资料框 36.1　福利的获取：对“需要”的解释

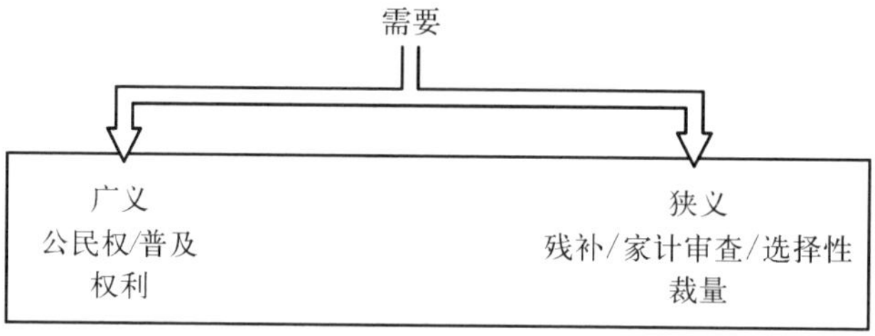

满足需要的不同方式

评价社会成员福利获取的原则，最主要的一条标准是看由这些原则产生的规则能否真正确保需要得到满足。本书第四章对“需要”的概念做了深入讨论。这里要注意的是，在关于福利获取问题的探讨中，我们所使用的“需要”绝不是简单的表面意义的概念。

一方面，要证明福利是建立在“权利”观念和社会公民权原则基础上的。正如本书第五章讨论的，这种观点将需要原则和市场原则对立起来。社会公民权原则是凌驾于市场原则之上的（至少在理论上是这样，但实际上并不总是如此），因为我们一般都认为，所有社会成员都享有充分参与社会事务的权利，国家也承诺要保障公民的这一权利，确保人们不必完全依赖劳动力市场来满足自己的各项需要。然而，要保证人们能够行使其政治权利和法律权利，一个必要的条件是先实现人们的社会权利。如果一个人连住所都没有，他就难以作为选民被登记入册，更别提收到民意调查问卷了。虽然理论上，法律规定人人平等，但实际上并非如此。例如，贫民如果没有社区法律部门的帮助，就无法享受到法律保护。同样可论证的是，如果一个社会不能保证其成员的需要得到满足，那么社会成员就无法向整个社会履行公民义务。

公民资格原则是指社会成员的地位平等性原则。这一原则的支持者认为，所有社会成员应该享有同等的权利，即支持权利普遍性原则，而反对像家计审查模式那样的选择性机制，反对将贫困人群从社会中区分开来，反对“剩余型”福利模式。

然而，支持选择性机制的人也同样可以运用“需要”的概念来证明选择性机制的合理性。他们认为，当资源的数量有限时，稀缺资源的分配对象应该是那些真正需要的人。选择分配对象的依据有多种，比如年龄。然而在社会保障机制中最为常见的做法是采用家计审查模式，即集中救助资源拥有量低于某一水平的人群(参见本书第四十四章)。另一种做法是由政府裁量模式，即由政府官员或专家决定申请人有何需要以及哪些需要能得到满足，而不是由申请人自己基于生而享有的权利决定能够享有哪些福利。这种做法常见于住房和社区照顾服务领域。同基于呆板规则的做法相比，这种个性化的方式更能够确保个人的“真实”需要得到满足。至于选择性机制的弊端将在后面进行讨论。

在实践中，满足需要的两种方式(基于权利的方式和采用政府裁量的方式)之间的区别并没有讨论中提到的那么清晰。一方面，政府官员在使用权利原则时，经常须做出判断或裁量；另一方面，政府官员在进行裁量时，其基础是中央或地方政府制定的(不具法律效力的)指导原则。然而，作为社会成员福利获取的基础，这两者代表了两种迥然不同的取向。和公民资格福利模式与残补的福利模式(参见本书第二十四章)之间的区别一样，这两者对于个人和社会群体的福利带来的影响不同，本章下一部分将对此进行讨论。

福利的获取

外来移民和居留身份

首先，我们考虑一下一个国家的新移民如何能够初次获得该国的福利保障，即那些以移民身份或居留身份为基础的接纳或排斥移民人群的原则。本书第五十七章也表明，一国要限制其投入福利事业的资源，一种方法就是通过制定限制性移民法和避难法，限制外来移民和避难者进入本国，从而限制非本国国民获得福利的机会。在这里，“公民资格”被用作排外而非融合的工具，不但没有基于满足需要的基本原则，反而违背了这一原则。

目前，许多西方国家采用移民法和福利法将“外来者”排除在本国福利和服务体系之外。在“欧洲堡垒”的防护之下，欧洲各国都严格立法拒绝给外来移民和寻求庇护者获得福利的机会。在英国，获得福利的机会是与移民背景和居留身份紧密相关的，这样，外来移民和寻求庇护者想要获得经济和住房补助就更为困难。这还可能导致国内少数民族背景的合法公民在申请福利时不得不受到更严格的审查。他们中的一些人因为害怕受到迫害或避免受到种族主义对待，可能就不会申请福利了。

裁量

反对裁量方式的一个主要理由是决定社会成员获得福利机会的决策者可能会受到种族主义和其他偏见的影响，从而做出歧视性的裁量。反对者的观点来源于慈善事业，在慈善事业中，获得福利的机会往往不光由人的需要决定，还由是否值得的价值决定，并且这两方面的决定作用旗鼓相当。从某一方面来说，正是因为要应对这一现象，战后的福利国家才在法律上赋予公民一系列获得福利的权利。然而，裁量方式仍然起到了一定的作用。

在20世纪60年代至70年代，英国的社会保障体系内部的一个争论焦点是：应该在多大程度上让政府裁量方式在社会救助安全网方案中发挥作用。当时，社会救助方案面临的大量批评是其一直过度依赖政府的裁决，导致政府官员手中的权力过大，而申请人却陷入不确定的境地，既不知晓能够得到什么，也无法行使任何权利来支持自己的求助行为。裁量方式的作用范围逐渐缩小。然而，到了20世纪80年代中期，社会保障改革中最有争议的一方面是在社会基金中重新采用政府裁量的方式。社会基金是现金基金，以贷款的形式分发，满足人的一次性需要，诸如购置家具和床上用品。在这类基金的一次性分配过程中，为减少费用支出，重新引入了裁量方式作为分配机制。社会基金这个例子极好地表明了如何在明确的政府指引和在申请人权利不明确的情况下，发挥裁量方式的作用。此外，近年来，政府裁量在一些基于权利的项目中的作用范围也得以扩大(参见本书第四十四章)。

在英国服务部门和欧洲其他国家的社会救助方案中，政府裁量方式起到了更为主要的作用。尽管公民都有享受福利服务的权利，但要具体到政府当局应怎样满足公民的这一权利则是很难的。在资源有限的背景下，人的需要最终还是由法定当局的专业人士来解释的。例如，尽管英国国家健康服务部门赋予公民享有健康照顾服务的权利，但并不是公民提出的一切医疗服务要求都能得到满足，他们获得医疗服务的权利还要由医学专业人士对其需要做出评估后再加以考虑。

在社区照顾服务领域，地方政府有义务对残疾人的需要做出评估，但随后地方政府还可以决定是否满足其需要以及如何满足其需要。裁量和权利之间本来较为明确的界限在这里却相当模糊，在一些案例中，某些国家立法要求当地政府一旦识别公民的需要就必须提供服务。问题在于，只要当地政府的自有资源是有限的，那么在这种立法下，政府就会倾向于不去主动识别公民的需要，于是裁量方式又重新发挥作用进行定量供给。地方政府在履行义务满足照顾者的不同需要时也同样如此。裁量方式中专家的权利已经受到了残疾人运动的挑战，本书第三十九章将对此做详细介绍。一些残疾人不再被动地依赖专业人员对他们的需要进行评估，而是利用自己的公民权利主张自己的需要。

权利

以权利为基础的福利模式的优点在于它明确地、强制性地赋予公民获得福利的权利，因而授予福利受益人更大的权利。只要一个人符合获得权利的标准，那么权利享有人就可以运用法律条文来保护其权利。尽管如此，并非所有的权利都是来源于公民资格原则的。正如资料框 36.2 所示，权利也可以是选择性的，即使在公民资格原则下，也有无条件福利和有条件福利之分。

资料框 36.2 影响福利的获取的原则

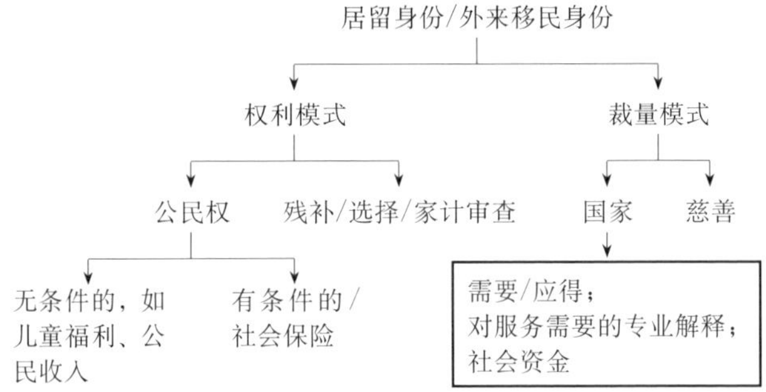

残补的选择性

选择性福利模式或采用家计审查的福利模式(主张救助最需要救助的人)一直以来都备受争议(在此需注意的一点是，在英国，某些基于家计审查的补贴已转化为税收减免，与传统的家计审查补贴相比，打破了纯粹的收入衡量标准)。批评者指出，很大一部分人虽然有资格享受家计审查补贴，实际上却并没有享受到。这其中的原因是多方面的，包括补贴申请流程过于复杂。其中，少数民族人群尤其容易出现这种情况。类似的证据表明，某些地方政府对合理服务之外的服务都加征费用或再次开展家计审查，因此有些人宁愿不申请。还有人批评家计审查似乎鼓励人们困守在贫困状态中，因为随着收入的增加，补贴反而减少，这对有积蓄的人是不公平的。这些调查不一定能给人们带来真正的保障，因为经济条件一旦变化，其权利就会受到影响，这在低收入工人家庭中是比较普遍的。此外，这些调查还会加强妇女在经济上对丈夫的依赖，将妇女置于不利的境地。这是因为通常情况下，计算是以夫妻的共同收入为基础的。这意味着在一个家庭中，如果收入不是所有家庭成员公平支出的话，家计审查的结果可能就无法帮助家庭中更需要帮助的妇女，甚至连孩子的福利也会受到不良影响。同时，因为申请社会救济时对收入水平有严格的规定，所以在通常情况下，对于双双失业的夫妻申请人而言，如果去从事低收入的工作反而不划算。

申请家计审查救济的人往往被贴上了贫困的标签，这可能伤害申请人的自尊心。还有人认为，残补型福利体系的一个弊端就是当救助金和服务都局限于“穷人”，成为穷人的救助金和服务时，社会其他成员将不再关心福利的质量和数量。美国就是一例。因此，如果仅有穷人和接近贫困的人群能够获得福利的话，就违背了公民资格的普遍性原则。

公民资格：有条件和无条件的

在英国的社会保障体系中，社会保险通常是作为公民资格普遍性原则的典型例子。在社会保险体系中，公民能否获得福利主要取决于其在工作阶段是否缴纳了一定数量的保险金，或者对于某些人群而言，是否履行了与工作相关的责任。然而，有人认为，这其实是一种由目前的社会保险体制所倡导的有条件的且形式受限的公民权。这种体制不但没有超越市场这一收入分配机制，反而反映了市场的机制，因为它采用的是与收入挂钩的额外津贴形式，只将权利授予那些在劳动市场上保持良好记录的人，这样收入能力上的不平等（虽然有所缓和）将一直持续下去。此外，由于支配社会保险的规则是以男性雇佣形式为基础的，因此女性在此机制中处于不利的地位。不少女性由于收入过低而被排除在社会保险体系外，外来移民也同样处于不利的地位。

随着要求社会成员求职并从事劳动的规定日益严格和范围的扩大，社会保险（和社会救助）体系的有条件性逐渐加强。有些人将此作为福利的最好形式。除此之外，在某些情况下，获得救济的权利是建立在其他行为上的，例如要获得生育补贴，申请人必须参加孩子的健康检查；有反社会行为的人，其住房补贴可能遭到削减。这些政策实际上反映了新工党的“第三条道路”的哲学，即责任伴随着权利和机会。而权利和义务的合理平衡问题日益成为福利事业的中心话题。

完全、普遍的无条件的公民权利补贴是很少见的。在英国社会保障体系中最接近无条件补贴的形式是儿童补贴，几乎全国的每一个孩子都能享受儿童补贴。还有其他一些发放给特定人群的补贴，比如给照顾者的就业补贴和给残疾人的补贴。这些都不需要事先缴纳资金或做家计审查。但是，以照顾津贴发放的就业补贴发放远没有以个人缴纳为前提的补贴那么慷慨。

不同国家的社会保障体系和福利的获取原则的结合不尽相同，通常起主导作用的只有一种。例如，像本书第二十四章所介绍的，斯堪的纳维亚半岛国家采用的是公民资格模式，美国是残补的福利模式，德国是有条件的社会保险体系。英国是多种方式的综合，但是越来越接近残补的福利模式。政界开始批评家计审查，尤其是在养老金方面的审查。新工党的“渐进的普惠主义”（progressive universalism）获得了基本的民众支持和最需要帮助人群的支持，它就是收入补贴领域综合性的一个例子。公民资格原则在英国的健康照顾服务部门仍然发挥着作用。但是，正如上述讨论所指出的，仍然难以落实获得医疗服务的详细权利，或者说人们仍不能自由地享有这些服务。它日益成为公民资格原则下的消费者至上主义模型。

新兴议题

针对目前的福利体系的不足提出的一系列改进提议，可大致分为实质性改革和程序性或过程上的改革。

实质性改革

实质性改革的一项目标是将社会保障权的重心从残补的福利模式转向基于公民资格的福利原则。例如，重新构建社会保险体系，使得尽可能多的人都能受益，特别是要考虑到女性的工作特点。另外一个例子是设定一个收入基准，收入低于这一基准的人可以获得免税补贴，并且没有任何附加条件。福利应该只以公民资格为基础。此外，还可以构建权利清晰的福利救助体系来取代社会基金，加强权利拥有人的权利，同时又不失裁量模式在满足特殊需求方面的优势。

实质性福利权利的发展是较为困难的。一种途径是首先在现有欧洲委员会《欧洲社会宪章》的基础上提出广义的宪法权利的框架，确立在普通大众的层面上提供福利权利，并且将提供福利作为政府必须履行的义务。然后再进一步制定具体的法律，以便在此框架下发展具体的可实现的权利。

• • • 程序性或过程上的改革

不难看出，在程序上进行改革可以增加社会成员福利的获取。梅杰领导的保守派政府在《公民宪章》(1991 年)中提出实行程序性或过程上的改革。然而，这一做法却受到批评。批评者认为这类改革代表的是消费主义的原则，而不是公民资格原则，因为公民个人作为消费者的权利仍然受到信息提供的限制，他们对公共服务的选择权和获得赔偿的权利也难以达到宪章规定的标准。

目前，公众政策研究机构已经提出了一项更能体现以公民资格为导向的程序性权利。关于福利的程序性权利重点关注能够保障实质性权利的程序上，重视公民受到对待的方式(是否得到尊重)以及做出决策的方式。程序性权利的一个重要因素是可行性。为了获得和行使权利，人们必须获得与自己相关的信息，因为在与福利机构商谈和发生仲裁或法庭诉讼时经常需要相关的建议和帮助。获得这些信息、建议和辩护的权利本身就属于全英消费者委员会规定的公民权利。目前，程序性权利已受到包括法律建议中心、地方政府和民间福利权专业人士在内的许多机构的鼓励。

此外，不少自助团体也同样鼓励发展程序性权利，来实现权利行使人之间的相互帮助，以摆脱对专家的依赖。随着服务使用者和公民参与度的不断增加，公民资格原则也进一步被引进服务事业的发展过程中(参见本书第三十九章)。实例表明，通过增强福利机构的民主并赋予受益人更多的权利，可以推动福利事业的进步。提倡更具活力、更加主动的权利观念，将人看作权利的主动行使者而不是简单的被动接受者，都会推动公民资格原则在结果或程序上的进步，尽管在实践上还有一些其他方式能避免对做表面文章的批评。

提高受益人参与度的做法起初只存在于基层的服务部门。最近，人们呼吁将这种做法扩展到影响全国范围的决策机制中。例如，在独立的扶贫委员会(Commission on Poverty)、参与及权力(Participation and Power)组织中，有半数成员亲身经历过贫穷，他们呼吁在地方和全国两个层面，提高贫困人群在与之生活息息相关的福利决策制定过程中的参与度。参与福利事务决策制定过程的机会本身也越来越被视作一项权利。

本章重点介绍了决定人们可获得的福利资源的几种原则，突出了相关的分配方式以及不同原则对包括妇女、少数民族和残疾人在内的边缘化人群的影响。在关于加强和改善福利方法的讨论中，本章主要关注基于公民资格的福利改善方法，而不是选择性残补的福利模式。同时，本章还强调了程序性问题的重要性：程序性权利可以帮助人们获得并行使实质性权利，作为社会的公民，能够得到尊重对待；作为受益人，可以积极参与到福利事业的发展过程中来。

高阶阅读指南

本章讨论的多数观点可参见 H. Dean 的 *Welfare Rights and Social Policy* (Pearson Education，2002)。该书以批判性的眼光在历史和对比两种背景下探讨了福利权、社会公民资格和社会立法。P. Dwyer 有两本介绍社会公民资格的著作值得借鉴：第一本是 *Welfare Rights and Responsibilities. Contesting Social Citizenship* (Policy Press，2002)，主要探讨了社会公民资格的原则，并介绍了在医疗、社保和住房领域福利受益人的观点；第二本是 *Understanding Social Citizenship* (Policy Press，2004)，将福利权和社会公民资格联系起来，并放在历史的背景中探求两者的不同。T. Fitzpatrick 的

Welfare Theory: An Introduction（Palgrave，2001）的第四章，同样涉及关于社会公民资格的关键问题。如需更细致地探讨影响可获得社会保障的原则，可参考 Robert Walker 的 *Social Security and Welfare*，（Open University Press，2005）或参考 J. Millar 的 *Understanding Social Security*（Policy Press，2003）。

第六篇

福利治理

第三十七章

福利的管理与输送

约翰·克拉克

概　　述

- 福利的输送并不仅仅是一项关于如何选择最有效的输送机制的技术。
- 在福利的输送中，其设计和控制是一个政治性且充满争议的过程。
- 由于政治目标与系统控制目标之间经常产生矛盾，因此对其协调往往会产生复杂的甚至矛盾的解决方式。
- 针对如何有效控制分散的福利体制，所设计的方案或许会导致意想不到的甚至矛盾的结果。

导　　言

福利包括资金与服务，其输送过程往往被视为一项技术，即如何选择高效的输送方式。20 世纪末以来，福利输送的设计与协调过程越来越政治化了。我使用的“政治化”一词有两层含义：一方面与政党政治相联系(政党之间对于如何改革福利制度往往有许多矛盾的意见)；另一方面是在福利的提供和使用过程中，卷入其中的各种权力、权威机构及社会关系之间的冲突与斗争。在下面的内容中，我将讨论集中在这些相互关联，时而紧张、时而矛盾的关系上，因为它们不仅塑造了福利目标的政治理想，也影响了政府在福利输送中的组织方式，以及对福利成本和收益的衡量。在福利输送“政策、过程与实践”中面临许多这样的压力，这些矛盾与斗争成为如何管理福利的争论焦点。

激励个人：独立，幸福与选择

这个标题选自2005年出版的关于成年人社会照顾的政府《绿皮书》(Green Paper)。它反映了21世纪人们对国家、福利和个人关系转变的思考。在英国以及世界其他地区，政府采用各种不同的方式，对大多数福利项目进行了改革，以激励个人的自主性、自给自足，重塑家庭和自我的责任。改革的方式是多种多样的。在某些情况下，改革本身蕴含着对个人行为的期望，如期望个人可以而且应该是受雇的。在工作中获得薪水不仅能减少个人的依赖性，而且能减少公共开支，让人们更有尊严，也为下一代做出榜样，同时这也是个人对社会的贡献。福利制度的改革在大多数时候都力求更加富有弹性和个性化，例如要求人们参与评估访谈或者为个人提供咨询，帮助他们找工作或提升工作技能。

这些改变反映了福利提供个性化(personalizing provision)发展的动力，根据个人所处的环境和需要为其提供特定的服务。例如英国的社会照顾越来越强调为服务的使用者增能，让其能动地选择和设计照顾项目，或者政府通过直接支付(direct payments)、个人预算(individual budgets)等形式让服务使用者可以做出更多的选择(参见本书第三十六章和第三十九章)。在教育方面，20世纪80年代父母就有为孩子择校的自由；而在高等教育的改革中，也尝试给予学生作为消费者的选择权，他们可以自主选择教育机构和科目。同样，在英国的医疗健康改革中，也越来越强调"病人自主选择"(patient choice)的理念。

这些激励与选择模式(models of activation and choice)也引来了广泛的争论。例如，激励机制让福利资金和服务的发放条件更多，审查也更加严格，缺乏普及性(尽管各个国家的激励政策和实践差别很大)。选择性政策有可能破坏了福利服务提供的公平性，从而受到了挑战。选择性政策有可能不利于福利系统的组织和安排，助长个人主义、消费主义以及对公民权利(version of citizenship)的争议。公众是否将自己看成消费者或顾客，是公共服务提供过程中争论的另一焦点。

改革理念的矛盾与冲突，在政策的设计与福利的输送中往往产生许多问题。特别是当政策许诺福利个人化时，要求福利制度能更加适应个人以及不断变化的环境需要。如对个案工作者的要求，不仅仅是评估案主是否需要接受治疗，而且也要求个案工作者能运用一定的技能帮助和促进案主的发展。这将意味着为了让人们可以做出更多的选择，福利制度要有足够的能力(spare capacity)。例如尽管拥有自主择校权，但并没有让所有的家长都如愿以偿进入他们最想就读的学校；病人的自主选择权还有赖于医院的空间和能力，即医院能否接纳更多的病人。因而这样的制度设计很有可能让其他的制度设计运作不畅，产生冲突。

小心：风险、资源和规制

在福利政策中，鼓励自主或个人独立并不是唯一的关注点，风险、成本或资源问题也一直困扰着政府。此外，政府还要寻求更好的、能对日益分散的福利制度进行有效监控和管理的途径。随着福利制度日益多样、分散以及私营福利机构的兴起(对25年来公与私伙伴关系的构建和服务带来了风险)，需要对养老金运营的风险进行计算(在个人、国家和政府以及私营金融机构中，风险如何分担)，对社会照顾的需要者进行风险评估(对自身或他人有可能造成的风险)。所以风险日益成为重要的考虑要素之一。

在这样的背景之下，哪些风险是可以容忍的，谁应当承担与风险相关的成本和责任，这些问题经常引起激烈的冲突和争论。大多数时候，无论是公共机构还是私营组织，都试图规避风险(risk averse)、减少风险，或者至少减少承担风险的责任。因此，私营企业在医疗和教育领域采取与公共企业合作的方式来降低回报的风险。私营企业通过投资，让公共机构的合作者成为长期的担保人。同样，对社会照顾风险的评估可能会考虑如何管理和控制风险的问题，因而主张在机构照顾或其他督察中维护个人和社区的利益。独立的目标与自治的风险背道而驰。风险及其管理是福利输送过程中的重要问题，它们与其他预期目标并不必然相互兼容、和谐发展。

在福利传输过程中，政府备受困扰的第二个问题是：如何维持或降低福利成本，使整个福利体制更加经济和有效。包括英国在内，尽管许多国家福利服务的公共支出不断增加，但是对效率问题的考量从未间断，其表现为许多不同的形式。财政部基于预先的年度"效率储蓄"(efficiency savings)报告——一般是每年服务预算的2%～3%，制订公共支出计划。某些服务的筹资可以分为两部分，一部分是基本公共服务基金，另一部分是用于激励服务提供机构通过竞价提供服务的基金。此外，政府机构、服务机构以及个人团体组织也开发了更精细的财务控制与报告系统以跟踪资金的流向，使其与组织福利输出的结果相挂钩，这样做也可以说是增加了透明度(transparency)。

对效率的追求使政府不断探索生产和输送福利的替代性方式，尤其是分解战后福利国家庞大的专业官僚机构。打破官僚体制，引入市场化的运作方式，扩大自愿组织在福利提供中的作用，成为增加福利提供效率的主要方式(详细内容参见本书第三十二章至第三十五章)。最后，这场如何增加福利提供效率的讨论，逐步演化为对福利成本和谁应当承担成本的讨论。比如，在英国，对谁应当支付老年人的居家照顾费用，是应该让私人还是公共机构在资源的提供中占主导地位，英格兰、威尔士和苏格兰有不同的政策。在其他福利服务如教育和医疗领域，对共同支付(co-payment)的讨论产生了新的理念，即让公共资金支付最基本的普惠型服务(basic universal service)，使用者自身支付超出基本福利提供以外的他们需要或欲求的部分。

对福利资源的困扰引发了在公共服务提供机构中引入自治和选择型福利的想法。如果还需要多余的能力在可能的服务中做出选择的话，这种多余的能力就是浪费的，没有效率的。在社会照顾领域，为满足不断增加的成年人的社会照顾要求，就意味着要扩展家计审查和资格标准(eligibility criteria)的过程，以保证政府公共服务的享受者在经济上是符合条件的，达到了准入的基本门槛(一般由社会服务提供的地方当局或是社会工作部门设定)。同时，正如我们上面谈到的，服务的享受者也会面临风险评估。这些过程把个性化(使服务更适合个体)与目标化(让最需要、最贫穷和最弱势的人群获得服务)通过复杂的方式结合起来。但这个过程的本身或许对管理者来说就有很高的成本。

不同形式的改革带来的混合效应使本来复杂的福利制度更加复杂，也常常被称为碎片化的或者分散的福利制度。这包括以下原因：福利市场与混合经济的诞生；对多元化福利提供者的需求；分权(decentralization)和权力下放(devolution)的承诺；组织机构动态的、弹性的管理方式；受个人化(personalization)和选择化(choice)发展方向的驱动。接下来，我们会详细探讨上面这些原因。但需要注意的一个重要问题是，这样分散的、碎片化的福利体制是如何为政府制造新的管控难题的。政府不是服务的直接提供者，而是如何在其职权范围内管理复杂的制度体系：从福利的提供者转变成福利的规制者。政府普遍采用的规制福利制度的两种模式，第一种是契约制，第二种是审计制。

契约制为政府福利制度改革提供了一种组织化、符号化的方式。契约制是计算出在服务输送过程中所产生的成本——结果因素，如一个承包商在特定时间、地点和质量要求下要输送价值几百万元的几千种服务。契约是公共和私营部门合作的基础，用以区分政府或地方部门的角色(划分购买者—提供者)、组织内部和外部市场。有时候可以用委托—代理理论说明，委托人购买代理人提供的一系列服务，代理人在契约的约束下提供服务。契约制是英国分散的福利制度的核心部分。但是契约制不仅是维持不同组织之间互动的技术方式，还是公共服务领域企业运作形象的宣传者，让服务的提供更像私营部门或市场运作的方式进行。这个比喻还可以延伸到福利服务与其使用者之间的关系上，也非常贴切。家长和学生同样被期待与学校签订一系列契约，包括考勤、家庭作业、行为举止。社会照顾服务的受益者也同样期望签订契约，作为服务享受的回报或者是避免惩罚性的干预，管理好自己以及他们孩子的举止行为。不论这类文件是否包含可辨识的合同内容(通常可用禁止或警告的形式呈现出来)，其语言都是强有力的。事实上，在写作本书的时候，前首相托尼·布莱尔宣布在公民和政府之间签订一项新的社会契约，每个公民在合法享受福利服务之前先要确认自身的义务和责任。

福利提供的分散化、碎片化的结构伴随着对绩效考核的一系列规制的制订，即审计制的发展。审计在这里是指一系列多样化的过程和实践，包括评估、审查、绩效测量、详细检查以及狭义的金融和会计的审计(参见本书第三十八章)。过程的复杂多样暗示着政府试图在其职权范围内对福利的提供进行规范和管理。有三个方面的负面影响伴随其中。首先是对组织行为评估过程的影响，组织倾向于努力完成目标，从而在评估测量中达标；不能量化的目标和活动则有可能被忽视或投入很少的资源。尤其是当目标和测量的设计不如评估绩效模式完美的时候，问题将尤为严重。其次是审计和评估过程的本身同样需要耗费一定的成本和资源，这些成本和资源从另一方面可以再加以利用，比如投入服务的提供中。再次是过程自身包含着博弈，机构总是试图管理其绩效，使其看上去非常成功。最后一点暗示着评估制度有可能恶化政府和公共服务提供者之间的关系，加剧彼此的不信任。详细审查表明评估中的比较/竞争制度，看上去对吸引资源很有用，能招揽顾客，其获得的竞争优势具有重要的意义。比较/竞争评估适用于福利提供的市场主义的逻辑，对此在下一部分将继续探讨。

协调各方的复杂关系：混合经济，市场以及管理

自20世纪80年代以来，英国一直尝试在新的组织理念下改革福利供给制度，使其更加符合现代化的要求。主要理念包括以下内容：混合经济（或称多元的福利提供）是比国家对福利垄断更好的方式；市场比国家官僚机构在协调机制中更为有效；更好的管理方式不仅在成本上，而且在质量上促进服务本身的发展。与此同时，还有一些其他的理念，如热衷于合作及伙伴关系模式，通常它不仅不会替代其他理念，反而会成为优先考虑的目标。在这三种理念中，公民作为消费者或顾客的思想在法律上起着最重要的作用。

混合经济指多元服务的提供者的不同组合，原则上这些提供者来自不同的部门：公共部门、私营部门（包括商业部门或盈利组织），以及志愿部门（非营利组织和第三方组织）。每一个部门都有不同的价值理念、精神要领以及提供福利的不同能力：私营部门往往加入了市场企业的动力性要素，如创新、弹性化、顾客中心原则等；志愿部门则加入了道德承诺（ethnical commitment）和亲近使用者的原则（close to users）；而公共部门（必然逐步降低）倡导公共服务的理念和专业性服务的原则。混合经济从而在理论上契合了多元化社会，创造出福利提供的多样化形式，人们在其环境下按照其自身的需要获得不同组织提供的各种服务。然而，即使一些组织（包括国家的或是跨国的组织）介入其中，混合经济仍然具有地方性，因而不能保证不同的人群与多样化的服务正好互相配对。我们也应该注意到不同形式

的混合福利经济(mixed economies of welfare)与不同的福利服务相联系。混合经济依据部门、服务、地域的不同而不同。混合经济的维持包括运用公共开支鼓励新的福利提供者替代老的公共服务机构。混合经济也倾向于通过契约制管理，将服务的种类、水平、质量和服务的成本都一一标明。

国家向市场的转型尽管还没有达到普遍化的水平，但也已经非常广泛了。第一，国家作为福利提供的筹资者、设计者和管理者仍然发挥着非常重要的作用，国家甚至依然直接提供某些福利服务，即使市场原则已经被广泛采用(市场原则的不同形式详见本书第三十一章)。在某些情况下，政府甚至站在一边让市场动态地进行调节，主要是在某些金融服务中，如养老金方面，让消费者自主进行选择。这些市场化的转变并没有完全成功，美国甚至改革共和党的方案，将养老金投入到个人股票市场。第二，市场模式是混合经济的主导模式。其中国家和地方政府采用竞标(bids)方式选出潜在的服务提供者，其背后的理念是市场的动态性可以降低成本，提高质量。第三，服务体制围绕内部市场重新建设起来，服务的购买者和提供者、委托人和代理人直接做了划分，服务的提供采用契约管理的方式。这种方式所期待的是模仿市场，运用市场的理念和动态性获得一些优势。有时候，内部市场让顾客自己做出选择(在高等教育以及英国健康照顾病人选择模式中是部分正确的)，有时候他们采取代理顾客选择的方式，如全科医生和社会工作者代表服务的使用者进行选择。

在市场化的过程中，内部市场和外部市场之间、公共部门和私营部门之间的界限日益模糊。例如，合作关系遍布公共和私营部门，创造出混合体制的组织，如在基础医疗健康方面，本地改进后的金融信托组织(Local Improvement Financial Trusts)既不属于公共部门，也不属于私营部门，而是它们之间的混合体。在重组过程中创造的多种形式的市场和教科书上所描述的市场并不一样。例如，公共—私营伙伴拥有长达25年的关系，具有稳定的投资和回报，它们和为数不多的其他伙伴也建立了契约关系。同样，顾客的选择性在服务改革中更多的只是言辞上的，福利服务中的选择被契约中的限制性附属细则所制约(通过选择和支付相分离)。因此，家长在中级教育中的选择(parental choice)更多表达的是对择校(express a school preference)偏好的权利。但这并不能保证你一定会获得你所选择的内容，而是创造出一种动态的体制让成功的学校来选择适合的家长和学生，一些经济学家称之为优胜劣汰。

福利传输过程的核心思想是管理。更多、更好的管理被认为可以协调福利政策中竞争的目标，保证福利传输的效率以及福利服务，可以通过好的管理机构进行传输。从这个意义上讲，由于管理者们带来了一系列不同的技能、知识、创新，从而更有效地实现组织的目标，他们往往发挥着非常重要的作用。他们也同时被定义为：不像一般员工背后的专业团体，不会被微小的部门利益所驱动，时刻铭记服务和机构的利益；不像政治家们，他们不会被意识形态和政治承诺所驱动，会理性地计划和开展行动；不像公共服务的官僚机构，他们不会拘泥于书本规则，而是能动地促进组织机构的转型和发展；不像服务的使用者，他们不会被一时的需要所驱动，而是从长远发展考虑。管理者们逐步控制并占据了福利传输机制各方复杂关系协调的中心位置。在 21 世纪，这些管理者们越来越被期待用他们商业化的潜能来领导员工，激发员工获得更大的成就。然而并不是所有的人都相信这种管理和经理人的视角。

新兴议题

福利组织相互竞争的原则与在分散的制度中如何组织和协调福利提供者之间复杂的关系，两者相互交织、冲突不断，在集权和分权之间摇摆不定（是严格控制还是更忠于消费者？）。每一个分权的驱动要素都会给中央控制（包括政策、筹资、目标、评估等）带来困扰，而且服务输送向地方和邻里方向的发展通常伴随着管理机构的扩张，如维持治安以及医疗照顾方面。在分散与整合之间也不断出现动态性的紧张和对抗——政府一方面希望看到更多元的福利提供者，另一方面又希望将一些服务进行合理改革、重新整合，由一些电子化时代的管理部门进行管理（这是由于新的技术使新的整合管理成为可能）。

政策目标与分散的福利输送体制的动态性之间复杂的紧张状态，意味着管理和输送福利不会形成稳定的、固定的体系。政策冲突、政治制度设计、地方分权和管理压力，以及管理过程的新发展、管理的新模式，决定了对福利输送将不仅仅是一个技术层面的问题。

高阶阅读指南

J. Clarke and J. Newman, *The Managerial State* (Sage, 1997)分析了在重塑英国福利国家的过程中，管理主义扮演的角色和产生的影响。N. Flynn, *Public Sector Management*, 4th edn (Sage, 2007)经常更新，非常清楚地介绍了公共部门管理的现状和问题。

J. Clarke, J. Newman, N. Smith, E. Vidler and L. Westmarland, *Creating Citizen-Consumers: Changing Publics and Changing Public Services* (Sage, 2007)探讨了将公共服务的使用者视为消费者的发展过程。B. Hvinden and H. Johansson (eds), *Citizenship in Nordic Welfare States* (Routledge, 2007)探讨了一些政治手段、政策及其激励公民方面的作用。

C. Miller, *The Production of Welfare* (Palgrave Macmillan, 2003)系统地分析了福利的生产和分配过程，尤其是对组织过程给予了一定的关注。J. Newman (ed.), *Remaking Governance: Peoples, Politics and the Public Sphere* (The Policy Press, 2005)包括一系列的论文，分析了公共领域的变迁模式。R. Paton, *Managing and Measuring Social Enterprises* (Sage, 2003)测量了组织绩效中的几种可能性及其问题。

利用网络资源，包括网站 www.policyhub.gov.uk(该政府网站的目的是促进战略性思考，促进政策制定及实施)；www.nao.gov.uk(该网站是国家监察事务所NAO网站，NAO代表议会详细审查公共开支，审核中央政府各个部门、分支机构及其他公共机构的账务，并在公共支出使用的经济性、效率性、有效性等方面向议会报告)；www.spso.org.uk(该网站是苏格兰公共服务巡视网，简称SPSO。它为公民提供了对于苏格兰公共机构提供的公共服务进行及时投诉的服务。苏格兰公共服务巡视网，与理事会、住房联盟、国民健康服务组织、苏格兰行政管理办公室及其分支机构和部门、学院、大学及其他苏格兰政府机构讨论如何解决投诉中的问题)。

第三十八章

福利问责制

珍妮特·纽曼

概　述

- 问责制是在公共服务及其使用者之间设立的一套价值规范和制度。
- 问责制是促进国家福利现代化的主要特征。
- 问责制逐步扩展到社区、福利使用者及其他的利益相关者。

导　言

问责制(accountability)是在公共服务及其使用者之间设立的一套价值规范及制度。透明度(transparency)、响应力(responsiveness)等其他一些概念在英国重构中也发挥着一定的影响力，但“问责制”处于核心地位。随着新公共管理(new public management)的兴起、审计及监督制度的扩展、对绩效管理及评估的关注，以及区分公共服务输送中的委托方(principles)与代理方(agents)，这些发展促进了技术和实践的进步，经理、专业人士及员工每天面临着巨大的风险和复杂的工作关系，以及对个人责任及问责制的普遍重视。在21世纪早期，人们开始对地方社区(通过新的邻里治理形式)和服务的使用者(通过强调服务提供与接收方的意见和选择)强调问责制的意义。本章尝试澄清这个复杂的领域，解释相关概念，列举不同的定义及研究重点。通过了解问责制观念的变迁，探索对公民、服务使用者、社区问责的意义，最后提出主要的议题及相关事项。

解读“问责制”

定义问责制非常困难，因为它带有高度的规范性色彩(normative overtones)。几乎所有人都将问责制视为一个积极的概念，然而事实上这个概念包含着许多不同的含义和价值观念。它的含义可以像审计师查账簿以保证金融公正那样狭窄，也可以像评估某组织的产出或对服务价值予以评估那样宏观。问责制是一个模糊不清、容易混淆的概念，已有的文献对问责制的分类也比较随意，资料框 38.1 对问责制的不同维度进行了比较。

资料框 38.1　问责制的维度

谁的责任？——责任归于何处？

可能包括：

- 政府官员，例如相关部门负责官员；
- 委任高级文官，例如文官体系中的会计官员；
- 地方经理人，例如地方政府机构或医院信托基金的执行长；
- 个体工作人员，如医师、社会工作师。

对什么事进行问责？——用什么准则来判断？

可能包括：

- 经费支持的廉洁；
- 遵守专业标准；
- 投资效益；
- 组织绩效；
- 政策目标的达成。

对谁进行问责？

可能包括：

- 对上(上级主管、执行长及民意代表)；
- 对下(当地社区、民众或服务使用者)；
- 平行(同事或伙伴)；

- 对外（通过市场做选择的顾客）；
- 对内（自己的正直感或道德观）。

通过什么手段问责？——如何让人负起责任？可以施加什么制裁？

可能包括：

- 报告，例如通过年度报告（给一个交代）；
- 稽核，例如查账或检查绩效统计度量；
- 审查，例如教育标准局或社会服务监察局的视察；
- 民主程序，例如选举。

上面的关于问责制的每一个不同维度都是争议的来源。例如，长期以来对责任（responsibility）与问责制（accountability）存在于何处争论不已。如果作为部长大臣，应该对国会负责；在服务输送阶段，如果他们对做出决策没有直接影响，其责任是否应该由地方行政主管或服务经理人员来承担呢？自我规制与外部监督或干预的矛盾不仅在于公共政府机构及公共服务的问责制中，而且也在于对新闻出版、金融机构、慈善组织及政治党派的问责制中。争论点还包括如何在问责制的上级组织与使用者及社区之间平衡的问题。关于公共服务如何被输送，我们可以确定有三种假设，每一种假设都是建立在特定的治理模型基础上的，同时提出不同的问责制挑战（见资料框 38.2）。

资料框 38.2 问责与治理

- 阶层式治理（governance through hierarchy）。这是根据传统福利国家形象，由庞大的官僚机构经过一系列的指挥系统和正式规章程序来输送服务。在该体系中，问责建立在监督行政与财务责任是否妥善行事的基础上。但对它的质疑是，几乎不必为实际输送的服务本身负责。
- 市场式治理（governance through market）。这是 20 世纪 80 年代和 90 年代兴起的主流治理模式，曾带动一系列基于购买者与供应者分离原则并通过契约来输送服务的改革。对消费者负责的想法在这段时期变得更强烈，利用排行榜、检查及绩效考核的办法，责成经理人对组织绩效负责。此处的质疑是，很难将公共服务视为个人财产，而非集体财产。这个模式不重视提供对社区及全体人民有效的结果。

- 网络化治理(governance through network)。此处问责是经由网络中各种行动者之间的影响和相互关系来运作的。这个模式支持专业人员对同僚负责的理念。但随着伙伴工作的发展，以及逐渐强调跨传统行业及组织界线工作以达到政策结果，网络化管理变得更加重要。这个模式遭到的质疑是，网络是分散和复杂的，有许多纵横交错的从属关系。这种复杂的关系造成透明度不够，使政府、服务使用者或公民很难让行动者负责。

事实上，每一种分类都比实际要简单得多。实践中的问责制是一套多层面的复杂过程，它将制度规范与个人的价值观念、规范联系起来，不仅包括道德伦理观念，也包括经济效率问题，因而有必要研究管理者及职工在复杂的治理系统中是如何理解及实践问责制的。

问责制观念的变化

问责制有很长的历史渊源。统治者、政治家、行政管理人员、领导者通常对任命他们的上级或法律机构负责，而且也要对他们所在机关的行为规范及价值理念所带来的侵害负责。同时，问责制还影响着个人(person)，相应的惩罚可能会导致其丢掉乌纱帽，或是所在机构被撤销，从而失去一定的信誉。对财政问责制(financial accountability)的关注伴随着大量机构及法律对商业贸易保护的发展。无论是哪种形式的问责制——个人的或是财政的——已经在福利国家和公共服务中制度化。个人问责制奉行职业自我规范(professional self-regulation)，公共部门人员应具有一定的正义感。财政问责制在财政的审计发展过程中逐步制度化，并由国家审计署(National Audit Office)及审计委员会(Audit Commission)制定法律予以规范，且对公共支出予以高度重视。

20 世纪 80 年代到 90 年代，随着管理主义及市场的兴起，公共及福利服务经历了深刻的变革(参见本书第三十章)。在市场机制及服务合同制不断发展的背景下，委托与承接方逐步分离，同时机构重组，产生了一大批的商业机构，这也促进了问责制的发展及效率的提高。管理制度也同时发生变革，事实上也是部分由于对审计机构范围及权力变迁的关注。关注点从以前的公共开支的公正性，转移到强调金钱的价值性，以及公共资源的使用是否有价值这些问题上，衡量的标准是三个"E"——经济性(Economy)、效率性(Efficiency)及有效性(Effectiveness)

在英格兰和威尔士，审计委员会负责当地政府机构及医疗机构的审计工作，同时还对机构设计、管理过程提出疑问；此外，通过了解地方合作伙伴关系开展的活动，进行总结，报告一些典型的事迹，引导地方当局实行政治型的商业管理模式(political business)。

服务的扩张还伴随着从单一关注财政问责制到关注绩效问责制(performance accountability)的转变，后者由克里斯托弗·波利特(Christopher Pollitt)等人于1999年提出。当时服务输送机构十分分散，中央政府难以对其实施有效控制(参见本书第三十七章)。绩效审计(performance audit)就是在寻求既能给予自治(autonomy)——权力下放给当地经理——又能对其实施一定的控制中出现的。从那个时候开始，审计就不仅仅要查账簿，确保机构金融管理体制运作良好，还要对机构内部设置、机构产出进行评估，这种评估一般采用货币评估价值的概念进行。同时，有人认为由于工作人员在他们的职业生活中变化较大，传统的政府部门及公众对他们的信任不断受到挑战，因此曾经建立在个人职业规范和对公共服务价值承诺基础之上的个人问责制也在不断受到挑战。未来规制、监督及审计的发展但愿能弥补信任的缺失。

审计及监督制度的发展巩固了新工党的现代化项目(modernization programme)。继任政府试图改革部分公共部门，因为他们认为在20世纪80年代和90年代早期，生产者主导(producer dominance)模式已经在市场及管理改革中获胜。对组织效率及绩效的关注伴随着试图确立使用者及当地股份持有者的问责制的发展。政府作为服务的规范者、标准的制定者及质量的保证者，其作用进一步扩大。地方政府的审查角色(scrutiny role)不断加强，旨在促进政府管理机构的现代化；对组织的治理机制越来越关注，比如增加其自治权，暗示着给予他们更多的信任感。

工党通过采用绩效目标、标准、审计、审核及确保质量等方法来扩大政府的影响。如果某些组织必须用强制力量才能保证其实施，将被视为表现较差者。随着审计委员会的影响力持续扩大，与审计相关的新的半官方机构也随之发展壮大。关注劳动力规章制度的中介组织也同时承担一些监督职能(尤其因为一些极端负面例子导致老年人、儿童及青年人在治疗中死亡)。随着新的机构逐步取代已有的机构，新名称和新功能陆续出现，医疗和照顾领域势必会出现较大的变革。英格兰、苏格兰、威尔士及北爱尔兰其机构设置有所不同(参见本书第四十一章)，结果是治理领域将日趋复杂。

审计制度的不断发展成为迈克尔·鲍尔(Michael Power，2003)等研究者所批评的"审计爆炸"(audit explosion)的一部分。审计可能会恶劣地影响到经理人和其他员工的行为，有可能导致经理人的博弈，如在关键时期扭曲服务提供的优先权，或者是将棘手(昂贵)的案例抛给其他组织或部门。过分严格的机构问责制及审计制度可能有损整个制度的有效性。伴随着监督及审查制度的交易成本将会非常昂贵，因为复杂的机构不得不减少对一线服务的关注度并撤回资源，从而可以应对成倍增加的中介组织的审查。由于预料到问责制带来的缺乏信任和潜在失败的威胁，要求工作人员遵守绩效考核必然对其积极性和情绪产生消极影响。汤姆·克里斯滕森和珀·拉格雷德(Tom Christensen & Per Laegreid，2002)在对欧洲新公共管理的分析中认为，追求问责制企图给薄弱的责任感一定的处罚，或者制定细致的指标体系来考核责任都是难以奏效的。相反，解决方法或许存在于所涵盖的责任模式中。

问责制所存在的上述问题在近几年引起了广泛的关注。一些报刊媒体高调引用一些数据来反映现状，人们对广泛承认的审计和监察过程及后果不免产生担忧。这样就产生了一个"伙伴关系"话语的转变——审计和监察机构应该采用更有效的方法。同时，这也影响到审计和监察过程的类型及程度。比如，表现较好的组织可以成为"光触摸"系统(light touch system)，依靠内部监督和自我约束；而表现较差的组织则受制于更严格的外部监察机制，同时面临着权力更换的风险。然而，2005年医院逐步放弃星级评定体系，排行榜之类的活动逐步失去信誉。这是由于四级分类依然难以判别服务机构内部的差异性和复杂性，难以通过数据来判别是否达成目标，因此人们对这种鲁莽的排名不断提出挑战和质疑。然而，审计和监察，以及在此过程中使用的排名制度，还会继续成为治理的重要工具。之所以这样，部分原因在于通过提供一些信息给公众和服务使用者，可以帮助他们更好地选择服务方，并通过消费者压力来促进服务绩效的提高。

代表人民：对公民及使用者的问责制

工党现代化的措施不仅试图加强对上级的问责，还努力促使地方政府及服务提供者对当地公民及其使用者更负责任(参见本书第三十九章和第四十章)。以上已经谈到过，在20世纪80年代和90年代早期的市场改革时期，一项重要的议题就是在公共服务中促进消费者导向(consumer orientation)模式的发展，以增强服务的提供者对其使用者及其消费者的责任。然而，事实上消费者并没有什么权利选择服务的提供者，或者影响其服务的输送，尽管许多提议从联合会到有质量的保险项目都充斥着消费者的头衔。公共服务的提供者开始与消费者以更加直接的方式进行交流，包括满意度调查、投诉服务以及各种各样的咨询服务。在整个20世纪90年代，通过各种各样的公共参与及卷入，让公民参与决策制定一度盛行，如公民评审、地方区域论坛、实验性管理团队及与城市复兴和重建项目有关的各种社区卷入参与战略。

工党促进了这些发展。现代化的议程高度重视公众参与，以及地方当局、警务服务、医疗服务及其他公共机构建立新的公民及服务使用者的参与形式。公众参与的中心至少与两个社会目标相联系。第一个社会目标是，公众参与的辞令总是将公民与政府重新联系(reconnecting)。这些目标反映出对正式选举参与率下降的失望以及对政治过程中盛行的玩世不恭的态度的失望。第二个社会目标与工党政府致力于改善公共服务的绩效密切相关。“消费主义”与“选择”成为第三届工党执政的主题，通过医疗领域的提供者的有限选择、学校教育选择权的扩大，以及强调在社会照顾领域对个人预算的扩大来拓宽个人的选择权。邻里关系治理尝试增强地方社区的问责制，赋予地方社区更多权力，用以改善地方服务。

强调公共服务的提供者直接对服务的使用者及当地社区负责，这种形式的问责制更直接且更多样化(例如能保证不同利益及认同能以特定的形式出现在公众参与过程中)。尽管如此，日益受到重视的公众参与、消费主义、邻里关系治理与传统的代表制民主制度不太适应，也与主导的上级负责制不太适应。这种紧张的局面不断恶化，问责制的概念范围不断缩小，仅仅关注未达到政府目标、设立标准的组织绩效方面。这是问责制最主要的管理形式，而对公众对政府缺乏信心及信任的补偿重视较少。

新兴议题

问责制是一个关系性的概念（relational concept）：它建立在对一系列关系的假设基础之上，包括国家与公众的关系、服务的提供者与服务的使用者之间的关系、专业人员与案主之间的关系、中央政府与地方经理人之间的关系。作为一个关系性的概念，它涉及关于信任、怀疑、期望、激励以及民心的问题，以上所涉及的问题在经济发展的过程中是很难进行绩效管理和审计的。例如：详细审查能提高绩效吗？或者，顺从员工某些方面的意愿却有损他们对公共服务的承诺，这样可能会降低他们的能力，从而使他们难以严格要求自己吗？通过扩大服务使用者的选择权，并强调对服务使用者的问责制，能提高他们对所接受服务的满意度吗？或者既强调机构的绩效管理，也提倡增强其选择权，能让他们对所接受的服务满意吗？

这样的问题很难回答，也没有客观依据对问责制、绩效以及充满矛盾的价值规范下的选择做出比较清楚的解释，因为问责制的含义不断扩大，包含了服务使用者和公民的个人问责制。这些概念是 21 世纪促进福利国家现代化的关键。他们提出了新的问题，作为公民的个体和服务的使用者在他们触犯行为规范、给邻里带来麻烦、没有用社会所认可的方式对自己的孩子进行照顾、没有对自己的健康或财务安全承担一定责任的时候，如何来计算责任呢？新的社会政策措施能否带来工具性遵守（instrumental forms of compliance），或者为更广泛的集体（社区、家庭或公众）带来新的形式的问责制呢？

在民主社会里，问责制还是一个包含着对权力分配冲突的概念，从议会到警察局、从民主选举机构到非政府或半官方的机构，都可以对资源的分配和使用做出决策。在福利输送中，对私营和非营利组织的日益关注问责制究竟存在于何处？公共机构的责任究竟能涵盖多大的范围？争论围绕着服务机构怎样负责和为谁负责的问题，其核心归根结底还是权力问题——对自治的权限、责任在多大程度上可以被委托以及国家审查的权力、当绩效在理想水平之下时予以干预的权力。最终，问责制的发展过程是与以下方面不断作斗争的过程：权力、信任边界、民主的含义以及在使用“公共”一词时究竟以谁的名义实施的问责制。

高阶阅读指南

对于个人方面积极问责制的讨论，M. Bovens, *The Quest for Responsibility, Accountability and Citizenship in Complex Organsiations* (Cambride University Press, 1998)及 M. Bovens, "Public accountability" in E. Ferlie, L. Lynn and C. Pollitt (eds), *The Oxford Handbook of Public Management* (Oxford University Press, 2007)提供了比较权威和理论化的讨论，将积极问责制的分析与更加制度化的概念联系起来。对于绩效—评估在公共服务中的分析以及公共服务的绩效—评估分析及其影响可以阅读 Clarke, J. (2004) "Performing for the Public: doubt, desire and the evaluation of public services"，由 Du Gay 编写的 *The Values of Bureaucracy* (Oxford: Oxford University Press)，同时 Pollitt, C. et al. (1999) *Performance or compliance? Performance Audit and Public Management in Five Countries*. Oxford: University Press 将审计过程放在管理改革中，对高级审计机构的角色进行了国家间的比较研究。

批评的视角可以从以下书目中看到：M. Power, *The Audit Society* (Oxford University Press, 1997)；见 M. Power, "Evaluating the Audit Explosion", *Law and Society* 25/3 (2003): 185–202; J. Rouse and G. Smith, "Evaluating New Labour's accountability reforms", in M. Powell (ed.), *Evaluating New Labour's Welfare Reforms* (Policy Press, 2002); T. Christense and P. Laegreid, "New Public Management — undermining political control?" in T. Christensen and P. Laegreid (eds), *The New Public Management: The Transformation of Ideas and Practice* (Ashgate, 2002); J. Newman (2004), "Constructing accountability: network governance and managerial agency", *Public Policy and Administration*, 19/4 (2004): 17–33; M. Strathern (ed.), *Audit Cultures: Anthropological Studies in Accountability, Ethics and the Academy* (Routledge, 2000); M. Barnes, J. Newman and H. Sullivan, *Power, participation and political Renewal* (Policy Press, 2007); J. Clarke et al., *Creating Citizen-Consumers: Changing Publics, Changing Public Services* (Sage, 2007); J. Newman, *Modernising Governance: New Labour, Policy and Society* (Sage, 2001)。

第三十九章

福利的使用者与社会政策

彼得·贝雷斯福德

概　述

- 在传统的分析中，社会福利使用者（users）的角色和参与经常被忽视。但是随着新政策对福利使用者的关注及福利使用者社会运动的蓬勃兴起，对福利使用者的研究需要给予一定的重视。
- 当福利使用者身份受到争论时，人们会讨论如何确保福利使用者的确被融入，且是一种多样化的融入，而不是广泛地被排斥。
- 使用者卷入的意识形态的方法需要进一步发展和完善。
- 服务使用者辨别出关于卷入的许多重要研究议题。
- 服务使用者关注卷入的利益可能是短暂的，因此有两个问题需要讨论：第一个是卷入的评估，第二个是使用者组织搭建的资源网络，以及如何保证其可持续性。

导　言

目前英国社会政策的一个重要议题是改善与福利使用者之间的关系。政治的新右派曾试图转变对这种关系——一方支持，一方依赖——的理解，认为这种关系是不恰当的依赖关系。梅杰政府强调福利的使用者是遵守公民章程、使用公共服务热线的公民或消费者（参见本书第三十六章）。新工党的第三条道路强调福利使用者的角色是伙伴、参与者和福利的共同建设者。这个发展脉络具有广泛的国际影响，影响到其他欧洲国家甚至更远，同时它也借鉴了其他国家的发展模式，特别是北美的发展模式。然而社会政策教材对福利的使用者论述较少，即使有一些，也很少关注福利使用者的看法。有时候，他们的观点已经相当丰富，例如关于残疾人运动的论述。目前关于福利服务使用者的社会运动有很多，包括老年人、心理健康服务的使用者、学习障碍人士、艾滋病感染的人士等。

有些运动已经有了很长的历史。公民和社区组织的历史由来已久，穷人和失业人员的组织也同样如此。如果我们审阅大量的社会政策书籍，会发现关于福利使用者的讨论及论述非常有限，更不要说关于他们的运动及评论的介绍了。应该注意到，在过去的 20 多年，我们意识到需要对社会分化、社会政策论题的多样性进行探究，特别是性别问题、种族问题和性问题。但以上问题的探讨很少与社会福利的使用者联系起来。

福利供给的当务之急

相反，社会政策的相关文献对福利提供的转变给予了高度关注，这从福利多元主义的兴起就可以看出。福利多元主义是在 20 世纪 70 年代初期，新右派兴起、福利由国家向市场转变的背景下提出的，新工党上台后得到发展，强调国家和私人福利的混合。这些论述在很多社会政策的著作和教材中都反复提到。可以说，社会政策的历史尤其是英国社会政策的历史，在过去的 30 年对于福利供给的变化以及与这种变化相关的意识形态的变化给予了很大的关注。但关注的中心是福利的供给，而不是福利的需要方面。皮特·阿尔科克（Pete Alock）也有类似的观点，社会政策研究的发展主要关注的是福利提供的结构和资金的筹集，而不是服务本身的使用和条件，因而关注更多的是福利的生产者而不是消费者（Alock P.，2003）。

这种关注点与两种主要的社会政策兴趣和哲学方法是一致的——费边主义和新右思想。费边主义在方法上有家长制的作风，而新右的福利思想更关注如何减少国家对福利的干预和如何管理福利使用者而不是让福利使用者参与进来。社会政策学科因而跟随这种研究思路，对福利服务的使用者关注较少。

纳入福利使用者的重要性

尽管如此，目前形势发生了重要变化是基于两个原因。第一，福利服务使用者社会运动的兴起让他们受到了广泛的关注。尤其是 20 世纪 70 年代以后，无论从规模还是意义上来讲都很显著。他们促进了福利服务使用者参与公共政策的讨论，发展了他们自己的理论和批判，对文化、法律、政策和实践产生了重要影响。尤其是残障人士运动提出的失能社会模式（social model of disability）和独立生活（independent living）的哲学，逐步融入残疾人社会政策中，影响了人们对残障人士的理解。

第二，新工党社会政策优先提出了公众融入和参与，即便只是口头上，但目前已经确立了参与、合作和增权（empowerment）的立法形式。将病人置于国家医疗体系的中心位置，个人化的预算（individualized budgets）和直接支付政策让福利服务的使用者掌握资金的流向以提供个人化的服务，已经成为政府未来社会政策发展的主要模式（参见本书第三十七章）。

福利服务使用者的卷入和观点日益成为社会政策考虑的中心议题。社会政策学科也需要对此给予一个较清晰的界定。这并不是说要签署一个关于福利使用者发展的协议，而是社会政策领域的一个重要部分有待探索、研究和批评。

对于服务使用者及其思想，无论是实践中还是哲学思辨中都有不同争论。毫无疑问，这些争论的出现将对福利使用者的讨论推向了政策关注的中心位置上。但是如何建构全面的、没有偏见的社会政策图景依然很困难。越来越多的服务使用者提出，忽视福利使用者的看法、视他们为数据来源，是政治性的或意识形态的决定，从而产生了论题问题，因为他们实际上低估了福利使用者自身想要表达的看法。

谁是福利服务的使用者？

福利服务的使用者是“谁”的问题有时候成为探索和发展的一个障碍。事实上，它只是那些需要被提出有待进一步解答的诸多问题中的一个。但问题在于，站在福利接受方的角度，如何描绘同一类的福利使用者，特别是一些人人都会接受的福利，如去公立学校上学、使用国民健康服务等。服务使用者及其组织经常用这样的话来反驳他人观点：“我们所有的人都是服务的使用者。”换句话是：“所有的人都能成为服务的使用者。”需要明白的是，现实中总有一些人与社会政策服务有着更加复杂的、难以处理和界定的关系，比如那些有学习困难的人、精神健康服务的使用者、身体虚弱的老年人，以及其他有身体障碍和感官失灵的人们，他们需要长期地、不断地获得专业服务，这一类人可能要被分离出来以便为他们提供单独的服务。他们可能会被制度化，有耻辱烙印，甚至法律上在某些权利方面受限。这类人经常会存在高失业率、贫穷和被社会孤立的风险。

还有一些情况，例如经历了精神健康方面的问题，虽然是暂时的，但也会造成一些个人和社会后果，如限制他们获取保险的资格和收养孩子的权利。因此，作为一个福利服务的使用者，可能处于复杂的状态，并不能简单地归为同一个群体。对于一些人来说，他们的身份和其他人对待他们的态度会影响到他们的生活机会和生活质量。在福利使用者的类别中，有许多不同的情况，例如贫穷、无家可归、刑事问题、慢性病或由于疾病和其他原因导致的生活机会限制等。这些情况下的人们不能像普通人那样到医院进行例行检查或是常规的外科手术，也不能自主地为自己的孩子选择公立学校。一些社会政策评论家私下认为，讨论福利服务使用者创造出一种虚假的、武断的“他们和我们”的情境。服务使用者认为这反映了许多人的真实状况。某些群体历来就一直处于弱势地位，很少卷入到社会政策或者是公共政策的建构中来，更不用说卷入到学科发展上了。现在这些群体开始试图挑战这种现状。

福利使用者卷入的含义

一旦福利服务使用者的观点和在社会政策中发挥的潜在作用被认可(如承认他们身份和地位的复杂性)，就会提出他们如何被纳入到社会政策中的议题。所有的服务使用者运动都强调他们自己的声音和行为。他们强调要提出自己的看法、观点和分析的重要性，而不是由处于中间位置的其他人来解释他们的观点。这也意味着理解服务使用者的看法，就是让他们直接参与到服务中来。“参与”(participation)或者“使用者的卷入”(user involvement)是服务使用者考虑的核心问题，也越来越被政府政策和福利提供者所重视。社会政策作为一门学科或是一项活动，都需要福利使用者的卷入和参与。尽管越来越多的人对福利使用者卷入的话题感兴趣，但对“卷入”概念及支撑它的意识形态的理解却非常不同，甚至相互冲突。使用者卷入的模式目前至少有两种方法，具体如下：

- 经理主义/消费主义方法。他们关注服务体系，如何获得公众、病人和服务使用者的投入来提供服务。这也是福利使用者卷入福利、健康和社会照顾较有影响力的模式，巩固了国家和服务体系对使用者卷入的讨论和发展。
- 民主主义的方法。他们对人民的生活和如何提高生活质量给予更多的关注；因为作为病人、公共服务的使用者，对如何更好地使用服务、如何满足他们生活所需有更多的发言权。这种方法被服务使用者及其组织所发展。

这两种方法的思考和承诺的东西是不一样的。经理主义/消费主义方法主要关心信息搜集，以便让消费者的声音可以被聆听到。这与政府鼓励发展私营部门，在公共服务的资金筹集和服务提供方面发挥重要作用的意识形态承诺是一致的(参见本书第三十一章和第三十七章)，也与市场价值理念相联系，但并没有显示出对福利使用者的再分配功能，因此服务使用者往往将其看作形式化的打钩练习。尽管如此，增强对服务使用者的引导和控制恰恰是民主主义方法的核心。自由对于服务使用者而言非常关键。

当个人和组织决定哪种服务使用者卷入，他们想提供哪种服务，或是他们想参与到哪种卷入中时，考虑上述这些区别是有必要的。这些区别不论对中央政府服务还是地方服务，抑或是某些项目、专业机构如社会政策协会等多层次团体和组织都适用。对这些问题的错误认识往往会导致各种问题。无论是消费主义还是民主主义，对这些关于卷入的各种方法都提出治理方面的问题。强调市场的作用必然会要求提供更多的咨询和信息，但不意味着更多的权力和责任，也不意味着服务使用者有效地卷入。对于服务提供由国家向市场转变的批评在于它潜在地弱化而不是强化了服务使用者的卷入。在民主主义的方法中，服务使用者提出的卷入可以被视为是一种参与式的民主。在英国或是其他西方国家，我们都居住在自诩的典型民主体制下，对于这两种方法能否妥协以及如何妥协的问题也一直都存在争论。

关于“卷入”的一个融入性方法

我们已经看到当服务者参与的重要性被提出来以后，关于福利使用者概念的复杂性也相继被提出。另一个问题是哪一类的服务使用者在实践中参与，这也令人深思。政策制定者和服务提供者经常表达其忧虑，在实践中仅有十分有限的、代表性不太强的服务使用者参与，他们通常被看成是激进主义分子组成的小团体，通常以怀疑为特征。服务使用者组织如“塑造我们的生活”（Shaping Our Lives）是全国性的独立的使用者控制组织，其组织的网络体系并不能让大范围的服务使用者尽可能地卷入其中。在强调卷入多样性的同时，还要注意性、性别、文化、阶级、种族、年龄等问题。此外还意味着通过工作介入特殊性的、受到排斥的社会边缘群体，主要包括不能进行口头交流的人群、年迈体衰的老年人、难民和救济人员、无家可归人员等类似的人群。

经验告诉我们，要尽可能地让更多的服务使用者卷入，有许多困难需要解决，其中最重要的是要制定一系列的政策和实践措施为服务使用者卷入提供支持和帮助，以便让大范围的人——如果希望卷入——都能平等地参与进来。不仅要保障身体等因素不要成为卷入的障碍，例如轮椅使用者；而且更要强调沟通、文化和智力等因素也不要成为卷入的障碍，扩大支持方式，改善结构和过程，以便最大限度地让福利的使用者卷入，而且是更加积极地、有建设性地卷入。例如有些群体面临着一些障碍，比如由于身体和疾病的原因，限制了他们的时间和精力，如果有办法打破阻碍他们卷入的各种障碍，他们就有机会有效地参与进来。上面提到的这些问题不仅是成本和资源的问题，而且还是成本和资源如何有效配置的问题。有效的大范围的使用者卷入不仅有利于改善已有的工作方式，而且在活动的过程和未来发展上都有深远的意义。

卷入的关键领域

20 世纪 80 年代晚期到 90 年代早期，政府立法开始涉及服务使用者的卷入，主要是关于使用者在服务的计划及个体的“评价和投诉”(comment and complaints)过程方面。许多服务使用者发现这两个方面的卷入很困难。服务的计划似乎离他们的生活过于遥远。抱怨意味着事情已经发生错误，人们大多不愿意对他们所依赖的服务提供者进行投诉。服务使用者不断发现其他可以积极卷入的领域，包括提高服务质量、职业实习、发展由使用者控制的支持、研究领域、教育和培训等方面。

提高服务质量中的使用者卷入

目前在健康和福利服务领域，已经有很多政治和政策强调提高服务质量、绩效指标和标准的重要性。主要观点来自政策制定者、实践者和服务管理者。他们的灵感和方法比较官僚化和管理化。我们知道病人或者其他服务使用者对服务体系的考虑与专业人士的想法并不完全一致，服务的质量和服务体系的绩效对他们而言或许有着完全不同的含义。因此，需要服务使用者卷入对服务质量标准的制定及结果的测量，以及评估和解释。

"塑造我们的生活"组织发展了福利使用者定义服务结果的测量方法，是使用者卷入过程早期阶段标志性的工作。

职业和专业实习中的使用者卷入

所有服务使用者都必然与实践和实践人员相联系。职业实习虽然经常被忽视，但却是服务使用者卷入的关键。这样的卷入能够将职业实习转化成服务使用者与工作人员的联合项目，服务的使用者根据他们的权利和需要，在实习的塑造和发展中发挥着积极的作用。这样，实践是基于服务使用者的思考和选择，可以在讨论和商谈中成为制度化的过程，因而也是使用者参与的最直接表达。通过对个人意见、知识和经验进行制度化的收集、校正和分析，来建立有效的使用者卷入方式。

发展用户服务控制及支持

在健康和服务照顾方面，一个很关键但容易被忽视的领域是如何发展自主的支持和管理体系。最有名的是直接支付制度，它是由残疾人首先提出来的，目前已经体现在法律中。它源于独立生活运动(independent living movement)，旨在让残疾人拥有像正常人一样的生活，为他们提供所需的各种帮助。建立在社会失能模式之上的直接支付制度让服务使用者拥有一系列所需的支持。政府目前也在积极倡导个人支持的新体系，将不同的福利资金体系由个人服务使用者进行控制。服务使用者也发展出一套自我控制服务。尽管没有足够的、可靠的资金支持，但大多数服务使用者都认为很有价值。

研究领域中的使用者卷入

越来越多的研究希望服务使用者积极卷入到研究领域中来，这既可以融合服务使用者的经验，为政策的制定和服务提供基础，也可以为研究提供丰富的素材，从而增强研究的可靠性。事实上，服务使用者已经发展了他们自己开放性的研究思路和方法，挑战了研究中居于主导地位的中立价值观，带来了研究领域中新的研究方式，丰富了知识领域。通过参与研究者卷入研究，服务使用者也同时形成他们的想法，提高了调查能力，提出了对现有政策和服务的批判和未来政策进一步完善的建议。

教育与培训服务中的使用者卷入

服务使用者认为改变实践和服务文化最有效的方式之一是让服务使用者尽可能地参与教育与培训。这也促进了使用者培训人员(user trainers)及对培训人员领域的发展。服务使用者组织已经全方位地参与到职业教育与培训中，不仅包括直接参与课程安排、提供课程资料，也包括对课程的选择、对课程及学员的评估和鉴定。2003 年出台的新的社会工作职业资格政策，要求服务使用者全方位地、深入地卷入。

英国社会政策协会等专业组织提出了相关议题。服务使用者运动提出“一切离不了我们”的口号。这也影响了社会政策协会开展的福利服务使用者卷入活动，包括教育创新、讨论、出版和其他研究、会议、重大事件、协会的管理以及社会政策工作人员的发展等方面。

新兴议题

还有两个方面的问题没有引起充分的关注，即服务使用者卷入的评估和可持续性问题。

服务使用者卷入

尽管社会政策领域越来越要求服务使用者的卷入，而且哲学领域和道德伦理领域也对此进行倡导，但服务使用者的卷入是否以及将如何促进政策、实践和研究的发展呢？例如，在特定的情境下什么样的卷入将更有效？服务使用者的卷入如何有效地实施？服务使用者有效的卷入的事实还十分有限，因而对服务使用者的评估也很少。如果服务使用者随着政策和实践的发展继续发展，进行系统而严格的评估和监督将成为更好地从实践中汲取教训的关键。服务使用者及其组织在这样的评估活动中应更深地卷入。

可持续性地卷入

很多福利使用者都担心他们的卷入和参与时间将持续较短的时间。如何从传统的慈善组织的使用者卷入转变到现在的方式，以支持发展一种安全的、有足够资金支持的本地使用者组织的网络是一个重要问题。战略部(Strategy Unit)建议建立一个服务使用者网络组织，这是未来服务使用者有效卷入的关键。

高阶阅读指南

本章所提出的很多议题在下列资源中可以找到，其标题就表明了基本的争论点：C. Barnes and G. Mercer, *Independent Futures: Creating User-Led Services in a Disabling Society* (BASW/Policy press, 2006)；M. Barnes, J. Newman and H. Sullivan, *Power, Participation and Political Renewal: Case studies in public participation* (Policy Press, 2007)；P. Beresford, "Service users, social policy and the future of welfare", in L. Budd, J. Charlesworth and R. Paton (eds), *Making Policy Happen* (Routledge, 2004), pp. 141 - 151；F. Branfield and P. Beresford et al., *Making User Involvement Work: Supporting Service User Networking and Knowledge* (Joseph Rowntree

Foundation，2006)；PMSU (Prime Minister's Strategy Unit)，*Improving The Life Chances Of Disabled People*，*Final Report* (Cabinet Office，2005)；Shaping Our Lives，*Shaping Our Lives — From Outset to Outcome: What People Think of the Social Care Services They Use* (Joseph Rowntree Foundation，2003)；还有 M. Turner and P. Beresford，*User Controlled Research: Its Meanings And Potential* (Involve，2005)。

有用的网络资源包括：www. shapingourlives. org. uk(塑造我们的生活，全国使用者网)；www. jrf. org. uk(the Joseph Rowntree 基金会网站——关于社会政策研究及发展的一个重要网站)；www. invo. org. uk(包括促进国民健康服务体系中公众的卷入和参与)和英国阿奇残疾问题文献档案中心：www. leeds. ac. uk/disability-studies/archiveuk。

第四十章

地方和区域政府、治理与社会政策

盖·戴利　霍华德·戴维斯

概　述

- 对地方福利供给的分析，既包括对地方政府也包括对其治理的分析。
- 因为这两者都是社会政策和福利供给的重要组成部分。
- 地方政府结构不断重组，中央和地方之间冲突不断。
- 地方治理的发展过程主要有四个阶段，最新的一个阶段是新的合作伙伴制度的引入，以及民间社会复兴和介入。
- 地方政府治理面临着新问题和新挑战。

导　言

不论“地方”(local)的定义如何，它都在社会政策和福利供给中发挥着重要作用，而且会继续发挥作用。就像本书其他部分提到的，社会政策可以被定义为传统的贝弗里奇模式——关注福利服务如医疗、教育、住房、个人社会服务和照顾、收入维持、就业，也可以被定义得更宽泛，包括休闲、交通和环境，或者像结构主义提倡的社区安全和社会融入。不论何种方式的定义，地方政府及其治理都是社会政策及福利供给的关键部分。使用“地方政府”与“地方治理”不仅区别于被选举出来的地方议会(local council)，还区别于地方公共服务的其他主体。

英国比其他欧盟成员国有更强大的中央集权政府和治理机制。国家是行政命令的中心，与地方的、地区的和权力下放地区(苏格兰、威尔士和北爱尔兰)的政策制定和实施并驾齐驱(参见本书第四十二章)。事实上与其他欧盟国家比较，英国地方政府一直弱小，每个地方政府的议员人数相对较少，然而地方政府数量庞大。这说明了两点：第一，英国地方政府倾向于通过其规模和操作机制发挥影响而不是通过宪法力量发挥其影响；第二，英国地方政府倾向于根据其责任的变化不断重组，事实上也经历了好几次重组。

本章将描述地方政府是如何在社会政策的构建和福利传输中发挥作用的，并分析地方政府及其治理在福利供给中的四个发展阶段：战后福利国家的建立；战后1945年至1970年中后期的共识时期；共识的破裂与新右派主导的政策制定的时期；新工党及其后任执政时期。

地方政府及其治理的发展过程

历史对社会结构和制度的形成有着重要的影响。地方政府及其治理也不例外。尽管历史可以追溯到若干世纪以前，但现代地方政府的发展真正始于19世纪，并与工业革命的发展密不可分，特别是在城市化和工业化对服务的需要日益扩大时，地方政府的发展也就显而易见了。

卫生设施、基础教育、公共医疗、法律和秩序、物质基础设施等是建立成功商业经济的关键。在文艺复兴时期，地方“伟大而优秀的”公共机构逐步取代了私营和慈善组织在服务提供中的位置。

重要的历史时期包括《1835年市政公司法》（Municipal Corporation Act of 1835）；《1834年济贫法修正法案》（Poor Law Amendment Act 1834）；伦敦、苏格兰、威尔士和爱尔兰于1888年、1894年以及1929年制定《地方政府法案》（Local Government Acts），在第二次世界大战时期，地方议会（Local Council）负责各地城区的主要公共服务（通常被称为从摇篮到坟墓）的运行，但这些地方服务在农村却非常少。

第二次世界大战后的地方治理的共识

从1945年到1979年，玛格丽特·希尔达·撒切尔保守党政府执政，这个时期被称为主要政党达成共识的时期，包括在地方政府及其治理、社会政策等其他领域达成共识。这个时期，地方政府是构建福利国家的最重要的合作者之一，表现为地方开支在 1945 年到 1949 年期间急剧扩张。地方议会主要提供：

- 社会住房——由地方住房局(housing departments)提供；
- 教育——由地方政府提供小学、初中、高中的公共教育并予以监督，同时建立职业技术学院提供部分高等教育；
- 为儿童及老年人提供个人社会服务及照顾；
- 以社区为依托的健康保健(直到 1974 年)；
- 公共医疗；
- 公众保护——警察、火警服务、救护车(直到 1974 年)、消费者保护。

地方治理及新右派

尽管 20 世纪 70 年代是福利国家达成共识及国家福利不断扩张的时代，但人们也开始质疑国家福利供给包括地方政府提供福利。从 1979 年到 1997 年，保守党上台执政，打破了战后的共识。新右派在社会政策方面的改革内容之一就是对地方政府进行改革。撒切尔、梅杰政府在地方政府的改革主要包括以下方面：

- 在 20 世纪 80 年代初期，关注如何控制地方政府的开支；
- 在 20 世纪 80 年代中期，废除了大伦敦市政局(Great London Council, GLC)和都市县郡委员会(Metropolitan County Councils)，将其责权转移给由政府任命的地方半官方机构；
- 从 20 世纪 80 年代中期到 80 年代末，通过私有化挑战地方当局作为服务直接提供者的角色，鼓励地方当局成为福利的使能者(enablers)而非直接提供者；
- 在 20 世纪 90 年代初期，采用了新的经理人管理方式，如加强公民证、服务排行榜、督查和审计等管理工作。

所有地方政府的主要服务几乎都受到了影响，包括：

- 教育——加强中央对教育的控制，包括削弱地方教育当局的力量，实施全国范围的课程、学校的地方管理、高等教育的独立化等方式；

- 住房——颁布购买权方案，鼓励租房者以打折价格购买公房(council homes)，通过创建住房行动信托基金交易房产，在20世纪90年代出现了首批大规模的股份转移项目；
- 社会照顾——鼓励地方当局社会服务部门作为居家照顾的使能者；
- 在多项服务中引入强制公开竞标(Compulsory Competitive Tendering, CCT)、购买者和提供者分离等措施，引入竞争机制；
- 在布里斯托(Bristol)、利物浦(Liverpool)、伯明翰(Birmingham)和伦敦港区(London Docklands)创立城市开发公司，将城市建设的部分责任从地方当局转移出去。

总的来说，在撒切尔、梅杰政府时期，地方政府责权私有化，地方服务责任不断下放。有人将其描述成"地方政府被掏空的时期"。即便如此，1979年至1997年的这个时期并不能说明是地方政府一味地被动接受，相反，应该是对新右派政见的回应，因为在这个时期，地方政府出现了城市左派(urban left)。许多城市，如利物浦(Liverpool)、谢菲尔德(Sheffield)、伦敦部分区域及大伦敦议会，工党控制的议会(councils)在交通、住房、警察、教育、就业、服务等领域都采取了激进的左派纲领，并在残疾人群体、同性恋群体中积极采取多元文化行动。地方政府经常成为新右派和左派的政治争论阵地，也成为人头税(poll tax)争论的缩影。

当地方保守主义势力被彻底击败以后，新工党于1997年上台执政。尽管城市左派的议程曾经被保守党中央政府击败，但有意思的是左派的议程已被主流的社会政策吸收。中央政府和地方政府之间的关系持续紧张，一方面中央政府议会希望建立一个统一的政策，但另一方面由于不平等问题在地域上难以统一，在地方层面要求对不同的问题采用特定的解决方式。

地方、地区治理及新工党

1997年，新工党上台执政，一系列改革议程呼之欲出，大多数地方政府和公共服务部门对政府的改革持欢迎态度，因为他们在保守党18年的执政岁月中受到打击、轻视，承受着巨大的压力。工党上台后迅速在中央和地方政府之间建立了合作伙伴关系。保守党地方政府法律——强制地方公共服务与私营机构公开竞争(CCT)也被废除，代之以持续发展的职责。

然而时间不长，工党也像其保守党的前任一样开始质疑地方政府，但再也不可能回到保守党政府执政时期，也不能再简单地废除影响地方政府和地方公共服务的保守党法律，布莱尔政府马上开始审视地方政府及社会问题。他认识到地方政府在地方服务输送的过程中缺乏方向感、连贯性和一致性，地方服务质量参差不齐，地方当局也没有对服务标准做统一规定。此外，针对1979年到1997年保守党政府执政的地方选举的低参与率以及最近在公共领域的污点，工党意识到有必要颁布新的民主法律和新的道德框架。

政府希冀能选举出公认的地方领导人，具有强有力的领导能力和责任心，复兴地方民主。在公共领域明晰服务标准，不断提升服务质量。表现良好的地方议会将会被给予更多的弹性。地方人民及组织和地方议会建立合作关系，为整个社区谋取利益。

尽管政府的改革措施大部分被采纳，但并不是所有的方案都受欢迎。其中最受争议的就是要求地方议会简化其决策机制，这将导致议员的行政职位与代表职位的分离，创立地方当局内阁人员及行政人员，从而让行政权力集中在少数人的手中。还有一些政府向直接选举执行市长（executive mayors）的方向前进。

宪法赋予中央政府在地方政府服务失败（service failures）后采取行动的新权力，同时对所有地方服务引入监督机制。监督机制的引入无疑会提高服务的质量，有利于服务的改进，暴露地方长期存在的一些问题。但监督过程是有成本的——随着政权的更迭，对地方议会会更加关心。还有人认为监督的回报是不断减少的。

议程已经两极化了。一方面中央政府在强调地方政府作用的同时，在主要的服务项目上进行大量投资，另一方面对主要项目进行改革，以振兴地方政府。

质疑地方当局的管理绩效及其提供的服务是新工党改革的主要途径。中央政府试图在地方公共服务领域进行渐进改革和创新。自1997年以来具有渐进改革的特征，改革的主要内容在于管理方面：

- 强调社区的领导能力而不是直接的服务提供；
- 更关注地方社区和服务的使用者；
- 强调绩效管理和资源使用的效率；
- 追求实用主义而不是意识形态差异。

此外，工党还创立了地区结构，在苏格兰、威尔士和北爱尔兰建立下放的行政机构。在英格兰，地区发展机构(regional development agencies)和非直选的地区议会(regional assemblies)对空间的、计划性的及再生性事务进行监管。伦敦是英格兰唯一直选地区行政部门的地方。地区议会在英格兰其他地方一直是存有争议的，并没有建立起来。2004 年在英格兰的东北地区采用了公投的形式，但选民拒绝接受一项以 4 ∶ 1 通过的计划，这表明该计划在选民中并不受欢迎。

部分是由于工党所强调的“工作决定论”，地方政府及其治理在复杂的、不断变动的组织背景下被实施。下面讨论地方政府的结构。

地方和区域政府结构

英国服务于民的地方政府，其结构是单一制(unitary)的，所以在特定地方只有一个地方行政机构为该区域的人民提供几乎所有的服务。这些地方当局组织形式多样，名目繁多，但都是代表地方政府提供服务——从街道环境到终身学习，从贸易标准到社会照顾。

但也有例外，主要表现在城市外围地区——英国郡(shires)，其政府体系有两层，包括县级议会(county concil)及区级议会(district council)。县级议会负责大规模性的服务，如终身学习、社会照顾和战略规划。区级议会负责地方环境性的服务，如废物回收、街道清理、住房、休闲服务以及地方发展管理。现在这两层体系仍然存在，但工作日益紧密，并向事实的统一实体(virtual unitary)迈进，即通过合作为公众提供天衣无缝的服务。

上面所提到的所有议会，不论是统一的还是两个层次的政府体系，都是由地方选民直接选举产生的，但选举过程稍有不同。

在伦敦，除了伦敦地方政府(伦敦自治城镇)，还有独立选举的大伦敦政府(Greater London Authority, GLA)，它由一位伦敦市长和一位伦敦议员(assembly)组成。大伦敦政府负责伦敦大范围的职能，如公共保护(警察和消防)、公共交通、经济发展等。而伦敦外围地区，非直选的地区议会管理(regional assemblies)和区域发展署(RADs)对其各自区域空间与再生性事务进行监管。地区议会承担四项主要战略责任：规划、住房、倡导和政策发展，以及对区域发展署的审核。区域发展署主要对经济重建负责。苏格兰、威尔士和北爱尔兰都有直选的国会和议会(参见本书第四十二章)。

直选政府的另一层是教区。教区、镇或社区委员会是地方主要代表。他们并不是在所有城市都存在。他们具有实权而不仅仅是责任，代表村、小城镇民众的声音，同时在必要的时候帮助相邻区域的人们，使其声音能够被听到。他们没有多少服务输送的责任。

一些重要的地方服务根本就不是由直选的地方政府来提供的。如医疗服务是各级国家医疗服务分支机构来提供的，另外，治安警务的分支机构隶属于地方警察机构。此外，如上面已经提到的，地方议会和区域发展署对空间与再生事务的相关政策负责。

为了解决地方政府与其他机构在公共服务提供方面的分散性问题，自1997年以来，政府就不断强调工作上的合作伙伴关系。例如在英格兰，地方战略性伙伴(Local Strategic Partnerships， LSP)已经在所有地方政府范围内直接建立。其目的在于整合所有核心的地方服务部门，如议会、警察局、医疗服务等，建立共同目标及服务的优先权。主要目标包括建立一个更加健康、干净、环保及安全的社区，让人们有更好的受教育及就业机会。今天所使用的地方治理是指大规模地方公共服务的提供及合作关系的建立，与上面提到的地方政府选举结构相区别。下面以考文垂(Coventry)为例，其地方战略性伙伴如资料框 40.1 所示。

资料框 40.1 地方战略性伙伴 —— 案例分析：考文垂合作伙伴关系

考文垂合作伙伴关系的全称是“考文垂地方战略性伙伴关系”。该合作组织由考文垂主要公共部门、私营部门、社区及志愿组织高级主管人员组成。

伙伴关系的目的

建立战略伙伴关系的目的是集中所有的人力、物力、组织机构的创新能力，建立一个单一机构，以更好地满足考文垂市的经济、社会、环境的需要，为本市人民的健康和福祉谋利益。

目标

- 改善主要服务，惠及贫困地区，实现可持续发展；
- 共同合作，提供优质地方服务，关注欠发达地区；
- 将成功的活动整合到主要服务中，使主要服务更切实地回应本地人民的需要。

伙伴关系目标

- 为考文垂市设定总体战略规划，确立合作宗旨及实现方略；
- 执行考文垂的社区计划和战略；
- 为满足考文垂市的地方需要和优先发展战略，缩小贫穷社区与其他地区的差异，制定并逐步实施考文垂邻里复兴战略（Neighbourhood Renewal Strategy）；
- 与法规部门合作制定并实施促进公共服务的法令；
- 在考文垂内部将计划、合作关系以及立法提案进行整合战略规划。

社区计划中列出的八个考文垂市民认为最重要的议题：

- 工作和地方经济；
- 医疗和福祉；
- 环境；
- 社区安全；
- 平等和共同体；
- 学习和培训；
- 住房；
- 交通。

资料来源：http：//www.coventrypartnership.com。

新兴议题

上面已经提到，地方和区域政府、地区治理对社会政策的形塑和传输具有重要的作用。从工业革命到战后福利国家的构建，到新右派执政，再到现在的新工党政府上台，地方治理要求共同协调，传输社会政策。

然而，现实仍然需要地方及区域治理机构进行改革，以使社会政策议程更加有效率地执行，更好地解决不平等问题及本地人民的需要问题。我们还有以下问题需要解决：

- 更多的民间参与和民间力量的复兴，如让本地居民更多参与本地决策；

● 对本地机构更多的权力下放；

● 地方政府及其治理结构更民主；

● 通过选举唯一领导及市长促进领导结构的高效化。

即便如此，地方政府仍然是促进当地健康、教育、经济繁荣、住房、环境、安全以及社区保障体制的核心动力，地方战略伙伴关系仍然是相互协调的主要方式。事实上，有人认为没有地方政府牵头，地方及地区治理会更加错综复杂，没有条理。

高阶阅读指南

T. Bovaird 和 E. Loffler 主编了由伦敦 Routledge 出版的 *Public Management and Governance*，对公共服务的管理及其治理进行了系统而全面的回顾。B. Denters and L. E. Rose, *Comparing Local Governance: Trends and Developments* (Palgrave, 2005)将英国与其他一些欧盟国家、美国、澳大利亚及新西兰的地方治理进行了比较，是一本较好的概论性读物。C. Glendinning, M. Powell and K. Rummery (eds), *Partnerships, New Labour and the Governance of Welfare* (The Policy Press, 2002)对伙伴关系提出了异议和分析。

R. A. W. Rhodes, *Beyond Westminster and Whitehall: Sub-Central Governments of Britain* (Unwin Hyman, 1988)分析了中央及地方治理结构的关系，是一本重要读物。J. Stewart, *The Nature of British Local Government* (Macmillan, 2000)是一本回顾英国地方政府传统和历史的读物。G. Stoker and D. Wilson (eds), *British Local Government into the 21st Century* (Palgrave Macmillan, 2004)为英国地方治理的发展提供了一个好的分析。D. Wilson and C. Game (eds), *Local Government in the United Kingdom*, 4th edn (Palgrave, 2006)也是关于地方政府及其治理的一本非常好的概论性读物。

有用的网站包括 www. lga. gov. uk(地方政府协会，有许多关于苏格兰、威尔士及北爱尔兰的资料)及 www. direct. gov. uk(是关于英国所有公共服务及政府部门的官网)。

第四十一章

社会政策与地方分权

理查德·帕里

概　　述

- 大不列颠联合王国是一个统一的、以伦敦为政治中心的国家。英国在社会政策的许多领域都进行了地方分权，满足苏格兰、威尔士及北爱尔兰的政治愿望。
- 英格兰无论在规模上还是思想上仍然居于主导地位，控制着整个税收开支体系。
- 福利国家机构体系在分权地区比在英格兰要更连贯。
- 分权地区在政策领域进行了一些创新，通常是朝着更普惠化、少私营化的福利国家方向发展。
- 现有的制度安排存在政治与财政的不稳定性。

导　　言

一直以来，大不列颠联合王国(United Kingdom)都是单一制国家，在社会政策的形成、实施及内容上缺乏地域差别性。但自 1999 年以来，苏格兰、威尔士及北爱尔兰拥有了自己选举的权力机构，对社会政策影响较大。这导致了苏格兰、威尔士及北爱尔兰在大不列颠联合王国中的地位差异问题，它们更像一个国家的地位，而不是一个州的地位。本章将介绍不同形式的国家特殊性的社会政策立法、权力与责任、社会政策的机构及主要政策导向。

英格兰的主导地位及其存在的问题

英格兰在大不列颠王国中占据着主导地位，其人口约占总人口的85%，伦敦作为英国的首都，是政治、文化及传媒活动的中心。在英国，这种集权化被认为理所当然、难以避免。而在美国，失业和医疗福利在各州都不一样。在德国，教育属于各州事务，由各州自己主管，而社会照顾在不同的城市也不相同。在意大利、西班牙、法国，近年来地方政府发展非常迅速。这些国家都有统一的社会保障制度，但并没有像英国这样如此集权管理。目前只有英国仍然保留着统一、标准化的理念(特别是统一的给付率)。与同等大小的其他国家相比，英国拥有一个比较松散的联邦政治体制和较统一的地区(sub-national)政府。

苏格兰、威尔士和北爱尔兰长期以来具有不同的历史传统与政治态度。苏格兰于1707年独立，《联邦法案》(Act of Union)保留了其法律制度、基督长老教会和地方政府。与英格兰相比，其具有教育和医学的悠久传统，其在大不列颠联合王国中处于领先地位。威尔士从来都不是一个概念上的独立国家，其语音和宗教制度与其他地区完全不一样，迫于苏格兰与威尔士工党的压力，1997年工党许诺将苏格兰官署(Scottish Office)的权力移交给苏格兰议会(Scottish Parliament)，将威尔士官署(Welsh Office)的权力移交给威尔士议会(National Assembly for Wales)，要求其在《威斯敏斯特法》(Westminster Legislation)的框架下进行行政管理和财政管理。苏格兰与威尔士地方议会的选举要求包含地方席位的少数派，从而使名额的分配更合理。在1997年9月的公民选举中，苏格兰以74%的绝大多数票选通过了这个议案，而威尔士仅有50%。苏格兰还以63%的投票率要求限制议会在提高所得税方面的权力，但目前还没有采纳。选举于1999年5月进行，新政府定于1999年7月执政。由于工党支持率逐渐下滑(最开始工党在苏格兰就没有获得最大支持率，而威尔士的工党支持率于2000年10月也开始下滑)，工党于是与自由民主党人士成立联合政府。在2003年的选举中，工党只在威尔士获得大多数议会席位；在苏格兰，前独立苏格兰民族党(pro-independence Scottish National Party)险超工党，因此工党只获得少数议会席位；在威尔士，工党尝试通过协商进行联合执政以取代少数管理执政失败以后，丧失了更多的群众基础。

爱尔兰于1801年有了独立议会，后来合并于大英帝国中，但于1922年再次分裂成独立国家(后来是爱尔兰共和国)。北爱尔兰的六个郡尽管还在大不列颠王国之内，但都有了自己的地方议会(local parliament)。这种状况到1972年终止，但和平进程促进了1998年4月贝尔法斯特(Belfast)或者耶稣受难日(Good Friday)协议的签订，详细说明建立一个立法委员会(law-making assembly)和包含各政党的执行委员会。执行委员会的运行自1999年12月到2002年10月发生了中断，其间《威斯敏斯特法》的直接条款重新生效。2006年的政治谈判通过了《圣安德鲁斯协定》(St Andrews Agreement)，为2007年3月的选举铺平道路，巩固了前极端分子党派，如民主工团党和新芬党(Sínn Fein)的地位，同时获得历史性的让步，各方同意共同在执行委员会中工作，因此执行委员会在2007年5月重新运作起来。

地方分权并不意味着社会政策在大不列颠王国层面就没有任何争议。如果分开的地方体制效果不太好，也就缺乏政治上的吸引力了；如果他们运作较好但花费较高，中央政府可能不太愿意为他们提供资金帮助。在政治领域，苏格兰、威尔士及北爱尔兰在进行单独的政治管理方面，中央政府进行了一定的让步。由于《威斯敏斯特法》仍然是财政支出分权的主要支持政策，一方面英国社会政策需要调节多样性和选择性之间的矛盾，另一方面要保证公民的权利，而不是实施邮政彩票式(postcode lotteries)的支持方式。

国家特殊性社会政策立法

在大不列颠王国内部，社会政策的法律框架总体上适用于社会保障(北爱尔兰具有不同的原法但其结构完全不同，地方分权也没有改变这一点)。在地方分权以前，教育与住房法律大体上在英格兰与威尔士是一致的，但与苏格兰和北爱尔兰稍有不同(特别是苏格兰的学校考试结构、北爱尔兰的宗派教育)。这两个国家在医疗健康方面也有独特的传统。1991年苏格兰加入保守党内部市场立法以后，短暂地与英格兰要求一致，但后来又回到了中央政府运作的统一结构中，于2004年将全民医疗服务体系与健康协会(Health Boards)合并。威尔士将地方全民医疗服务管理纳入政府部门的管理范围内。苏格兰和威尔士都抵制信托基金会医院(foundation trust hospitals)的英格兰模式，与私人签订合同的服务越来越少(见表41.1，对比结构)。

表41.1　谁来运作英国的社会政策?

医疗	苏格兰医疗行政部 14个医疗协会	威尔士议会政府 22个地方医疗团队	医疗和公共安全部 4个医疗和社会服务团队 15个医疗和社会服务信托组织	医疗部 全民医疗执行机构和10个医疗战略机构 56个信托基金会医院 118个急诊、专家信托机构 296个初级照顾基金
教育	苏格兰教育执行部/企业、终身学习部 32个地方当局 苏格兰基金理事会 (未来高等教育)	威尔士议会政府(教育社团) 22个地方当局 教育学习委员会(在威尔士议会政府内部)	教育部/就业和学习部 5个教育和图书馆理事会	教育和技能部 地方当局 高等教育基金委员会 继续教育基金委员会
住房	苏格兰社区(在苏格兰执行发展部门内部) 32个地方当局 登记的社会房主(包括住房协会)	威尔士住房委员会(在威尔士议会政府内部) 22个地方当局 住房协会	社会发展部 北爱尔兰住房执行委员会 住房协会	地方当局 住房公司 住房协会
培训	苏格兰企业、高地和岛屿企业 22个地方企业网络区域	威尔士教育学习委员会(在威尔士议会政府内部)	培训和就业机构(在就业和学习部内)	学习和技巧委员会 25个部门技巧委员会

资料来源：主要援引自 *Departmental Reports* (Cm 6800－20) HMSO 2006。

自权力下放以来，苏格兰议会可以自由地在非限制领域立法，而且《塞维尔协定》(Sewel Convention)允许政府要求《威斯敏斯特法》修改权力下放地区的相关法令成为联合王国法律的一部分(最有名的是2004年的法律建立了民间合作伙伴关系)。苏格兰议会社会政策方面最重要的立法包括2001年苏格兰《住房法》(Housing Act),创立了单一的社会租房类型,为无家可归的人们制定了新的政策;2002年通过了苏格兰《社区照顾和卫生健康法》(Community Care and Health Act),创立了非家计审查(Non-means Tested)的个人健康框架;2001年米兰委员会(Millan Committee)在分析改革精神健康政策以后,于2003年通过了苏格兰《精神健康(照顾和治疗)法案》(Mental Health (Care and Treatment) Act);2004年通过苏格兰《反社会行为法案》(Anti-social Behavior Act),对青少年犯罪给予较严厉的惩罚。或许最能引起公众注意的是2006年3月禁止在公共场所吸烟的政策,一年以后该政策在其他地区也推行开来。

威尔士议会并没有完全的权力制定基本法,其政策必须在威斯敏斯特议会的法律框架以内。第一个威尔士权力下放的法案是设立一个儿童专员,但是后来威尔士在教育与健康领域立法,通过二级立法,在实践上扩大了议会的影响,也显示了权力下放的作用。2006年《威尔士政府法案》(Government of Wales Act)在权力下放地区引入一个"国民议会方案"(Assembly Measure)的概念,与苏格兰模式一样,希望获得完全的立法权。这个方案的通过还需要公民投票决定。

权力下放后机构的运作

苏格兰行政机构(以前称为"苏格兰政府",2007年改为"苏格兰执行委员会")与威尔士行政机构(以前称为"威尔士议会政府")是之前苏格兰和威尔士官署的后裔。苏格兰在社会政策领域,如教育、健康和社会公正等并没有对应的部门,社区向内阁大臣负责,提供健康、福祉、教育、终身学习以及社会公正服务。威尔士有教育大臣、医疗大臣和社会公正大臣;自2006年4月起主要的服务传输机构,如威尔士教育学习委员会(Education and Learning Wales)、威尔士发展署(Welsh Development Agency)及威尔士证书课程和评估管理委员会(the Qualifications,

Curriculum and Assessment Authority for Wales)全部被纳入到议会政府的市民服务中。在北爱尔兰，社会政策部门是政党间权力共享的法律实体，包括教育、就业、16岁以后的学习、医疗、社会服务、公共安全和社会发展(包括住房和社会保障)。

委员会选举出来的成员在制度运行中发挥着重要的作用，是开放和参与哲学的体现。在苏格兰、威尔士和北爱尔兰都有专门领域的委员会，委员会的部长兼有立法审查和政策调查的权力。在苏格兰，委员会有权起草宪法。还有一个公共请愿委员会(Public Petitions Committee)负责审理公民的各种提案，既包括问题也包括冤屈和不平，有时是由某一位专员负责当地医疗问题的调查。在威尔士，议会和行政机构最初是同一个单一的法律和社团实体，议会出纳人员是公务员，部长由委员会任命，自2007年5月威斯敏斯特式的分权使之生效。

在北爱尔兰，许多议员具有地方当局身份及在省内社会政策的管理身份，双重身份意味着议会的工作存在很多问题。直到1972年，北爱尔兰前分权政府在教育和住房领域仍然维持着宗教歧视，而且试图与主流的医疗和社会保障标准相分离。后来的政策强调公平机会，因为已有明确的法律反对宗教歧视，天主教会学校获得公平的资助，从而为相对良好的社会政策发展提供好的氛围。经济与安全政策让政治家们不愿意攻击福利国家，北爱尔兰议会在社会政策立法的通过上进展缓慢。学校教育需要根据成绩进行筛选，这一点在其他地区并不存在。2001年对小学后教育进行回顾，建议筛选制应终止，直接负责教育的部长们在2008年重新就此计划进行确定。

残余的白厅武装势力依然存在。北爱尔兰官署(Northern Ireland Office)对警察、罪犯负责，但有未来会分权给议会负责的倾向。威尔士官署(Wales Office)的作用是在英国政府项目内推动威尔士法律的发展。但苏格兰官署(Scotlan Office)并没有此项功能，它的作用在于监控英国内阁制度中苏格兰的利益问题，其存在的必要性让人质疑。苏格兰政府在与白厅部门处理问题时，联络至关重要。

社会政策在英国四个区域的管理见表35.1。除了英格兰以外，其他三个区域地方政府的设置非常整齐划一。1996年，苏格兰地方政府和威尔士地方政府进行重组，从以前的两个层级(与英格兰相似，地区或郡县及城区)改革成单一层级(32和22个当局)。北爱尔兰自1973年以来一共有26个城区，具有同样重要的社会功能，由任命机构进行管理，如教育和图书馆理事会(Education and Library Boards)、健康和社会服务理事会(Health and Social Services Boards)以及北爱尔兰住房委员会(Northern Ireland Housing Executive)。其他功能如公路、用水和社会安全由北爱尔兰公务系统机构管理。2005 年 11 月计划要求削减当地机构，从 26 个削减至 7 个，设立单一机构管理北爱尔兰的健康和教育。

次国家层面的需要及资源

英国社会政策的签署是从西北向东南方向渐进的。苏格兰、威尔士、北爱尔兰和北英格兰似乎处于相对被剥夺的状态，由此可以获得额外的资源来解决它们的问题。但自从苏格兰地方分权被削弱，特别是在失业和收入方面，地方差异性不断缩小。苏格兰和威尔士的一些地区通过减少污染企业，如煤炭、钢铁生产企业，进而缓解了城市多重剥夺、农村剥夺等情况，从而符合欧盟结构基金(European Structural Fund)资助的条件(参见本书第四十二章)。1999 年一个机会主义版图的改写允许西威尔士及山谷地区(the Valleys)加入到北爱尔兰。因为它们的人均收入很低，从而符合欧盟结构基金资助项目 2000 年第 1 条款。2007 年至 2013 年，欧盟结构基金对竞争性项目(competitiveness programmes)和趋同性项目(convergence programmes)进行资金缩减，两者之间削减的数量差不多。趋同性项目包括西威尔士和山谷地区。但是由于房价较低，公共部门如医疗和教育服务质量高，因此非英语民族的生活质量较高，在主观生活质量测量中比较靠前。

这个案例提供了相对公共支出的背景(见表 41.2)。从 2005 年到 2006 年的数据表明，北爱尔兰和苏格兰获得了更多的人均社会支出，分别高出平均水平的 22%和 13%，但是威尔士(6%多)落后于伦敦和东北地区。自从地方分权实施以后差异性逐步聚合。住房差异显著：苏格兰 25%以上的房屋是社会房主(social landlord)所有，而英格兰和威尔士不到 20%，但是一般租房补贴在最近几年里几乎没有变动，公共住房支出很少。苏格兰的优势在于医疗和教育领域，在性质上比较结构化，对支出的管理提出了很多新的问题。1979 年的一项需要评估研究认为苏格兰的支出超出了需要，对新的改革具有后分权时代的压力(post-devolution pressure)。

表 41.2　2005 年至 2006 年人均社会政策开支

英国＝100	总社会开支	社会保护	医　疗	教育和培训	住房和社区服务
北爱尔兰	122	121	111	125	295
苏格兰	113	112	119	108	186
威尔士	106	112	100	100	86
伦　敦	109	100	113	116	165
东北部	112	114	111	108	101
西北部	107	114	107	102	108
约克郡和亨伯赛德郡	100	99	103	101	85
西米德兰兹	98	101	96	100	72
西南部	93	96	94	89	46
东米德兰兹	91	92	90	96	61
东部	86	88	87	84	41
东南部	87	86	88	90	65
英国平均	5 615	2 813	1 481	1 166	155

资料来源：根据 HM Treasury，*Public Expenditure Statistical Analyses 2005—2006* (Cm 6811，2006)表 7.11 计算得出。

巴内特公式(the Barnett Formula)将资金分配给分权后仍然保留的民族。每年的财政预算变化与每年的英国财政支出相对应，从而避免对物品价格的争议，因为新增加的钱是根据人口而不是历史份额来划定的。

次国家层面的弹性政策

认为地方分权是正当的一个重要理由是它富有弹性，因此在大不列颠王国内部进行试验。政策改革的中央化，容易导致一系列包括医疗、教育、地方政府结构、金融在内的重组，如果中央稍有误差，会使整个英格兰出现错误。

地方分权使威尔士与苏格兰长期的创新能力和社会政策方面的试验相配合。1968 年苏格兰关于儿童听力情况的详细说明与英格兰不同，其政策领域是社会工作而不是法律和秩序。苏格兰学校的考试差别性很大，是建立在准高级基础之上而不是一般的 A 级之上的。自 1998 年开始，“更上一层楼”计划(Higher Still)整合了 16 岁以后的学业和职业资格条件。威尔士语言的推行比其他任何时候还要强烈，即使是在非英语地区。后分权的威尔士地区废除了 7 岁儿童的学习考试，解散了考试结果发布委员会，用威尔士中学毕业会考(Welsh baccalaureate)来代替 A 级水平考试(2003 年以后以松散的形式进行改革试验)。

自从地方分权以后，政策对苏格兰和威尔士越来越慷慨。主要发展内容有：苏格兰已经免除了学生的学费，部分恢复了助学贷款；威尔士为未满 25 岁和 60 岁以上的人提供免费检查和药方，在未完全取消学费前，引入就学资助为学生提供足够的资金支持其完成高等及继续教育。苏格兰和威尔士正在根据皇家委员会于 1999 年颁布的老年人长期照顾案例来评估需要，政策向免除家计审查的老年人个人照顾方向发展。苏格兰的政策引起了较大关注，但是对津贴支出的控制和地方当局对需要的评估使其看上去并非免费普惠大众。以上这些发展都是在自由民主党的压力下向前推进的，许多工党部长都不情愿按照伦敦新工党的不同的政策方向发展。

对于行政而言，它更取决于问题出现的范围和部长官员们的个人兴趣。威尔士率先在心理卫生领域进行去机构化(de-institutionalisation)改革。在苏格兰，地方当局的责任心促进了对戒毒和艾滋病的反应速度的提高。原苏格兰内政部(Scottish Homes)发展成苏格兰共同体(Communities Scotland)，能够调动住房协会，现在被并入民间服务中。与英格兰相比，其他地区的工业发展和培训资源更加丰富，管理也更加得体。不同地区政策的差异性不应该被夸大，它们以前的和分权后存在的行政机构仍然是发展的优势。

新兴议题

地方分权提出了两个长期存在的议题：社会保障规则的一致性原则（以及财政部基础上的新政和扣抵税额政策）很难发展各项反贫困的政策；三个非英语民族独立行事的能力，议会较少关心。矛盾的是，地方分权政策本来是要让各个地区自己决定自己的事情，结果反而使各个地区更加关注地区政策制定的逻辑是否与英国政府不同。在地方分权以前，对苏格兰和北爱尔兰在政策和财政支出方面的区别对待是英国的政治设想；然而现在它们却受到很仔细的审查，特别是在英语地区，地方分权产生了在与非英语地区相处中的一种不公平感。下面四个议题在未来还会继续讨论：

1. 对普惠主义的怀念。从目前的政策中可以看到，分权后的行政机构有抵制差异的倾向。在威尔士，免费的处方已经成为象征性的政策，而且只在 2007 年 4 月全面实施。苏格兰还实施免费的视力检测。普惠主义思想在老年人的个人照顾上表现明显，在学生支持上也有一定表现。

2. 与地方情况不相关的政策分歧。特别是在医疗机构（除了专业人员薪金给付条件及非付费病人具备的原则外，其他都是与本地情况不相关的政策）和终身学习领域（技能、培训及继续教育的提供、筹资等，参见本书第四十六章和第四十八章）。

3. 创造性的整体系统思考。苏格兰执行委员会的未来工程对 2006 年战略审计的大量政治和社会变量进行了评估，大部分根本没有在执行委员会或政府的控制之中。苏格兰议会未来论坛将进行一系列的广泛研究，其中包括积极老龄化。威尔士议会政府联合议案应该是目前最系统的议案，“保持联系：连接跨越的边界”（Making the Connections：Delivering Beyond Boundaries），结合了 2006 年 7 月关于“跨越边界”的比彻姆（Beecham）报告和威尔士议会政府（WAG）的回应。无论性别、种族、宗教社区、语言，为所有的人提供公平的服务在所有三个权力下放的民族地区都被列为头条。

4. 政治不稳定的风险。目前的地方分权办法试图用非统一的方式来缓解英国存在的政治压力，但并没有多层政府的概念。2004 年，英格兰东北部以高达 78%的票数否决了成立地方议会，英格兰的地方分权一直没有进展。西洛锡安问题(West Lothian question)是目前英国面对的一大难题。来自苏格兰的59名(2005年曾经达到72名)下议院议员能够对苏格兰地区的英格兰事务投票，而英格兰人却不可以。巴内特公式实施已经有25年之久，它使社会政策支出的修改很难实现。反对苏格兰和威尔士工党的主要党派——苏格兰民族党(Scottish National Party，2007年5月执政)和威尔士民族党(Plaid Cymru-the Party of Wales)——认同左派工党的社会政策，但赞同其民族实现自治。2001年后，伴随着英国主导的国际议程发挥政治上的显著作用，对地方分权的关注逐步瓦解。对福利国家的捍卫和对未来自治政府的探索成为2007年分权选举的主要议题。两个少数派政府在商谈大多数联合项目失败以后，提出1999年的安排是否仍然有效。

高阶阅读指南

要继续了解分权以后的发展并不是简单的事情。最好的书籍是由宪法委员会出版的，对每一个分权民族和英语地区发布的季度性的监督报告，可以从 www. ucl. ac. uk/constitution-unit 网站上获得，年鉴是从2000年5月开始的。最近的是 A. Trench (ed.)，*The Dynamics of Devolution: The State of the Nations* (Imprint Academic，2005)。

好的概述如：J. Adams and K. Schmuecker (eds.)，*Devolution in Practice 2006: Public Policy Differences Within the UK* (Institute for Public Policy Research，2005)。较有启发性的比较研究如 S. Greer，*Territorial Politics and Health Policy* (Manchester University Press，2005)。由 ERRC 分权和宪法修改项目发起的研究(2000—2006)在 www. devolution. ac. uk 上找得到。还有一些刊物如季刊 *Scottish Affairs* 和 *Contemporary* 都非常有用。在 *Regional Trends* 上有丰富的统计数据，每年由国家统计局文献办公室出版。

关于地方分权行政方面的内容可以在网站 scotland. gov. uk，wales. gov. uk 和 nics. gov. uk 上找到。在苏格兰，议会报告被放在网站 scottish. parliament. uk 上，北爱尔兰议会的争论及报告可以在网站 ni-assembly. gov. uk 找到。

第四十二章

社会政策和欧盟

琳达·韩特瑞斯

概　　述

- 社会政策曾经是欧洲经济共同体(European Economic Community)各成员国考虑的问题之一，但直到目前为止其角色仍然主要是促进经济发展，稳固经济基础。
- 随着欧盟的扩大，其内部福利制度更加多样化，促进欧盟内部成员国不同制度和谐共处的任务更加艰巨。
- 欧盟组织机构不断扩大其影响范围，欧盟对成员国的社会事务的影响日渐深入。
- 在欧盟社会政策层面，开放协调机制(the open method of coordination)的管理方式是替代硬法(hard law)的更可行的方式之一。
- 尽管欧盟作为超国家行动者，在社会政策领域的合法性地位还没有完全获得承认，但成员国的职能(competence)却日益受到侵蚀。

导　　言

1957 年《罗马条约》签订时，英国并不是欧洲经济共同体(EEC)的六个创始国之一。1973 年，英国加入欧洲经济共同体，英国政府当局反对共同体在社会政策领域所展开的行动，而且英国也是唯一没有签订 1989 年《欧盟劳工基本社会权利宪章》(Community Charter of the Fundamental Social Rights of Workers)的国家。由于英国的反对，劳工基本社会权利宪章仅仅作为社会政策的草案(protocol)和协议生效，一直到 1993 年欧盟

《马斯特里赫特条约》签订，作为其附加条款才产生效力。英国政府企图阻止保护工人权利法律的发展进程，因为考虑到那些法令会破坏英国的国家主权，对就业会产生负面影响，但它也提出了改善兼职工作的工作环境、减少工作时间、引入产假等建议。1997 年新工党上台，标志着英国与社会欧洲(social European)关系的转折点。如果英国签订关于社会政策的协议，这就表明社会宪章(Social Chapter)将会于同年整合进《阿姆斯特丹条约》。就业也提上了欧盟日程，它的重要性在《阿姆斯特丹条约》和 1997 年卢森堡峰会(第一份关于就业的指南被欧盟采纳)上得到充分体现。到了 21 世纪，随着欧盟东扩，一个新的欧洲社会模式逐渐出现，它体现了各成员国致力于追求的公民权利以及其他核心的价值理念。

本章将回顾在英国加入欧盟以前以及之后欧盟社会政策逐步发展的路径。通过回顾政策的制定主体、制定方式以及最为有效地发挥作用的领域来看欧盟社会政策的形成和实施过程。在简要解释成员国与欧盟机构在社会政策形成间接的联系之前，我们还要讨论关于欧盟社会维度(European Social Dimension)中的重要争论。

作为辅助手段的欧盟社会政策的发展

从字面上看欧洲经济共同体(以下简称欧共体)，主要是一个经济组织，但从最开始它就需要社会政策作为其辅助手段。《罗马条约》第 117 条到第 128 条就是关于社会政策方面的内容，它要求各成员国在培训、就业、工作环境、社会保障和集体谈判(collective bargaining)方面紧密展开合作。它同时还要求关注平等支付原则，以及为了适应移民就业的社会保障协调措施。具体行动包括通过运用欧洲社会基金(European Social Fund, ESF)帮助工人就业以及再就业，鼓励地域和职业的流动。

在战后经济迅速发展的背景之下，欧洲社会政策的潜在目标是促进健康竞争，促进欧共体内部劳动力的自由流动。欧共体的主要创始国(包括比利时、法国、联邦德国、意大利、卢森堡和荷兰)的福利制度主要是基于保险的原则，即主要取决于雇主和雇员的缴费水平，他们所担心的是如果一些国家在就业中征收较高的保险费用的话，企业就会转移到劳动力成本较低的国家，这势必引起社会倾销(social dumping)，造成不公平竞争。成员国期望欧共体能发挥作用，同时通过条约制约，从而阻止不公平竞争，达到自动促进社会发展的目标。欧共体不需要直接干预再分配。到了20世纪70年代中期，伴随着石油危机的影响，经济发展速度放缓，人们对“自动的社会和谐”产生了怀疑，认为需要进行更加积极的社会改革。1974年，欧洲部长委员会通过了关于社会行动方案(social action programme)的决议，要求欧共体应该一起制定国家社会政策的共同目标，但并没有试图解除成员国对社会政策的责任，也没有对社会问题的解决途径提供统一标准。

尽管在20世纪80年代，社会政策领域已制定出更高级别的法律，但由于在社会行动方案中已经有了辅助性原则，使社会法律的制定往后拖延。20世纪80年代最为显著的一个特点是社会空间(social space)的创造问题，当时委员会主席雅克·德洛尔(Jacques Delors)认为社会空间是内部市场的有利补充。德洛尔提出，在行业工会(trade union)与雇主之间直接展开社会对话(social dialogue)，使之成为双方达成协议的一种方式，同时也成为与工人就业相关的保障社会权利的最低平台。德洛尔希望通过将社会对话的方式运用到各个成员国，从而促进成员国的聚合。

在谈判中，对于工人保护的最低水平达成一致的问题是显而易见的，《欧盟劳工基本社会权利宪章》关于工人基本社会权利的规定并没有法律效力，也没有具体的条文。社会行动方案对于社会宪章的执行仍然承认国家之间的差异性和多样性。《马斯特里赫特条约》将辅助性原则法律化，意味着如果欧盟目标的执行在欧盟层面而不是国家层面更加有效，欧盟将发挥作用。由于社会政策通常会考虑个人和家庭层面，因此认为社会政策在地区层面执行起来最有效，而不是通过遥远的欧洲机构组织来执行。因此，在各成员国中，对社会政策达成共识的机会较小。

欧洲共同体的成员国经历了五次扩张，每次都使社会政策的一致化或融合的难度进一步加大了。六个欧共体创始国的社会保护制度都是俾斯麦或者大陆模式的变种，其主要是建立在就业—保险的基础之上的。后来的成员国包括丹麦、爱尔兰和英国在20世纪70年代加入欧共体，其社会保护制度是建立在税收和普惠制水平之上的。南部国家如希腊、葡萄牙、西班牙在20世纪80年代成为成员国，其福利制度并不发达。北欧国家如芬兰、瑞典于1995年加入欧盟，它们与丹麦有着类似的福利制度，而奥地利则更接近德国模式。从2004年到2007年，共有两个岛国（塞浦路斯和马耳他）以及十个后苏联的国家（保加利亚、捷克、爱沙尼亚、匈牙利、拉脱维亚、立陶宛、波兰、罗马尼亚、斯洛伐克、斯洛文尼亚）加入，扩张带来了更加多样化的福利制度。在向单一欧洲市场（Single European Market, SEM）和经济货币同盟（Economic and Monetary Union, EMU）迈进的过程中，社会保护和谐发展目标的实现更加迫切。有资料表明，受经济危机的影响，福利收缩政策在20世纪90年代普遍采用，在向经济货币同盟迈进的过程中，福利制度向混合福利体制转变，各国福利政策有所聚合。尽管如此，试图在欧盟层面协调不同福利体制发展的目标仍然没有实现。

欧盟社会政策的制定过程

尽管在条约缔结之初，欧盟社会政策还有很大的局限性，但经过50年的发展，欧盟已经建立起多层次的治理体系。欧盟的决策、立法、实施过程取决于一系列功能不同、运作机制不同甚至相互竞争的机构的作用。2000年12月欧洲理事会（European Council）通过《尼斯条约》（Nice Treaty），同时欧盟宪法也在逐步酝酿着，为欧盟进一步扩张的决策程序修改做了一些准备。

欧盟部长理事会仍然是代表国家利益的主体，对欧盟法律的执行负责。政府首脑每年进行两次会晤，决定政策的发展走向。委员会主席每六个月轮值一次，让所有的国家政府都有机会参与政策制定的议程，让每一个成员国都有一定数目的投票权。《尼斯条约》的重新权重的计票方式（re-weighting of votes）保证了小成员国的影响力不一定与其国家规模大小相一致。1986年颁布的《单一欧洲法案》（Single European Act）在工作健康与安全、工作环境、工人信息与咨询、男女平等以及整合排除在劳动力市场外的人群等领域，采用的都是多数有效表决方式（Qualified Majority Voting, QMV），其目的是促进有争议的法律得以通过。多数有效表决方式在《阿姆斯特丹条约》中扩展到积极的就业政策领域，《尼斯条约》将多数有效表决方式运用到反歧视方案、迁移，以及对经济和社会融合有利的具体行动中。

欧盟委员会正式发起、实施和监督欧盟法律。委员会成员由各国政府委任，但他们期望可以独立于各个国家的利益来开展工作。自 2005 年以来，每个成员国都有一个委员和秘书处（Directorates General， DGs）负责准备报告及工作文案，供部长级议会考虑，这在欧盟政策日程的制定中发挥了重要的作用。例如，由秘书处起草的于 1995 年通过的《欧盟社会政策白皮书》关于就业与社会事务的部分，建立了欧盟迈向 21 世纪行动的框架。《尼斯条约》进一步加强了秘书处的作用，它们期望建立社会保护委员会，监督社会形势，促进信息的交换，准备报告以及民意观点。

欧洲法庭（European Court of Justice， ECJ）位于卢森堡，是维护法律尊严、保障法律实施的欧盟法律机构。法官由成员国政府任命，任期为六年。其主要工作包括保证欧盟法律无论在欧盟层面还是在成员国层面都得到贯彻实施。通过欧洲法庭对法律的解释，在社会领域也逐步建立起案例法。《阿姆斯特丹条约》扩大了欧洲法庭的权力，让其保证基本法的条款的实施。2000 年，欧盟基本人权宪章在尼斯高峰会议上最后修订完毕，为欧洲所有公民的权利做出了清晰的表述，从而加强了欧洲法庭的作用。

欧洲议会由成员国公民直接选举产生，拥有财政预算和监管的权力。尽管它不能进行直接的开支，但却可以拒绝欧盟委员会的计划，并要求委员会回答其提问。欧洲议会形成了一个政治集团而非国家集团，其权力在《单一欧洲法案》中得到扩张，而后在《阿姆斯特丹条约》中继续扩张，尤其是在社会政策制定方面，议会发挥了更大的作用。《尼斯条约》将共同表决的程序运用到社会领域，采用有效多数的表决方法。

欧盟的法律资源包括基本法（primary legislation），其形式包括条约（treaties）和次级法案（secondary legislation）。次级法案包括执行方案的规章、指令（directives）、决议以及意见性的建议、解决办法和意见，或者是象征前瞻性思考的联合发文（communications）和备忘录。除了在工人的自由流动以及结构基金方面，其他社会领域的规章则相对较少。指令是在法案所确立的基本目标之下，由成员国选择最适合的方式在本国实施，在平等对待、工作健康及安全方面发挥着很大的作用。建议则在社会政策领域中对制定具体的行动框架、协调各国行动方面发挥着重要的作用。

2000 年，里斯本峰会正式提出了开放协调机制，它通常是在共同目标和指南达成一致的基础上，鼓励成员国合作，进行实践经验交流，提供了一种软法（soft-law）选择，在就业和反社会排斥领域为各国行动计划提供支持。同时通过对整个过程进行监督，保证其符合目标设定，让成员国相互比较、相互学习。

虽然欧盟已经建立了多层次的、制定各种政策的机构和组织，但其经常与成员国的制度相冲突。因此欧盟政策的制定是一个对既定利益不断协商和讨价还价的过程。由于内部的争执不休，社会政策领域发展的进程无疑缓慢许多，但欧盟自身的职能和权威性还是在这个过程中逐步发展起来。

欧盟社会政策的介入

欧盟委员会确定了促进劳动人员自由流动的目标，从而要求社会保护制度、专业资格证书的相互承认、生活和工作环境的改善，同等享有社会补贴和反贫困的指令与之相协调。自20世纪70年代以来，欧盟委员会在上述领域开展了很多项目，建立了网络和观察台来促进社会领域的行动，并对成员行动进行监督。

在教育和培训方面，委员会并非要改变各国内部制度，而是对比共同体内部各国职业资格证书的内容及水平，对成员国学历的相互认证达成了一致。20世纪70年代中期，委员会在欧洲层面发起了行动计划，通过为学生和青年劳动者提供职业培训，鼓励其在欧共体内自由流动，促进各国在教育和工业方面的合作。在21世纪初期，欧盟委员会提倡通过提供高质量的教育和终身学习来促进人力资本的投资，这也是欧盟社会模式（European social model）和欧洲身份认同（European identity）的重要组成部分。

早在欧共体时期，其条款就旨在改进生活和工作环境，促进机会平等和人员流动。特别是在医疗健康和工作安全方面给予了高度重视，出台了一系列相关法律。有效多数投票表决方式的引入意味着医疗健康和安全领域的目标可以产生更多的指令，不仅保护了从事相关职业的工人，而且从事其他危险职业的工人也获得相应保护，同时还控制了工作时间，保护了孕妇权利，并提出了关于公共健康的一系列问题。

在欧洲层面，在对就业政策和工作环境给予优先考虑的同时，委员会还积极促进立法，制定了一系列的行动方案（action programmes），提出保护女工的权利，包括同工同酬、同等待遇、在就业相关的保险方面享有平等的权利等指令，并更加关注如何采取措施来协调职业发展和家庭生活的关系。这方面的立法仍然受到了一些成员国特别是丹麦和英国的反对，因为它们考虑到这些立法可能会对就业和机会平等产生一定的影响。1997 年英国加入社会宪章的决定导致英国最终签订了双亲假期(parental leave)的指令，这就意味着兼职工作会被接受。性别平等主流化(gender mainstreaming)被引入所有活动领域，用来处理持续发生的不平等问题。

20 世纪 70 年代，受经济危机的影响，居高不下的就业率和人口老龄化问题也提上了政策议程。基于对自由迁移前景的看好，考虑福利游走(welfare tourism)将贫穷从一个国家转移到另一个国家，委员会认为成员国的失业工人及其家庭有可能试图迁移到福利水平更好的国家。因此，委员会资助了一系列行动方案进行反贫穷和反社会排斥，同时由于经济发展不平衡，结构基金(Structural Funds)用来整合区域资源，巩固区域政策。《阿姆斯特丹条约》提出就业指南(employment guidelines)，通过积极的政策措施增强就业能力，它成为欧盟劳动力市场反社会排斥的主要基础。

在平均寿命提高的背景下，对养老金提供、医疗和照顾服务的需要不断上升。成员国中的个人和集体都越来越关注人口老龄化对社会保护制度的影响。委员会已经对老年人、残疾人社会保护的提供进行监督，特别是在基本生活和照顾、工人迁移及养老金领取者的权利转移方面，以及政策对生活水平产生的整体影响方面。委员会分别于 1999 年和 2006 年联合发文，提出了增强代际团结和公平的战略。

尽管目前已经有许多法律促进人员的自由流动，欧洲内部迁移的数据也表明尽管随着欧盟东扩带来大规模的西进浪潮，即从东、中部欧洲国家前往西欧国家，但成员国的内部迁移水平仍然相对较低。成员国关注得更多的是从第三国迁移中产生的越来越多的问题及挑战，从而提出了不仅要协调国家之间的政策，而且要对难民和寻求庇护人员的相关问题进行协调。这一进步可以在《阿姆斯特丹条约》中看出，“不论种族、肤色、民族、国籍、文化和宗教的差别，所有的成员国公民都享有平等的机会和待遇”被写进了条约中。基于上述要素产生的歧视在《欧盟基本人权宪章》(The Union’s Charter of Fundamental Rights)中都被认定是违法的。

尽管对欧盟社会政策发展整合存在一定的疑虑，但上面的这些例子已经表明，欧盟机构在社会事务方面已经具有广泛的职能，即使具有争议，但它们已经成为主要的社会政策的行动者。

欧盟社会政策分析的主要议题

尽管早在《罗马条约》签订时就提倡成员国要在共同的目标和解决途径上合作，但直到21世纪初期，欧盟委员会仍然认为成员国应该对本国的社会保护制度负责。在20世纪70年代和80年代，对这方面的基本问题如共同体是否应该有一个社会维度进行过争论，但这些争论在社会人口问题的压力要求成员国共同做出回应的时候，却似乎悄然无声了。

虽然欧盟成员国对于欧盟在社会政策领域的参与程度方面没有达成普遍共识，但它们在21世纪初期所面临的社会问题上却有着广泛共识。人口趋势伴随着技术的变迁，欧盟扩张与联盟影响的日益扩大对福利制度造成新的压力。成员国试图找到共同的解决办法来处理持续的高失业率问题、技术劳工短缺问题、老年人的长期依赖问题、家庭结构和性别关系的转变问题，同时又努力降低提供高质量服务的成本。

这些发展趋势挑战着国家社会保障体制建立的原则。欧盟成员国在保证就业率和避免依赖性文化发展的同时，需要考虑到经济的承受力与社会保护制度的可持续性问题。人口老龄化提出了法定退休年龄问题以及养老金权利问题，同时使医疗健康和社会照顾提供问题也日益加剧。各种各样的解决问题的方式被尝试着，如扩大资金的来源，严格制定准入标准，强调通过积极措施促进人们就业，引入新的长期照顾的社会保险项目及服务的私有化。到21世纪初期，在巩固欧洲社会模式、加强代际团结的同时，委员会把社会保护制度如何回应社会经济变革及欧盟扩张的挑战作为主要问题。

新兴议题：共同的欧洲和国家职能

尽管一些成员国试图阻拦，但大量的立法和实践已经开始实施，这需要成员国政府的配合以及它们行动范围的确定。由《单一欧洲法案》《马斯特里赫特条约》《阿姆斯特丹条约》《尼斯条约》和英国加入《社会宪章》所带来的变化以及社会领域内法律约束形式的减少可能导致标准设定很容易被较低发展水平的国家达到——最小的共同分母——而漏掉了在政策实施上有更大判断力的国家。

本章关于欧盟社会政策职能问题的阐述表明：政策制定取决于多元国家行动者及超国家行动者通过合作设定目标，提出、制定和实施法律的过程。责任共担是欧盟结构与其他重要国际组织的重要区别。在欧盟成员国内，欧盟要走一条非常艰难的道路：为成员国带来最大的好处，而这种好处也许是成员国自身还没有意识到的；同时不要过于侵犯国家主权和违反辅助性的原则。在它们之间找到一个平衡点需要协调欧盟各个机构(其中部长级议会、国会、国家政府是保护和促进国家利益的，而欧盟委员会和欧洲法庭则要独立于各国政府单独发挥作用)之间的利益。因此，欧盟作为一个超国家机构，还没有在社会政策领域获得完全的立法权；然而成员国的职能也毫无疑问在此过程中被不断侵蚀。

高阶阅读指南

欧盟的社会维度发展、欧盟在社会政策日程上发挥的作用以及欧盟社会政策在成员国范围内产生的影响问题，在 L. Hantrais, *Social Policy in the European Union*, 3rd edn (Palgrave and St Martin's Press, 2005)中可以看到。M. Ferrera, *The Boundaries of Welfare: European Integration and the New Spatial Politics of Social Protection* (Oxford University Press, 2005)用公共政策比较的视野，探讨欧盟如何重新划分了福利国家边界的问题。P. Pestieau, *The Welfare State in the European Union: Economic and Social Perspectives* (Oxford University Press, 2006)分析了福利国家在公平和效率之间争论的表现问题。G. De Búrca, *EU Law and the Welfare State: In Search of Solidarity* (Oxford University Press, 2005)探索了欧盟法律如何与福利国家产生冲突和紧张的问题。

关于人口趋势、社会情况、社会保护和就业问题分析讨论，可以在网站 www. europa. eu. int/comm/employment_socialindex_en. htm(这是一个关于就业、社会事务和公平机会的主题网站)上找到。

第四十三章

社会政策与超国家治理

尼古拉·耶茨

概　述

- 国际政府组织与非政府组织在理解社会政策制定和实施中发挥着越来越重要的作用。
- 国际组织在福利筹资、规制和提供上发挥着重要作用，而且以多种方式影响着政策的形成。
- 全球层面上的社会政策改革争论在于是否需要改革或从根本上改变全球治理的结构。
- 全球社会政策关注跨国界福利提供及其治理，也对社会政策的学习提出了新的问题。

从国家内的社会政策到全球社会政策

本书的许多章节都谈到，全球化对国家福利体制的变革产生多大影响的争议很大。对全球社会政策领域的研究日益兴起(参见本书第一章)。其主要关注点在于社会政策的超国家层面以及福利提供层面，包括以下几点：

- 社会政策问题在多大程度上被视为全球事务？
- 超国家集体行为的出现包括超国家组织的发展和治理的多边模式(multilateral modes of governance)；
- 这些治理模式和政策的制定是如何塑造社会政策并产生一定的社会结果的？

全球政策分析家和顾问质疑国家是理解福利制度的唯一社会空间主体这种观点。他们强调社会政策目前是全球政治的中心议题，国家社会政策与全球社会政策是紧密联系的。

国际组织

社会政策的国际合作无疑是最近才兴起的，但在过去的一个世纪中，这种合作不断扩大，并日益深化。越来越多的国际组织(IOs)包括国际政府组织(International Governmental Organizations, IGOs)及国际非政府组织(International Non-Governmental Organizations, INGOs)参与制定一系列国际协作、条约、规制和协议。国际政府组织主要通过政府元首在政治、法律方面建立合作关系，展开国际对话；而国际非政府组织则通过志愿组织、慈善组织、行会、职业协会、工业组织以及商业团体等实体部门相互合作。这些组织在全球范围内或是地区范围内发挥着重要的作用，表 43.1 列举了详细的例子供参考。

表 43.1 国际政府组织及国际非政府组织

国际政府组织	国际非政府组织
全球性组织	
世界银行(World Bank) 国际货币基金组织(International Monetary Fund, IMF) 联合国(United Nations, UN) 联合国机构，如国际劳工组织(International Labour Organisation, ILO)、世界卫生组织(World Health Organisation, WHO)、联合国儿童基金会(United Nations International Children's Emergency Fund, UNICEF)、世界贸易组织(World Trade Organisation, WTO)、经济合作与发展组织(Organisation for Economic Cooperation and Development, OECD)、8 国集团(G8)、77 国集团(G77)、24 国集团(G24)等	世界经济论坛(World Economic Forum) 世界社会论坛(World Social Forum) 世界水资源论坛(World Water Forum) 国际自由贸易协会(International Confederation of Free Trade Unions) 国际计划生育联合会(International Planned Parenthood Federation) 乐施会(OXFAM, War on Want) 国际药物工业协会(International Pharmaceutical Industries Association)
地区性组织	
欧盟(European Union, EU) 北美自由贸易协定(North American Free Trade Agreement, NAFTA) 东南亚国家联盟(Association of South East Asian Nations, ASEAN)	欧洲服务论坛(European Services Forum) 欧盟贸易联合会(European Trade Union Confederation) 欧盟社会论坛(European Social Forum) 亚洲社会论坛(Asian Social Forum)

（续表）

国际政府组织	国际非政府组织
南亚区域合作联盟（South Asian Area for Regional Cooperation，SAARC） 南部共同市场（Mercado Común del Sur Southern Core Common Market，MerCoSur） 加勒比共同体及共同市场（Caribbean Community and Common Market，CARICOM） 南非发展共同体（Southern African Development Community，SADC）	非洲社会论坛（African Social Forum）

在多大范围内合作？国际组织会视其资源而定（见表 43.2）。事实上，许多国际非政府组织在财政支出、人员录用上要优于国际政府组织（例如世界贸易组织有 630 名员工，而乐施会有 2 800 名员工）。一些政府组织没有独立的法律效力和永久秘书处；另一些受国际法的制约，如世界贸易组织、欧盟、联合国，还有下属机构，如国际劳工组织、世界银行、欧盟、联合国；它们大多数只是政治联盟，由几个少数的政府组成，没有永久的秘书，如 8 国集团、24 国集团以及 77 国集团。

表 43.2　国家层面、地区层面以及全球层面的社会治理

	国家层面的社会治理	欧盟的社会治理	全球层面的社会治理
经济稳定	中央银行	欧元区的欧盟中央银行	国际货币基金组织/国际清算银行（Bank of International settlements）
税　收	征税	关税，成员国的捐款（注意关于“税和谐”的相关讨论）	联合国的呼吁，全球广告资金，多边海外发展救助
再分配	税收与收入转移政策	结构基金，共同农业政策	人道主义援助，特别全球基金，债务免除，药品的差价
法　规	国家法律与指令	欧盟法律、法规及指令，包括社会宪章	联合国大会 世贸组织贸易法 志愿组织规定
公民权利	法庭补偿 消费者宪章 三方治理	法律补偿 三方治理	联合国人权委员会，但没有法律补偿

资料来源：引自 Deacon，2003。

社会政策中的国际组织参与

国际组织在政策的形成和实施中发挥着越来越重要的作用，其中欧盟在社会政策项目方面发挥着非常广泛的作用（参见本书第四十二章），而事实上其他领域的合作对个人及共同福利同样有着重要的影响。

- 贸易、财政、投资及宏观经济政策；
- 环境领域；
- 就业和生计；
- 移民及避难；
- 社会保障和养老金；
- 教育与培训；
- 医疗与社会照顾；
- 住房；
- 食品和饮水安全；
- 生育率和人口控制；
- 人道主义和发展性援助。

国际政府组织

如表 43.3 所示，国际政府组织试图通过联合国或其他机构如世界劳工组织、世界卫生组织等制定国际层面的规章制度，从而在福利的规制、筹资和提供上发挥重要作用；尝试通过国际性的融资提供福利服务，如国际劳工组织的全球社会基金、世界银行的发展性贷款项目（development loans programmes）。世界贸易组织由于在国际贸易条约的实施上——如贸易和服务总协定（GATS）、贸易相关知识产权（TRIPS）、贸易相关投资措施（TRIMS）——扮演着重要角色，从而成为全球社会政策的重要参与者之一。

表 43.3 世界组织参与福利的提供、筹资与规制

	提 供	筹 资	规 制
全球层面	人道主义救援、人口项目、社会发展项目、通过国际政府组织或非政府组织传输的特别资金，如医疗及社会资金	通过呼吁筹集的税收、捐赠、广告、人道主义救助、特别全球资金、债务救助及差别性价格（药品）	通过国际劳工组织、经济合作和发展组织条例通过的国际劳工及社会标准；联合国规定的人权；国际贸易法；经济论坛中对社会、健康及教育方面的规定
地区层面（欧盟）	人力资源、社会基金、地区发展基金	通过关税及政府捐赠筹集税金，用于农业及结构基金	通过规章制度、指令及协议商定的劳工及社会标准

资料来源：引自 Deacon，2003。

国际非政府组织

国际非政府组织在全球政策制定的所有环节，从议程的提出到规范的制定，再到政策的形成和实施，都发挥着非常重要的作用。有的是作为联合国、世界银行的非政府组织成员发挥着咨询者的作用，有的是接受了欧盟或联合国的资助开展跨国家的行动。非政府组织在国际政府组织的项目如人道主义援助中也发挥着非常重要的作用，它将当地与政府组织联系起来，弥补了政府组织的缺陷，向那些受到恶劣政治和经济环境影响、难以吸引盈利机构的地区的穷人、农村以及冲突严重的地区提供帮助。

越来越多的非政府组织参与到全球政策的制定和实施中来，促进了全球民间社会（global civil society）的形成，促进了政治的民主化和社会化。有人认为这种现象伴随着全球新自由主义的兴起，将自愿行动等同于利己主义、勤奋工作、弹性、自由选择、私人所有权以及对国家官僚机构的不信任。许多国际政府组织也是工业、商业和盈利组织的协作者。虽然高举着促进社会发展、社会参与和增能的旗帜，但实际上，国际政府组织在促进民间社会参与社会政策领域方面，只是弥补了一些国际非政府组织未能发挥的作用。

国际组织在社会政策中的影响

对于国际政府组织与国际非政府组织对国家社会政策的影响是很难界定清楚的，其原因在于影响的多维度性与多重表现。目前的研究倾向于区分社会政策的不同影响与影响的不同方式，具体表现为以下几个方面：

- 许多政府组织提供了一个相互学习、分析及争论的平台。尽管这种形式并不会直接或马上缔结正式协议或共同的政策议程，但它有利于沟通，为未来合作及政策讨论提供了基础。
- 国际社会标准——如联合国的《人权宪章》、国际劳工组织的《劳工公约》（Labor Convention）、世界卫生组织的《医疗健康公约》（Health Convention）——为国家社会政策提供了全球视野下的社会法律框架。
- 市场的整合过程要求社会政策随之变化和改革。例如，西欧与拉美共同市场的建立要求对劳动和社会保障政策进行相应改革以促进劳动力的流动。
- 经济整合对社会服务的质量产生了影响。区域性或全球性社会服务市场的建立可能会破坏阶级间的团结，资本自由流动会加剧公共服务竞争，有可能产生公共福利项目的贬值，形成社会倾销(social dumping)。

关于国际组织对社会政策的影响问题，研究者可能会问：为什么有些国际组织在某些领域能够成功而在其他领域却不能成功呢？这涉及国家政府是如何在大量的建议中进行挑选和组合的问题，以及如何接受关于资金援助等其他利益团体提供的建议。目前的研究以一种或隐讳或明朗的方式透露出国际政府组织试图影响国家层面的政策改革，从而达到其目标。

总之，国际组织不仅仅作为当地社会政策改革的背景，它们也积极参与或试图影响当地政治和政策的制定过程，包括：

- 国际贸易、援助及发展政策；
- 援助、发展及社会资金的使用和发放；
- 社会标准及规范。

国际组织有时还对社会政策及项目的实施进行监督甚至直接参与，包括：

● 在世界范围内分配资源；
● 在国家及全球治理层面引导社会政策的讨论；
● 在国家层面影响社会福利提供的性质。

对国际组织如何参与社会政策制定的关注会使国家层面社会政策的关注重点混乱化。接下来将分析我们使用的理念。我们来看看社会政策概念是如何运用到全球政策的分析中的。

全球背景下的社会政策理念

平等、权利及公正

将个人或群体层面的平等、权利和公正概念运用于全球层面的分析中，通过分析国际贫穷和不平等的相关数据，测量全球人口的社会福利需要在多大程度上被满足，资源应该如何在全球范围内分配。全球社会政策分析家用这种方式分析世界在多大程度上是平等的。

他们还分析了全球背景下公民权在多大程度上被维护和体现。在这里我们可以比较欧洲机构和发展缓慢的全球机构。欧洲委员会在斯特拉斯堡人权法庭建立以前，就要求为欧洲公民提供平等权利。虽然联合国通过缔结经济、社会及文化权利、国际公约和人权宣言等国际盟约主张平等，但是并没有法律力量保证其强制实施，个人也没有权利申诉。还有一个问题是经济及社会权利的等级性：一些国际条约如世界贸易组织的贸易和服务总协定、北美自由贸易协定，赋予商业一定的经济权利，但回避了公民的社会及劳动保障权利。

将公民权运用到全球背景下遇到了一个问题，即社会权利在多大程度上不论文化与经济背景对所有人类而言都是内在的权利？世界主义者认为，世界劳工组织 1994 年在《费城宣言》(Philadelphia Declaration)中定义的劳工标准是普适性的权利。而民族主义者提倡一种全球相对论(global relativism)，认为应该由国家和社区自己决定特定的权利及相应的义务。

效率、公平和选择

在全球背景下，对效率、公平及选择的讨论是一个对全球生产、贸易是否应该屈从于社会规范的讨论。自由贸易提倡者认为，全球竞争性国家、商业机构和劳动力丰富的国家会吸引更多的投资和创造更多的机会，因此国际贸易是改善个人和社区福利的最佳办法。批评者认为，全球竞争的方式是对贫穷国家弱势劳动力的超级剥削(super-exploitation)，英国和美国在要求发展中国家消除贸易壁垒的同时自己却一直保留着壁垒。他们还认为，自由贸易政策鼓励国家解除竞争性的社会管制以吸引外资或防止外资外流，这样会降低效率，不利于经济和社会的发展。

某些自由贸易政策的鼓吹者开始赞赏一些社会法律所带来的好处，只要能避免政治和消费活动所带来的最坏的经济影响，甚至不惜剥削劳动者。他们试图建立连贯的全球社会规制，但似乎很难成功。20 世纪 90 年代后期，WTO 成员国提出的社会条款(social clause)就是一次失败的尝试。它主张视政府满足核心劳动标准的情况来制定市场准入标准，这违背了自由贸易对消除所有壁垒的要求，是北方世界(global north)的保护主义形式。目前的政策取向是向志愿主义方向发展：经济合作和发展组织对跨国企业的指导方针是社会导向的商业实践(socially-oriented business practices)，但其实践却完全是自愿行为。企业的自愿行为日益增多，对它们的监督主要源于非政府组织的努力。

自由贸易政策以及国际贸易条约对公共医疗、福利服务的质量的影响也是一个争论点。国际贸易法可能会对政府投资公共服务、提供有利的消费者保护产生一定的负面影响，因为它有可能违背“较少贸易限制及防止歪曲市场”的法律规定。

利他主义，互惠原则及义务

对“利他主义、互惠原则和义务”的理念在全球范围的运用可以从一些国际组织项目及政策、国际协议中看到。国际货币基金组织与世界银行在为发展中国家提供经济援助时，联合国难民事务高级专员公署(UNHCR)已经在负责世界范围内的难民照顾问题时运用了这些理念。世界国家应该将其 GDP 的 0.7% 用于海外发展援助项目(Overseas Development Assistance)，为高负债国家的低收入人群提供援助。千年发展目标(Millennium Development Goals, MDGs)更是一个致力于将社会团结(social solidarity)推广到全球的项目。还有其他在世界范围内为社会产品(social goods)筹资的项目，如国际劳工组织在社会保障方面的全球社会基金(global social trust)；在医疗健康方面，包括对药品价格、规范北部发达国家对发展中国家医务人员的招募等，多个国家都达成了共识。

国际政府组织通常是博爱和慈爱的群体。北部基金会(Northern Foundations)，如福特基金会、大众基金会、索罗斯基金会、盖茨基金会等也参与到全球社会研究和社会供给的项目中。目前创立的全球基金与项目，如全球疫苗和免疫联盟(GAVI)，全球抗击艾滋、结核、疟疾基金(GFATM)，吸收了一些私营机构进行筹资。联合国儿童基金会也开展了许多活动和行动，进行慈善和商业资金募集(如通过呼吁达到“拯救儿童”的目的)。

对于那些资金提供者而言，利他主义、责任和人道主义这些表述是否跟令人厌恶的“自利”一样是一个问题。国际贷款与其他援助形式通常会给借贷者(lenders)带来较好的经济回报。对贫穷国家的经济援助可能让贫穷国家必须购买借贷国(lending countries)的产品和商业服务。许多西方国家援助机构和发展组织对冲突地区和灾害地区提供了国际人道主义援助，有时与当地非政府组织在援助资金上形成了竞争状态。

全球社会改革

许多分析家和社会活动家认为，国际组织的缺陷是社会政策改革的必要部分。国际政府组织所存在的问题之一就是由于它们不具备像单个国家那样的权力，因此没有集中的国际机制保证条约义务的执行，也不能为受到不公平待遇的公民提供法律援助。由于没有中央银行，国际政府组织不能拥有独立的税收权，只能依赖各国政府及慈善组织的捐赠。国际货币基金组织目前是一个最像国际型国家(international state)的组织，承担着许多国家性的功能，如筹集资金、对国际金融提出一些法律规定，但它仍然缺乏政治资源及国家的强制性能力。

改革后的联合国制度似乎非常有利于制定连续的、有效的全球社会政策。联合国改革包含许多民主化的改革，如独立的筹资方式，有可能制定全球税(global taxes)。在一系列的国际组织中，如国际货币基金组织、世界银行、世界贸易组织中发挥领导作用，对全球社会的发展担负起一定的责任。也有人抱有疑问，认为应该建立起新的全球性机构，而不是改革旧有的机构。但大多数人认为改革是必要的，因为这些国际组织之间的权力不平衡，贫穷者与发展中国家缺乏有效的表达机制。尽管一些分析家希望重新建立全球政府机构(global governmental institutions)，但还有一部分人希望进一步发挥世界—地区间国家联盟组织(world-regional associations of nations)的作用，从而使社会政策的输送更符合地区人民的需要。

还有一部分人对超国家机构(无论是全球层面的还是地区层面的，无论是一个全新的还是改革的机构)能在多大程度上为社会发展的目标而改革表示怀疑。这些争议是在抵制全球化的背景中提出的，特别是地区主义的提倡者与自力更生的倡导者促进小规模、地方性及多样性经济的发展，它试图创造或回到以前的经济社会组织形式，而不是被外来力量所主导。

新兴议题

社会政策是全球政治争议不断、富有挑战性的改革领域。在未来的几年中，国际组织在全球社会公平的实现中应该发挥什么样的作用，将仍然是政治及政策争论的焦点。主要的争论议题包括以下几个方面：

- 作为全球社会政策解决方式的自力更生方式或商业性解决方式以及慈善事业的发展方式，是否能真正满足人们的需要？
- 志愿组织是否是提高社会与劳工标准的有效途径？

- 在全球社会政策中，公私合作的伙伴关系对公共服务提供有什么影响？
- 知识产权领域是如何影响全球公共医疗健康与生态安全问题的解决的？
- 充足的社会供给与社会保护如何覆盖到全世界最大范围的人群，包括那些跨国流动的人群？

高阶阅读指南

在该领域有两本非常重要的文献。一本是由 N. Yeates 主编的 *Understanding Global Social Policy*（Policy Press，2008）；另一本是 B. Deacon，*Global Social Policy and Governance*（Sage，2007）。全球社会政策杂志对于目前的政策争论与最新发展出版了大量的文献。有关地区主义的社会政策维度可以参考 N. Yeates and B. Deacon，*Globalism*，*Regionalism and Social Policy*，UNU－CRIS Working Paper 0－2006/6(2006)（www.cris.unu.edu/admin/documents/20060418154630.O－2006－6.pdf）。

要了解更多关于超国家组织对社会政策的影响，可参见 K. Armingeon and M. Beyeler，*The OECD and European Welfare States*（Edward Elgar，2004）；P. Willetts（ed.），*The Conscience of the World*（Hurst，2004）；T. Weiss and L. Gordenker（eds.），*NGOs*，*the UN and Global Governance*（Lynne Rienner，1996）；J. O'Brien et al.，*Contesting Global Governance*（Cambridge University Press，2000），还有 P. Stubbs，"International Non-State actors and social development" in B. Deacon et al.，*Global Social Governance*（Stakes，2003），pp. 130－161。Deacon（2007）很好地回顾了全球治理改革。关于抵制全球化、地区主义的争论，可参考 J. Mander and E. Goldsmith（eds），*The Case Against the Global Economy and for a Turn Toward the Local*（Sierra Club Books，1997），还有 C. Hines，*Localization: A Global Manifesto*（Earthscan，2000）。

由社会政策协会 ICSP 小组制作的网站 www.globalwelfare.net 提供了关于全球社会政策丰富的内容，同时还提供了关于研究与活动组织的网站链接，可供参考。

第七篇

福利服务

第四十四章

收入维持和社会保障

史蒂芬·麦凯　凯伦·罗林森

概　　述

- 英国社会保障支出接近政府所有支出的1/3——大概等同于教育和健康支出之和。社会保障最大的受益群体是儿童，1 300万儿童通过他们的父母接受社会福利。第二大受益群体为养老金领取者，1 200万老人享受国家退休金。
- 社会保障的概念十分广泛：广义的社会保障包括所有收入保护的办法，狭义的社会保障集中于收入维持的国家体制。
- 社会保障体制的目标各不相同：英国体制致力于反贫困，因此偏重于家计审查福利的提供；欧洲体制则更侧重于社会保险体系和收入再分配。
- 国家福利通常被划分为：缴费式给付，例如国家退休金；家计审查给付/抵税额度，例如收入补助；以及针对专项福利或类属福利，如儿童福利。
- 在英国，无论是保守党还是工党，对个人责任的强调都高于对国家供给的强调。这一点在近期的养老金、残疾人福利和儿童供养改革中显而易见。

导　　言

个人和家庭的收入有几个不同的来源，包括私营部门的工资、其他家庭成员的资助，还有国家以现金形式提供的福利。社会保障的讨论以此为出发点，有时从更广义的角度来看待收入来源问题，但通常只是狭义地关注国家在收入维持中的作用。不同的福利国家在收入维持方面所发挥的作用各有不同，从只提供给穷人的最低收入保障方案，到可以广泛抵御收入安全风险的综合体系，并且牵涉到重大所得的再分配。

社会保障的重要性

本章将对英国的社会保障进行全面的概述。我们多数人大半生不是在支付就是在接受社会保障——通常是同时既收又付。但是，这个体系并不简单，大多数人对其目标、操作过程和效果都了解很少。以下这些事实可以充分说明社会保障体制在英国的重要性。

- 英国政府2005年和2006年在社会保障福利和扣抵税额上的年支出在1 400亿英镑左右，占政府所有支出的1/3，与卫生、教育的支出之和大致相同。这个数字代表了政府每年支付给每位国民约2 300英镑，无论男女老幼。
- 大约70%的英国家庭可以享受到至少一项社会保障福利，13%的工作年龄家庭可以享受到一项关键性的工作外福利（out-of-work benefit）。
- 受抚养的儿童中有1/6生活在领取与收入相关的福利的家庭中（如重要安全网福利和收入补助），这些福利也就是通常被视为对不足以支持"正常"社会参与的较低收入成员的补助。

社会福利大部分投入到退休金、收入补助/养老金补贴、住房补贴、儿童津贴、残疾人津贴和残疾人救助方面。社会保障福利的资金大多来源于一般性税收和社会保障缴费（contribution for social security），也就是我们所知道的英国国民保险（National Insurance）。

自第二次世界大战以来，社会保障的公共支出持续增长（见图44.1）。这些数据已经根据通货膨胀速率调整过，因此可以代表社会保障支出的真实增长状况。这段时期的社会支出增加了十倍，而且通常只有失业率下滑时才会暂时下降。

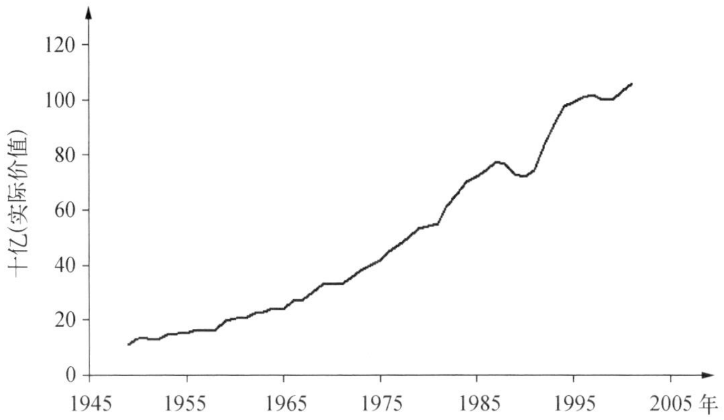

图 44.1　英国社会保障支出(按实际价值计算)

什么是社会保障?

社会保障在人们的生活中扮演着重要的角色。但是社会保障的含义究竟是什么，至今尚未有一个被广泛接受的明确定义。社会保障可以通过多种方式来界定。

首先，我们从广义上来界定。社会保障是指人们用来安排其生活以确保获得足够收入的所有方法。这个广义的概念包括从所有渠道获得的收入，例如受雇佣和自雇收入、慈善资助、家人资助和国家提供的现金福利。如果采取广义的社会保障概念，私营部门则是收入维持的最重要的来源，因为受雇佣和自雇收入是大多数劳动年龄人口的主要收入来源，而且退休金的发放也通常是以这些收入为计算基准的。

相对略为狭义的社会保障定义，包含除了市场机制以外的所有形式的财政支持。因此，依靠直系和旁系亲属为生，也可被视为属于社会保障的范畴。然而，现在更加倾向于采用另一种更为狭义的定义，认为社会保障就是由国家提供的直接资助。

当然，这种关于定义的争论对于社会政策研究范围的各个社会服务领域都非常重要。例如关于卫生领域的研究并不仅仅局限于英国全民卫生健康服务的活动，同时健康照顾的提供也超出了社会服务的范畴。

把社会保障定义为政府为个体提供现金福利的系统，似乎是较为简单和没有争议的。但是这样又是不全面的，因为有些福利并不是由政府提供的，或者也不必由政府提供。例如，法定伤病给付过去通常由政府支付，但由于它也是一种法定的资格权，现在大多由雇主支付。此外，还有一些关于疾病、丧偶、退休的职业方案，它们与国家福利类似，并具有相似的功能，但却是由雇主管理。我们也可以看到英国政府正在试图“私有化”现有的国家福利，或者鼓励新的强制性私有福利，比如养老金。因此，雇主自愿提供和国家实施的福利方案都可以归纳为社会保障，尽管貌似都并不完全符合上述定义。

另外，现金福利、税式津贴体系和越来越流行的扣抵税额之间的区分也比较模糊。扣抵税额由皇家税务海关总署(以前是英国税务局)管理，现在越来越成为社会保障体系中的一个重要组成部分。政府倾向于将它视为社会保障福利以外的福利——特别是扣抵税额，只有工作者才能得到，无业者是无法得到的。由于扣抵税额与社会保障福利在一些重要的领域内扮演着相近的角色，因而两者非常相似。

综上所述，为社会保障归纳出一个准确的定义是比较困难的，并且不同的个人和组织的视角也各不相同。本章将采取一种相对实务的视角，侧重于收入维持的国家体系，主要是福利(由英国工作与养老金部管理)和扣抵税额(由皇家税务海关总署管理)两部分。

社会保障的目标

界定了社会保障之后，我们现在需要讨论：这个体系的目标是什么？答案是很复杂的。英国的社会保障体系和其他国家一样，都是在不断进化发展的，因此，即使政策设计者从头开始，社会保障体系也不会和最初的构想一样。此外，这个体系内的不同部分也有着不同目标，因而很难给出整个体系的单一的或是主要的目标。鉴于此，资料框 44.1 给出了一些可能的社会保障目标。

资料框 44.1 社会保障目标

- 抵御如退休、失业和疾病等生活中特殊事件的风险；
- 减少贫困或者低收入现象；
- 按照生命周期对资源进行再分配，特别是从工作年龄到退休时段；
- 贫富之间的资源再分配；
- 对额外成本（如儿童和残疾）的补偿；
- 当“传统家庭”破裂时，提供资助。

在这些一般性的目标下，英国社会保障体系旨在达成以下一些目标：

- 维持自给自足（通过盈利和储蓄）的动机；
- 保持福利申领的较高水平；
- 反对可能出现的福利欺诈；
- 确保较低的管理费用。

一直以来英国社会保障体系的目标都比其他一些欧洲国家低，但与其他英语国家相比则又更高和更宽广。英国社会保障体系重视反贫困，因此也比较侧重于家计审查。只有在个人或家庭的资源（通常是收入和储蓄）低于某种标准的情况下，才能够接受家计审查福利。家计审查福利在美国、新西兰和澳大利亚也比较普及。但是在其他国家，特别是欧洲大陆国家就不太流行，因为这些国家的社会保障并不是集中化的，而且也更关注收入维持和补偿。

当前的制度概述

当前的社会保障系统是一个高度复杂的体系，一直以来都在不断地进化发展，以至于很少有人能够非常详尽地理解。每一个对这一体系做出总结概括的尝试都会受到种种告诫。为这一体系做出简洁而又不过分简化的概述是很困难的，也很有可能传递出错误的信息。然而，我们还是努力通过本章提供这样的概述。英国社会保障体系中的福利有多种分类方法。比如，我们可以把福利分为两类：普惠型和家计审查型；缴费型和非缴费型。如果以资格权为基准，社会保障可以被分为三部分：缴费式福利（根据缴费来确定给付）；家计审查给付/扣抵税额（根据收入来确定给付）；以及专项福利（根据个人身份或类别来确定给付）。

缴费式福利

当前英国社会保障体系主要起源于 20 世纪 40 年代的《贝弗里奇报告》，尽管在此之前就已经提出了保险型福利和其他类型的福利。《贝弗里奇报告》的核心是缴费型福利或是“社会保险”，其理念是当人们遭遇各式各样的风险时，会导致生活水准的严重下降。这些风险包括失业、失能并不能继续工作、退休和失去家庭中的主要劳动力。有些风险，如丧偶，是不太常见的，并且与经济环境不太相关。其他风险例如退休，则是比较普遍的，也是可以预见的。

社会保险中出现的主要问题包括：

- 为什么是由国家而不是私人保险来提供这一服务？国家和私人保险之间是什么关系？
- 应该把哪些风险纳入保险范围？
- 保险缴费的基础是什么，或者应该如何规定？

享受社会保险福利给付的条件是支付了保费并且遭遇保险范围内的风险（如失业、退休）。这些福利比较个人化，配偶的收入一般不会影响给付资格。这类福利中最主要的是英国国家退休金，其他福利为缴费型残疾人救助和缴费型求职者津贴。

家计审查给付/扣抵税额

是否能够获得家计审查给付要依据“家庭”所获资源的水准而定，特别是收入和储蓄。英国的社会保障体系中最典型的四个例子是收入补助/

养老金补贴、工作收入税优惠、住房补贴和地方税福利。

以家计审查为基础的，特别是针对低收入群体的福利体系有时候被定义为“社会救助”。在英国，社会救助大致等同于收入支持福利（对老年人而言就是养老金补贴）和补助型求职津贴。收入和储蓄低于特定标准的人可以享受到这些福利，同时家庭规模和类型也会作为考量因素。

不同的国家提供福利给付的程度各有不同。在澳大利亚和新西兰，几乎所有的福利给付都要进行“家计审查”。这并不意味着只有赤贫才可以接受福利，有时家计审查的目的是为了排除富人，而不是只照顾最穷的人。在英国，大多数有孩子的家庭都可以得到儿童税式福利，因而此项福利起到了类似的作用。在大多数北欧国家，社会救助的作用相对较小，只是照顾没有参加社会保险的人。另外，社会救助通常由地方组织管理执行，而地方组织有权力决定社会救助福利的获得权。

接受社会救助福利时通常会有一些附加条件。处于劳动年龄且不需要独立照顾孩子或者残疾人的人，必须能够工作、可以工作并且积极寻找工作。在过去，他们有可能被送到劳动场所去锻炼，才能获取救助。

专项福利

专项福利有时也被定义为类属福利，或是非家计审查和非缴费型福利。领取资格要视特定情况（或是紧急情况）而定，例如家庭中有儿童（儿童津贴）、有残疾人（残疾生活津贴、重残津贴）。

在英国的社会保障体系中，某些福利事实上是认可了特定群体会面临一些需要由国家来承担的额外费用支出这种状况。最明显的例子是抚养儿童福利和儿童津贴。这项福利不需要缴费，而且家庭收入不影响福利的获取（至少现在如此），不过仍需要进行相关的居住调查。残疾人福利也是例证之一，其中一些福利完全是根据偶发性事件来给付的，并不需要家计调查或是提前缴费。

值得强调的是，将福利分为上述三部分多少简化了不同福利间的差异。家计审查给付，不只是考虑收入来源，还倾向于综合考虑家庭的具体类型和家庭所处的特殊情况。例如，身体健全的单身人士，即使符合相关的失业条件，也只能领取收入补助。而且某些来源的收入还可能影响到缴费型福利，例如，某人如果领取了个人或职业年金，其求职津贴和残疾人救助(都是缴费型福利)就可能减少。

谁获得社会保障和扣抵税额的收益?

从政府的统计数据可知(见表44.1)，冬季燃料补助和退休金是最大规模的福利支出——例如在2006年，这两项福利的受益人口都超过了1 100万。儿童福利紧随其后，有740万个家庭受益。再次是通过家计审查获得的福利。各种形式的残疾人福利也有大批的受益者。

表44.1 2006/2005年最大规模受益人口的福利项目统计

冬季燃料补助	超过1 150万
退休金	1 160万
儿童福利	740万家庭，1 310万儿童
地方税福利	500万
住房福利	400万
收入补助/养老金补贴	490万
残疾生活津贴	280万
残疾人救助	170万

除了针对不同群体的福利以外，还有一些用于帮助人们支付特定的额外生活费用的福利。住房福利的目的在于帮助低收入者支付房租。近30年来，由于政策的刻意转向，即从辅助“砖瓦建筑”(通过降低政府的公有住宅租金的方式)到辅助个人(通过提高租金和向低收入者提供福利)，因而用于住房福利的公共支出有了显著的增长。低收入的租房者可以接受帮助，然而房屋抵押者却得不到帮助，需要自行承担房屋成本。低收入者还可以在地方税方面享受补贴。另一项用于协助支付额外费用的重要福利是社会基金。这是英国体系较为与众不同的特点之一，虽然在有些国家，社会工作者也可以提供现金给有需要的人。由于社会基金更多地提供给申请人贷款而不是补助，因此社会基金也是英国体系中备受批判的一部分。

社会保障如何传递？

2001 年，社会保障部(Department of Social Security)与就业和技能部(Department for Employment and Skills)合并成为英国工作和养老金部(Department for Work and Pensions, DWP)。这一改革加强了对“工作是最好形式的福利”的强调。新的工作与养老金部对是否处于劳动年龄和是否拥有带薪工作做了进一步的分化。处于劳动年龄的福利申请者在其申领资助之前，都需要接受一个以讨论就业为主的“工作第一”的访谈。

在英国，工作促进中心(Jobcentre Plus)是提供福利和求职服务的机构，养老金服务机构是为老年人提供养老金和相关服务的机构。残疾人和照顾者服务机构为残疾人及其照顾者提供补助金。为了降低政府机构的管理费用，英国政府大力促进福利机构的发展，从 1998 年的不到 10 个，增加到了 2004 年的 80 个左右，截至 2005 年 11 月，工作和养老金部仍然管理着 62 个机构。

英国工作和养老金部目前还同时负责儿童支持机构，尽管按照现行计划此机构将会被取消。新的扣抵税额福利由皇家税务海关总署(HMRC)负责。地方政府仍然负责住房福利和地方税福利。工作和养老金部共有约 12 万名工作人员，约占政府公务员总数的 1/4，并设有超过 2 000 家地方分支机构。

2004 年 7 月，戈登 · 布朗(Gordon Brown)做出未来三年的政府财政计划，提出要在全国范围内减少 10.4 万个公务员职位，其中大概 1/3(3万)的裁员会在工作和养老金部及其众多分支机构中进行。到 2006 年 7 月，裁员工作已经完成了一半。当时工作和养老金部受到了议员选拔委员会的批评，认为其服务水平“惊人地差”。

福利收益水平、贫困和福利是否充足

在过去的 25 年，福利支出在绝对数量上和实际价值上都有增长。但是越来越高的福利支出并不是因为实际福利水平的提高，甚至事实上有充分的证据显示，福利水平并不能满足民众的基本需要。贝弗里奇最初打算参照20世纪30年代的财政预算研究来设立福利水准，但是对于他是否最终达成目标并无定论。通货膨胀意味着福利水平必须逐年提高，否则福利的实际价值将会在无形中贬值。有证据显示，不论是福利的最初计划水平还是20世纪40年代跟随物价上涨而上调的水平，并不都是适当的福利水平。近年来，有些福利项目被冻结，另一些福利则依据通货膨胀而不是工资浮动进行了调整。这意味着福利接受者与有薪者相比，其境遇更加糟糕。另外，自20世纪80年代初期开始，很多福利被纳入所得税的范围内，如国家养老金、求职者津贴和残疾人救助，因此这也相应影响了这些福利给付的覆盖范围。

现金给付和实物给付的福利

在大多数情况下，社会保障的目标可以通过现金给付达成。但这也不是唯一的途径。福利可以通过实物来给付，或通过提供服务，或发放只可用于购买特定物品的代金券。在美国，食品券计划是资助贫困家庭的重要方法。这种食品券只能用来购买食物。在英国，得到收入补助的同时，还可以附带享受如牙科治疗、眼科检查和法律援助等免费服务。

英国体系是沿着两条路径发展的：全国性社会保障体系，一般通过提供现金给付来负担基本的衣食、偿还账单等支出；而对于社会照顾的需要，则是由地方社会服务部门通过实物给付来提供。

新兴议题

自20世纪80年代初期以来，历届英国内阁政府都强调个人责任而不是国家供给。从一些即将实行的重要改革来看，这一趋势似乎会持续下去。例如，基于特纳委员会(Turner Commission)的建议而出台的《养老金条例》(2006年)，要求申请者有更长的工龄才可以申请国家养老金(虽然这样养老金将随收入而增加，因而最终也更加实惠)。通过“个人账户”的引入，个人储蓄也会受到鼓励。至于残疾人福利，因为倾向于一种新的“就业和支持津贴”，残疾人救助会逐渐取消，并更倾向于个人通过劳动力市场而不是国家来确保他们的收入。另外，因为期望个人能够在其可及范围内自主安排，“儿童支持机构”将会被取消。

因而，英国体制将继续沿着“新自由主义”政府最少干预的方向，倾向于通过市场和个人储蓄来实现收入维持。但是，这一路径似乎注定难以完成托尼·布莱尔(Tony Blair)关于“2020年根除儿童贫困”的誓言。可以肯定的是，若要实现这一誓言，则必须采取新的激进的路径。

高阶阅读指南

关于社会保障的既新又好的教材是比较缺乏的。初学者可以从以下这本书入手，即，J. Millar (ed.)，*Understanding Social Security* (Policy Press，2003)。这本书是覆盖了与社会保障相关的主要受益群体重大议题的文集，侧重于英国问题，而且它提供了一个便于读者理解的、对主要问题的介绍。R. Walker，*Social Security and Welfare: Concepts and Comparisons* (Open University Press，2005)主要是针对那些对社会保障的关键议题已经有了一定了解的读者。它通过跨国家的国际比较研究，集中探讨社会保障体系的目标和成果。另外一本有用的介绍性教科书(遗憾的是已经绝版)是 S. McKay and K. Rowlingson，*Social Security in Britain* (Macmillan，1999)。

期刊可以提供最新的信息。如希望得到最新的统计数据，请参见 *Benefits* 杂志，详见 https: //www. policypress. org. uk/journals/benefits/。英国工作与养老金部会定期出版研究报告和发布新闻信息，参见 www. dwp. gov. uk。关于纳税递减的相关数据可以在 www. hmrc. gov. uk 网站上找到。英国财政研究所(www. ifs. org. uk)会从经济学角度对改革进行适时的解说。

第四十五章

就　业

艾伦·迪肯

概　述

- 自20世纪90年代中期以来，失业率急剧下降，并于2005年跌至30年来的最低点。
- 虽然还不清楚英国“新政”方案在多大程度上降低了失业率，但是很可能这些计划的确起到了一些积极的作用。
- 既没有工作也没有注册失业，也就是所谓的“经济不活跃”人口的数量，并没有相应下降。
- 目前就业政策更加关注某些特殊群体，如需抚养子女的单亲和残疾人。
- 就业政策范围的扩展备受批判，因为它贬低了无薪工作，比如（家庭）照顾的价值。

导　言

在关于社会福利未来发展的讨论中，就业政策备受关注，但也颇有争议。在英国，对于数百万的民众而言，有偿工作不仅是他们主要的或是唯一的收入来源，而且也是他们的社会地位和自尊的基础。没有工作收入的人不仅更容易陷入贫困，也更容易面临健康问题。此外，失业人群的子女更难以有优秀的学业成就及稳定高薪的工作。失业还往往与一系列其他社会问题相关。不论确切的因果关系模式如何，不可否认的是，具有高失业率的社区，也不同程度地遭受着犯罪、家庭破裂和反社会行为的危害。对政府而言，高就业率可以增加税收、降低社会保障福利支出，从而易于资助其他社会政策以支付人口老龄化的预期成本。

英国新工党政府一贯坚持它的“重建以工作为中心的福利国家”的主张(DSS，1998，p. 23)。1998 年，英国政府的福利改革绿皮书宣称，一个“综合的福利促进工作方案”将会“打破陈旧的、被动的福利体系模式”，而且可以构建政府与有工作能力的福利申请者之间的新契约的基础。“政府有责任增加工作机会并且帮助民众有效利用这些机会。而且有能力的人有责任去利用这些工作机会。”(p. 31)这一取向后来扩展到了一些原本并没有被预期要去寻找有偿工作的群体，特别是单亲家庭和残疾人。就业政策覆盖面的扩展备受批判，因为它贬低了无薪工作，比如家庭照顾的价值。

本章的目的是对这些政策的发展和争议做一个简短的介绍。在介绍之前，首先会概述劳动力市场的近期发展趋势，然后关注新工党的福利促进工作方案的具体操作。

就业、失业和经济不活跃的趋势

首先要强调的重点是英国是就业率较高的国家之一。2005 年，70%以上的英国劳动年龄人口从事有偿工作，同类比例在德国是 66%，在法国是 63%，在意大利是 58%(DWP，2007，p. 18)。英国的就业率比 1997 年提高了两个百分点，比 1993 年提高了四个百分点。

因此，英国的失业率从 20 世纪 90 年代初期开始急剧下降，就不那么令人惊讶了。例如，2004 年申请失业福利的人数降到了 30 年来的最低点——少于 100 万人，而且领取失业福利超过一年的人数减少了 75%——少于 13 万人。这一数字低于 1986 年长期福利申请者总数的 1/10(DWP，2006a，p. 16)。如果采用一个更宽泛的测量方式，这些数字会有所上升，但失业率下降仍然是一个趋势(Brewer and Shephard，2005)。

然而，失业率的下降并不是所有问题的终结。近年来，人们更加关注“经济不活跃”的人群。“经济不活跃”是指既没有有薪工作，也不去找工作。这种经济不活跃人数的增加并不必然是社会问题，因为例如全日制学生就被视为是经济不活跃人群。现实中，男性的经济不活跃大多是由于长期疾病或残疾导致的，女性则是由于家庭照顾的需要而从劳动力市场退出导致的。在这两种情况中，经济不活跃与失业相同，都会增加陷入贫困和成为弱势的可能性。政策制定者和评论家都越来越多地使用“无工作者”和“无职业者”来概括失业者和经济不活跃的人群。经济不活跃的总数从 1997 年(或者确切地说是 1979 年)开始并没有显著改变，因此生活在无工作家庭中的人数并没有像失业人数一样有明显下降。例如，一个经常引用的数据是，仍有 15%以上的儿童生活在无工作的家庭中。

新工党的福利——就业项目

福利促进工作项目中的一个重大转变反映了对无工作(worklessness)的关注远远高于对失业的关注。一般来说，“福利促进工作”计划有三个相互联系的目标：

- 增加福利申领者的工作机会。这个目标的达成可以有以下几个办法：通过给付补贴金，鼓励雇主直接雇用登记失业人员；通过工作创造计划，为不同的失业群体提供一些临时性工作；通过职业培训和工作经验强化培训方案。
- 向福利申领者传递相关的工作机会的信息，并提高他们的工作动机和职业技能。这可以通过增加个人咨询与顾问服务，以及教育和培训计划来实现。
- 通过经济激励促使福利申领者更好地利用工作机会。为达成这一目标，可以提高工作福利，特别是扣抵税额的水平；或者是对不愿意参加福利促进工作方案的人进行制裁。

1995 年 11 月，工党作为在野党宣布了若干计划，而这些计划后来成为“新政”的六个方案中的第一个。第一个方案是针对领取福利达 6 个月以上的年轻人(18 岁至 24 岁)制定的。该方案为这些年轻人提供了四种选择：第一，做全日制学生；第二，到私有部门工作，同时这些部门的雇主每周将获得 60 英镑的补助金；第三，到志愿部门工作；第四，到环保工作队就职。这就是目前的“青年新政”方案（NDYP）的原始方案，只是后来又增加了自我雇佣的选择，以及所谓的“入门”训练：接受任何工作安排之前先有一段集中咨询和准备时间。这是为了使年轻人更能够吸引雇主，也是为了避免将已经做好工作准备的年轻人纳入到这个方案中。

“青年新政”方案开始时最突出的特点是强制性。任何一个青年若不选择以上任何一种方案，其就业补贴将会终止。时任财政大臣的戈登·布朗（Gordon Brown）说，“不工作而单纯依靠福利”将不会被宽恕。此后这句话广为流传，以至于人们甚至忽略了强制性措施的引入代表了工党政府政策的激进转变。批评者认为，将个人获得津贴的前提条件定为是否参与上述方案既不公平，也不利于提高工作效率。之所以不公平，是因为这样的条件暗示了福利申领者的失业是由于他们自身的过错，只有刺激他们才能找到工作；之所以不利于提高工作效率，是由于为了使这些方案生效，需要与热心的志愿者合作，而不是非合作的强行征募。面对这些批评，支持者认为长期的无业状态会使福利申领者失去动力，因此“鼓励、支持和要求”他们在领取长期福利之前采取一些措施是合理的，否则他们就不会为得到福利而做出任何努力（DWP，2007：78）。更广义地说，工党一贯认为获取福利的条件是正当的，因为它表明并强调了政府与福利申领者的共有责任。正如 2006 年 1 月出版的另一份绿皮书中重申的，“福利水平已经有所上涨，因此福利申领者的受制条件也应该随之增加”（DWP，2006a，p. 6）。

类似的争议被用来证明“强制性”在针对 25 岁以上人口的“新政”方案中是合理的。“新政”方案与上述方案相似，但是规模较小，是针对年龄更大且在过去的 21 个月中有 18 个月是领取福利的申领者。更重要的是“新政”中引入强制性的因素，除非被要求登记寻找工作，否则不能领取福利。例如，“单亲家长新政”方案（NDLP），是针对领取收入补助金的单亲家庭的志愿性质的福利项目。然而，从 2001 年 4 月开始，所有此项福利的申领者都需要参加一个以工作为中心的访谈，将会有一位私人咨询师为申领者讲解求职时所能得到的帮助和参加工作后的福利支持，以及相应的儿童照顾服务。现在这项访谈是强制性的，至于是每季度、半年还是全年进行一次，则取决于单亲所抚养的最小孩子的年龄。

同样，残疾人新政方案（NDDP）仍然是志愿性质的，但是“残疾人救助”申领者现在需要接受工作访谈。此方案的核心特征是：在申领者求职和工作的头6个月期间，个人咨询师会提供强化支持。

关于“新政”的效果有很大的争议。例如“青年新政”方案的参与人数曾在1999年达到14万人；不过之后持续下滑，到2005年跌至不到7万人(Brewer and Shephard，2005，p.7)。近年来，大概40%的参与者获得了13周以上的稳定工作。毫无疑问，政府及其顾问用这些数据来作为新政方案成功的证据。例如大卫·弗洛伊德(David Freud)在报告中指出，“无论以何种方式来衡量，这些方案都是成功的”，“青年新政”方案“促使70万人找到了工作”，“25岁以上人口的‘新政方案’则促使28万人找到了工作”(DWP，2007，p.23)。但是，财政研究中心却对此表示疑问，认为“这些结论中并没有包含关于‘新政’效果和效力的实质性信息”，“因为很多人即使不参加此方案也可以找到工作”(Brewer and Shephard，2005，p.8)。据财政研究中心测算，“青年新政”方案使得每位参与者找到工作的概率增加了大概五个百分点；从整体上看，使1.7万名青年人不再接受福利，而如果没有此方案，这些青年人是不会放弃福利去求职的。但是这样却导致了每个工作的总成本过高，保守党和自由民主党都表示如果他们赢得2005年大选，将会放弃“新政”方案。

“单亲家长新政”方案的效果更加难以评估。参加这个方案的人数大幅上升，在2005年达到了7万人，超过了“青年新政”方案。更值得关注的是，单亲就业率从1997年的45%上升到了2005年的56%。但是这也意味着领取收入补助的单亲中，只有10%左右选择参加“单亲家长新政”方案。据估计，1/4的“单亲家长新政”方案参加者因为参加方案而不再领取收入补助(Hills and Stewart，2005，p.38)。“残疾人新政”方案也是一个规模较大的项目，但是对于残疾人的活动性并没有显著的影响(p.41)。

总之，“单亲家长新政”方案很大程度上具有一种“积极但是微弱”的作用，而且无论如何，申领者获得一定数额的津贴，这也可能体现了金钱的价值(Brewer and Shephard，2005，p.12)。另外，很多评估显示设立个人咨询师是比较有价值的创新，而且福利申领者也对此评价较高。但是，到新工党第二任执政期结束时，政策制定者和时政评论家都有了一种共识，那就是，“新政”方案应该寿终正寝了，一种新的方案应该应运而生(Hills and Stewart，2005，p.45)。

就业政策的新目标

英国政府在2006年1月出版的一份绿皮书中，宣称已经制定了“达到相当于80%的劳动年龄人口的就业率”的目标(DWP，2006a，p.18)。

为了达到这一目标，政府需要：

- 减少100万残疾人救助的领取者；
- 增加100万老年(55岁至64岁)工作者；
- 增加30万单亲工作者，也就是将单亲群体的就业率提高到70%。

这是非常有难度的目标——现在只有冰岛能达到80%的就业率。新工党试图重新定义什么样的人被认定是能够工作的，而什么样的人不能够工作。例如，绿皮书中提到了挑战“有健康问题的人或是残疾人、有需要照顾的孩子的母亲和老年人不能或者不愿工作的假设”(DWP，2006a，p.19)。

政府如此积极地提高就业率有两方面的原因。首先，工作人数越多，就越容易去扶养越来越多的领取养老金的人。事实上，到本书出版时，达到国家养老金领取年龄的人口将第一次超过儿童人口(DWP，2006a，p.20)。其次，因为政府认为工作有益于民众，而且经常引用儿童作为例证：在工作家庭中长大的孩子在学校或日后生活中更少成为弱势群体(DWP，2007，p.30)。最重要的是，新工党政府认为增加就业率是减少儿童贫困的关键。例如，失业单亲家庭中成长的儿童，陷入贫困的风险比在有工作的单亲家庭中成长的儿童高出五倍。在双亲都没有工作的家庭中，孩子陷入贫困的可能性是61%；父母有一方就业的家庭中的孩子陷入贫困的可能性是14%；而父母都有工作的家庭中，孩子陷入贫困的可能性仅为1%(DWP，2007，p.81)。

当然这也并不意味着政府的此项政策是没有争议的。其中有两个方面遭到极大非议。第一，政府计划让私营部门和志愿部门在就业方案的具体执行中发挥更大的作用，并且根据效果付以报酬。第二，福利体制中附加的条件限制越来越大。一项新的就业和支持津贴将会对有能力工作的残疾人附加新的责任条件；而且，在2007年初，政府很可能打算接受这样一项政策建议：当所抚养的最小的孩子满 12 周岁后，单亲父亲或母亲要至少从事一项兼职工作。这项政策提议基于儿童照顾服务的发展。事实上，在大多数与英国类似的国家中，也有此类要求。但是，反对者认为并不是所有的父母都能够得到合适的儿童照顾服务，而且无论如何，只要单亲认为这样最有益于孩子的成长，他们都可以保留做全职父亲或母亲的权利。反对意见还强调，尽管无工作家庭更易于陷入贫困，但是就业也不能保证一个家庭不陷入贫困。新工党政府于 1999 年 4 月提出“国家最低工资”，它的标准迅速增长，超过了平均工资的增长速度（Brewer and Shephard，2005，p.7）。但是它在解决工资不平等问题上并没有显著的功效，2006 年，仍有一半贫困儿童是生活在至少一名成年人有工作的家庭中的。

新兴议题

在关于新工党努力推动和增加有偿工作发展的意义的广泛讨论中，包含了这些问题：单亲在多大程度上需要去寻找有偿工作，以及就业政策在反贫困中的作用。实际上，从整个社会层面来说，对非残疾人士应该参与有偿工作达成共识，需要家庭、政府和雇主的期望与实践都有根本的改变。人们为了平衡自己的责任，需要更灵活的工作。而且，如果他们想要处理不可避免的危机，并协调时间和精力上的冲突，还需要更多的工作福利。例如，正常情况下，有 1/10 的单亲人士在一年内放弃工作，这个比例是其他父母亲的两倍（DWP，2006b，p.40）。总的来说，大概有 250 万人，或者说是全部劳动力的 12%，已经将有偿工作和照顾结合起来。据估计，在 2004 年，这部分人平均每人为政府节省了大约 1 万英镑的福利支出。另外，人口老龄化意味着照顾者的人数在未来 30 年中需要增加 50%。最后要指出的是，扩大劳动人口的政策和支持照顾者的政策之间有很明显的冲突（Arskey and Kemp，2006）。

这也带来了一些更为深刻的问题——有偿工作是不是公民为公共利益做贡献的唯一的甚至是基础的方式？像官方文件那样，把经济上的自给自足和独立等同起来合理吗？弗洛伊德报告中谈到了“被动的劳动力市场政策”的“艰难的继续”，并把“福利依赖”和“强大的自立”进行对比，号召福利改革“明确地提倡独立”(DWP，2007，p. 46)。其他人则认为上述论点表现了一种对于自立的意义的过分狭义的理解(Young，2002)。他们提倡就业政策要从这样一种认识出发，即每个人在生命中的某一时段都是依赖他人的，而且应该努力在工作和福利之间寻求一种更完善的平衡。

高阶阅读指南

H. Arskey and P. Kemp，“Carers and employment in a work-focused welfare state” in C. Glendinning and P. Kemp (eds)，*Cash and Care: Policy Challenges in the Welfare State* (Policy Press，2006)，研究了提高就业水平和增加支持照顾者这两个目标之间的张力问题。关于照顾者的数量和情况，www. carersuk. org. uk 网站可以提供最佳的统计数据和相关信息。

M. Brewe and A. Shephard，*Employment and the Labour Market* (Institute for Fiscal Studies，2005)回顾了在工党前两个任期中，福利促进工作方案的执行情况。财政研究中心会定期出版关于每个方案的评估(www. ifs. org. uk)。

Department of Social Security，*A New Contract for Welfare*，Cm 3805 (HMSO，1998)是新工党在早期对于福利改革以及政府和福利申领者的共同责任的目标的陈述。Department of Work and Pensions，*A New Deal for Welfare: Empowering People to Work*，Cm 6730 (HMSO，2006a)是政府的绿皮书，概括了新工党如何以及为何提高单亲、残疾人和老年人的就业率。

I. M. Young，“Autonomy，welfare reform and meaningful work” in E. F. Kittay and E. K. Feder (eds)，*The Subject of Care: Feminist Perspectives on Dependency* (Rowman and Littlefield，2002)，pp. 40 - 59。本书有力地批判了这样一种假设，即个人自治依赖于个人财政的重组性，或者说，所有带薪工作都是非常重要的。

Department of Work and Pensions, *Delivering on Child Poverty: What Would It Take?* Cm 6951 (HMSO, 2006b)是丽萨·哈尔克(Lisa Harke)提交给工作与养老金部的报告，提倡父母“新政”方案，给父母提供更多的支持，而与正在接受的福利无关。该报告与弗洛伊德(Freud)报告(请见下文)一同勾勒了关于福利促进工作计划的蓝图。Department of Work and Pensions, *Reducing Dependency, Increasing Opportunity: Options for The Future of Welfare to Work* (Corporate Document Services, 2007)是弗洛伊德提交给工作与养老金部的报告，分析了对单亲和残疾人更大的支持与更多的制约条件。这项策略的意义可以参考以下链接：www. jobcentreplus. gov. uk/JCP/Customers/New_Deal；可以通过这个链接(www. statistics. gov. uk/instantfigs/asp)来获得关于劳动力市场的数据信息。

R. Dickens, P. Gregg and J. Wadsworth, *The Labour Market Under New Labour* (Palgrave Macmillan, 2003)是关于近年来劳动力市场发展的论文集。J. Hills and K. Stewart, *A More Equal Society?* (Policy Press, 2005)是对新工党截止到2005年的改革的权威分析。

D. Price, *Office of Hope* (Policy Studies Institute, 2000)对1945年到1997年的就业服务进行了历史性回顾，并对撒切尔主义和早期新工党的延续性与差异性进行了均衡的评估。

第四十六章

健康照顾

罗布·巴戈特

概　　述

- 健康问题在大多数工业社会都是很突出的。健康照顾占用了很大一部分税收，并且广泛吸引着媒体的注意力。
- 虽然在健康照顾体系中，专业医务人员是权威的；但是病人、消费者和照顾者的医学知识也在不断增加。
- 健康照顾的资金模式有三种：以税收为基础的资金、国家保险和私人保险。英国主要是以税收为基础的资金模式。近年来，国家大力投资于国民健康服务(NHS)，但是财务问题和资金的不公平问题仍然存在。
- 卫生健康服务提供的发展越来越多元化，鼓励了私有部门进入国民健康服务的“市场”。
- 重新大力鼓励国民健康服务、地方政府、志愿团体和私有部门之间的合作。

健康与健康照顾的重要性

现代社会中，国家为公民健康承担了很大的责任。这一点可以通过大多数工业国家用于健康服务的高额公共支出看出来。在这些国家中，大概3/4 的公共卫生支出是由公共部门提供的。国家还设法采取措施来保护和推动公共卫生的发展，包括规避健康风险，调配与公共卫生相关的服务的资源，如住房、收入补助、教育、社会革新，甚至还包括交通。政府确实越来越关注人们的社会经济状况和环境，以及生活方式对健康的影响(参见 HM Government/Department of Health，2004)。

健康照顾并不像其他的商品或服务，而是倾向于由供给决定需求。因此一项新的技术突破(例如治疗乳腺癌的新药的诞生)促使人们产生需要，因为人们相信它可以拯救自己的生命，即使最终发现其实这只是有病乱投医。人们在生病的时候，很难会去扮演理性的经济行为人的角色。另外，人们还缺乏足够的专业性和技术性知识去合理购买健康照顾。事实上，即使是在美国这样的国家中，虽然健康服务的确是由私人支付，但健康服务的权利仍然是由“看门人”来管理的，比如保险公司、专家和卫生保健管理机构。而且，以私人购买力为基础的健康照顾市场很有可能会歧视和排斥真正需要治疗的病人。穷人、残疾人、儿童和老人的健康需要最多，同时他们也是最没有能力支付私人健康保险(因为保险公司认为这些人是高风险的受保者，因此他们的保费也较高)或者直接购买健康服务的群体。

很多人认为健康照顾巩固了社会团结和公民身份，并且应当被视为一种基本的人权。尽管经济和社会不平等是可以容忍的，但是也有一种持续已久的观点，即每个人都应该有权利获得良好的健康状况，而且健康状况不应该根据人们的社会经济环境或是居住地来决定。事实上，尽管贫困问题和劣质住房问题一直试图进入政治议程，但是与此同时平均寿命的地区间差异和所谓的健康照顾的“区位分配法”，却能够持续吸引媒体的注意力。

健康问题在大多数工业社会中都很突出。健康服务占用了很大一部分税收，并雇用了大批的员工(英国国民健康服务的雇员规模居世界第三)。健康问题是非常敏感的，能够吸引众多媒体的注意，也经常是压力群体同心协力示威的重要主题。而且，一些有影响力的利益集团常驻于政治舞台上，包括医务行业和医药产业，它们对政策议程的影响非常专业。另外，健康问题是选民比较关注的，也是不同政党之间政治辩论的重点。

健康是什么？健康照顾是什么？

从反义上看，健康可以被视为没有疾病(Aggleton，1990)。这是与传统的健康的“生物医学”视角相联系的，这种视角主要是希望能够识别疾病的症状，并通过科学检查，来确定病因和适当的治疗方案。另一种正面的、积极的视角对健康有更广义的理解，1946 年世界卫生组织将健康的定义概括为："一种生理上、心理上和社会福祉上的完善状态，而不仅仅是没有疾病和不虚弱。"这种视角是从更宽泛的层面上来关注健康和福祉的促进的。

"健康照顾"这个术语通常是指用来满足个人或社区的健康或医疗需要的商品或服务。但是，在具体实践中却往往很难对健康照顾做出明确的定义。的确，常常会有这样的争议：某种特殊的服务究竟是健康照顾（国民健康服务对其负责，并且在服务传递上是免费的），还是社会照顾（地方政府的责任）。健康照顾可以被划分为初级照顾、二级照顾和三级照顾。初级照顾在实践中是由全科医生（GP）和其他专业人士（社区护士、卫生访视员）提供的，服务地点包括诊所和社区场所（包括患者家中）。民众所接受的健康服务大概有 90%是在初级照顾场所中进行的。初级照顾包括了预防服务（免疫、检查、保健）、照顾（如换药和监测健康状况）和治疗（开处方、开药甚至小手术）。二级照顾是指由医院提供的急诊和专业治疗服务。高度专业化的服务，也就是三级服务，主要是处理由其他医院和专家求助的复杂病症。有时服务集中于专业医院（精神病院、儿童医院），但是目前的发展趋势是由全科医院来处理各种各样的健康问题。

尽管已经有了上述这些区分，但是它们的边界却是在不断改变的。健康照顾越来越多地在社区场所中提供，而且未来还会进一步增加（HM Government/Department of Health，2006）。同时，预防和治疗服务之间的分界也越来越模糊。疾病预防和保健越发成为所有服务的一部分，而不是只适合于健康卫生教育、免疫、筛检和早期疾病探查的服务。

健康照顾一般通过专业工作的边界来界定。初级照顾由全科医生（GP）及社区其他医疗专业人士提供。医疗专业人士特别是医学专业人士，通常是很有影响力的。他们形塑了服务的发展，以反映他们的专业技术和自身利益，因而医疗服务一直是以家长制作风发展的。但是，同时也有不同的力量存在，很大一部分的健康服务是由志愿者和非正式照顾者提供的。在英国大概有 700 万名照顾者。人们还进行着自救和自助医疗（如从商店买药），而且长期慢性病患者逐渐可以自己应付自身疾病。事实上，哮喘、关节炎和糖尿病患者越来越多地被认为是"专业患者"（expert patients），他们通过向专业人士适当学习来维持自身的健康。一般来说，如今更加重视患者、服务使用者和服务者的意见，以及他们的选择和观点。专业人士逐渐把病人视为健康照顾过程中的合作者。然而，专业人士在健康照顾体系中仍然是很有权力的，而且可以用微妙的方式来施加影响，比如说对关于健康与健康照顾的价值和理念加以信息与定义上的控制。

健康服务的资金

关于健康服务的资金有三个主要的问题：我们能够为健康照顾筹集足够的资金吗？最好的筹资方式是什么？在健康服务体系中，应当如何分配资金？

到底应该在健康照顾上分配多少资金？这个问题是很棘手的。公众能够在多大程度上采取健康的生活方式，是决定未来所需资金水平的关键因素之一（Wanless，2002）。不断增长的老年人口会给健康财政预算增加压力，尽管还不清楚这种压力具体有多大。未来的老年人很有可能会更加健康，而未来真正所需的资金比现在预测的要少。另一项关键的因素是技术。微观技术、纳米技术和遗传疗法未来将会被应用于一些现在还是很棘手或尚不能治疗的病症。正如上文所述，在健康照顾中，服务的提供将会创造对其自身的需要。因此，技术的发展往往会增加成本，但也不完全是这样。例如，“微创”手术现在是很普通的。由于这类技术可以缩小病人的伤口，因而推动了外科手术的发展，减少了病人的平均消费。

近年来，英国政府为国民健康服务投入了大量的资源。英国曾经是工业社会中对健康照顾服务投资最吝啬的国家之一，现在则决心投入大量资金以使其健康照顾费用支出能够达到欧洲平均水平。尽管国民健康服务的投资有了大幅增加，但服务体系中仍然有很多部门面临着财务问题，这引发了关于国民健康服务的不同投资方式的思考。

健康照顾的筹资方式大概有三种：税收基础体系、国家保险体系和私人保险体系。英国属于第一种，以税收为基础的体系，大部分资金来源于一般性税收（还有一部分来源于国民保险体系的缴费）。英国国民健康服务也有一些共同付费的服务项目，例如药费。1/10 以上的英国人参加了私人医疗保险。另外，还有一些健康照顾服务是需要直接付费的(如替代疗法、在商店买药、物理疗法，甚至是外科手术)。健康照顾的其他资金来源于英国国家彩票和某些慈善事业。

英国国民健康服务内的资金分配也是一个很重要的问题。过去，对各卫生当局的资源分配通常是在沿袭前例的基础上，根据通货膨胀加以调整的。批评者认为这个体系不能反映不同卫生当局的不同健康需要，从而设计了新的规则，并在不断修改之中。现在的方式是委托地方卫生当局(被称为初级照顾基金)制定财政预算并为当地居民提供健康服务。这个预算是根据一定的规则制定的，此规则可以反映当地居民的健康服务需要(包括人口年龄等)。尽管有了这些改革，不同地域和不同的社会经济团体在医务服务的可及性方面，仍然存在不平等问题。

组织、规划和委托

英国国民健康服务经常被视为典型的单一整体科层体制。事实上，自从 1948 年这个体系创立以来，一直具有很强的多样性。近年来向北爱尔兰、苏格兰和威尔士的分权，又进一步提高了体系的多样性。例如，苏格兰体系取消了基金会，而威尔士体系率先成立了地方综合卫生局，致力于推动保健的发展。苏格兰引入了老年人免费长期照顾，而威尔士打算实行药费全免。各地健康服务的管理和控制体制也有很大的不同。另外，政策上也有一些区别：相比于威尔士和苏格兰，英格兰更热衷于私人健康照顾服务的发展，以及在国民健康服务中引入市场力量。

在英格兰，国民健康服务是由卫生健康部门和健康策略管理局监管的。在健康策略管理局各自监管的范围内，由初级照顾基金安排和提供基础性的健康照顾服务。初级照顾基金还代理其他机构的服务，包括国民健康服务信托基金(提供一系列的医院和专家服务)、专家信托(如救护车和精神健康服务)、照顾基金(提供健康和社会照顾给特殊群体，如老年人和有学习障碍的残疾人）以及一些新的信托基金会（对此下文将进一步讨论）。

初级照顾基金还代理私营和志愿部门（或独立部门）的服务。事实上，当今国民健康服务中的关键词之一就是“多元化”。政府致力于鼓励国民健康服务和独立部门之间的竞争。政府建立了新的独立部门治疗中心（ISTCs），由国民健康服务付费，以此来提供非紧急的外科手术服务。独立部门治疗中心的规模将会进一步扩大，并且其在国民健康服务中的财政预算份额在逐渐扩大。值得注意的是，商业利益在国民健康服务中的作用日益增大。初级照顾基金不但管理和传递健康服务，还参与新医院和初级照顾的基础设施建设，并提供支持性服务。

和前任保守党政府一样，布莱尔内阁相信市场的力量。撒切尔和梅杰政府在国民健康服务中引入了内部市场机制，包括购买者（全科医生基金所有者和卫生当局）和供应者（国民健康服务基金会）的确认，购买者和供应者还有可能会对传递特殊服务的合约进行谈判协商。从理论上说，资金会根据这些合约流动，但是因为出现了一些副作用（如不平等、效率低下和医院关闭的政治性影响），最终政府对市场进行了干预。布莱尔政府起初废止了这种市场机制，而并未预料到这种理念后来又得以复兴。一种新的体制——按结果付费制，对医院和其他服务供应者的治疗服务进行酬劳。尽管达不到以前的基金持有者体制下的自由尺度，但全科医生将会得到编制预算的权利。最后，关于就医地点，病人将会拥有更多的选择，包括国民健康服务下的医院和私有服务供应者。

管理和规范

近年来，政府一直在试图加强国民健康服务的管理，具体有：确定对达到目标和目的有清楚认识的个人（包括总管和卫生局主席）；更严格地执行目标（包括减少等候时间、降低医院内部的传染率）和执行新的评估体系。

同时，国民健康服务组织也已被要求改进管理服务的方式。20 世纪 90 年代引入的新的卫生当局的组织结构，曾被法团委员会作为范例，得到了新工党的保留。布莱尔政府在一片争议声中建立了信托基金会。这些基金会仍然是国民健康服务组织的一部分，但是被授予了更高的自主权，特别是在资金问题、自身活动的组织和管理，以及在重要事务的优先安排方面。大家也期待它们能够对当地社区更加负责任。但是，信托基金会的自主权和地区责任似乎言过其实。公众对信托基金会的参与度很低，而且管理者对关键问题的决策保留了很大的权力。另外，信托基金会是由一个全国性的团体管理的，这个团体规定了信托基金会创立的条件，如果基金会不能履行这些条件，它就有权进行干预。信托基金会还必须遵守国民健康服务的规章制度，以及其他一些全国性的协定（比如关于付费和条件的协定）。

尽管政府允诺分权健康服务体系，并给予地方国民健康服务组织和人民更多的自主权，事实上国民健康服务仍然是十分集权化的。从 1997 年开始，英国建立了一系列新的管理机构，健康照顾委员会就是其中之一。该委员会为英格兰的健康护理和管理设立标准，监督全民卫生健康服务组织，并且进行效果评估。它还承担了重大服务过失的调查工作。此外，还包括全英患者安全署，寻求预防病人的健康照顾中的“不利事件”（如对不正当药物的管理）；以及国家健康与临床优化研究所（NICE），该机构对英格兰和威尔士的国民健康服务进行相关指导——关于治疗（特别是药物治疗）是否有成本效益以及是否应该采纳提出建议。

对医护专业人员的规范要求已经加强。针对一系列丑闻，包括哈罗德 · 希普曼（Harold Shipman）（一位谋杀了很多病人的英国全科医生）以及布里斯托皇家医院案件（对心脏病儿童的劣质外科手术），政府改革了专业医护人员（特别是医生）的管理制度，还成立了一个新的机构——优化健康照顾管理委员会（the Council for Healthcare Regulatory Excellence），以监管医护人员的自我管理。作为医生管理机构，英国医学总会（GMC）进行了改革，扩充管理机构人员，并扩大其中止有不良实践经历的医生工作的权力。更进一步的改革是建立了职业资格再认定体系，在这个体系下，所有医生都必须证明他们具有从业能力；还建立了一个新的体系，专门调查针对医生的投诉。

伙伴关系

有效的健康照顾很大程度上是依赖于其他服务的，例如由地方政府负责的社会照顾。国民健康服务和地方政府的关系一直是很差的。除了某些地区从传统上就一直拥有良好的伙伴关系外，健康照顾和社会照顾体系之间的合作基本上都很不理想。这是由于国民健康服务和地方政府之间在财务、组织体系以及文化上存在一定的差异。

为了改善这种不理想的关系，各方进行了很多努力，包括制订合作计划和财务安排。为了促进国民健康服务和地方政府之间的合作，英国出台了一项相关的强制法定责任。其他改善措施还包括在国民健康服务和地方政府之间开展“统筹预算”，以及在地方政府和初级照顾基金之间建立更紧密的结盟。针对某些接受健康和社会照顾的特殊群体，国民健康服务和地方政府在一些地区还设立了照顾基金。这些安排能够有效地促使健康照顾和社会照顾在一个机构中完成，但是相对来说这类安排还是比较少的。

政府也积极致力于促进卫生健康事务方面的合作，通常是通过这样一些措施：任命一些重要的联合职位(例如地方公共卫生主任)；从国民健康服务和地方政府选派人员，组建综合工作组；制订综合工作计划；建立绩效评估的公共体系(参见 HM Government/Department of Health，2006)。为了建立更多联合型的政府，引入了区域性协议。这些协议和更强的地区间合作关系(通过国民健康服务、地方政府、其他一些法定团体、志愿和私人部门等组织进行地区战略合作的形式)一起，肩负着要更清楚地、协同一致地完成各个区域委托的需要优先完成的任务的责任。

伙伴关系同时也是推动公共健康发展的方式。近年来，地方政府在公共卫生方面的职责得到了加强，并且如今地方议会也有能力促进社区福祉(包含卫生健康)。在以往和现在合作关系安排的基础上(如“健康行动区”致力于解决健康不平等问题，“站稳起跑点”对有 4 岁及或更小的孩子的家庭进行帮助)，大家期待国民健康服务可以与地方政府更紧密地合作，一起解决重要的公共健康问题，例如吸烟、酗酒、肥胖症、性健康问题和健康不平等。

新兴议题

几乎所有主要的工业化民主国家都遇到了卫生健康政策方面的问题，并且大多数都在对其健康照顾体系进行着改革。英国国民健康服务也不例外。如果未来进行改革，则需要注意以下四个关键问题。

第一，健康照顾体系必须能够在控制成本的同时，满足大众对于健康服务的需要。通过重视那些具有效率的干预方式、使用节约成本和提高质量的技术(包括信息技术)、限制那些能够获得利益和优先获得健康服务的资格，使关注的焦点逐渐转移到提高服务的成本—效率上。这需要关于成本和效率更好的统计数据，以及改善决策者包括临床医师对这些信息的利用情况。

第二，健康照顾系统应该对服务使用者和公众的选择与意见有更加有效的回应。大家认识到，健康服务不应该继续以一种家长式的作风来传递。服务计划制订者、管理者和专业人员应该对公众和个人的偏好有更积极的反应。甚至，国民健康服务中应该引入更多的话语权和选择权。并不是所有的人都有同样的资质和资源来做出选择或是参与到决策过程中。同时，还有一点也很重要：话语权和选择权的扩大不应该导致更大程度的不平等。

第三，现代健康服务包含很多资金持有者。碎片化的趋势的确存在，也是需要避免的。应该确保健康服务中的多元化并不会破坏健康照顾系统的基本伦理道德。另外，在国民健康服务的旗帜下，大量传递服务的组织的具体表现，给管理者提出了艰巨的、现实的挑战。

第四，事实上，卫生健康并不单纯是健康照顾系统的责任。应该加强其他机构(如其他政府部门、地方政府和志愿部门)的付出，并建立有效的合作关系来促进健康水平的提高。卫生健康的个人责任也很重要，还应该注意到其他因素对健康的影响，比如媒体和商业组织(如食品和饮料制造业)。特别需要指出的是，应该充分认识和注意到影响健康状况的社会经济和环境因素。

高阶阅读指南

卫生健康和健康照顾问题的综述性著作，请参见 R. Baggott，*Health and Healthcare in Britain*（Palgrave，2004）。卫生健康的政治学评述，请参见 R. Klein，*New Politics of the NHS*（Longman，2005）；C. Ham，*Health Policy in Britain*（Basingstoke：Palgrave，2004）和 Baggott，*Understanding Health Policy*（Policy Press，2007）。

很多著作研究了国民健康服务的历史和发展，包括：J. Allsop，*Health Policy and the NHS: Towards 2000*（Longman，1995），以及 C. Webster，*The Health Services Since the War*，vols I and II（HMSO，1988 and 1996）。

健康的含义，请参见 P. Aggleton，*Health*（Routledge，1990）。病人权利的提升，请参见 C. Hogg in *Patients*，*Power and Politics*（Sage，1999）和 R. Baggott，J. Allsop and k. Jones in *Speaking for Patients and Carers*（Palgrave，2004）。Rob Baggott，*Public Health: Policy and Politics*（Palgrave，2000）为公共卫生议题提供了一个详细的回顾。关于初级护理，请参见 S. Peckham and M. Exworthy，*Primary Care in the UK*（Palgrave，2003）。关于配给问题，请参见 C. Newdick，*Who Should We Treat?*（Oxford University Press，2005）；A. Pollock，*NHS Plc*（Verso，2004）讨论了英国私营卫生部门的作用。

以下这些官方的报告和政策文件都是很有用的。D. Wanless，*Securing Our Future Health*（HM Treasury，2002）；Department of Health，*The NHS Plan*（The Stationery Office，2000）；HM Government/Department of Health，*Choosing Health: Making Healthy Choices Easier*（The Stationery Office，2004）；HM Government/Department of Health，*Our Health Our Care*，*Our Say*（The Stationery Office，2006）。

最后，提供一些有用的网站供参考：国王基金会(这是一个独立的卫生健康问题的智囊团)：www. kingsfund. org. uk；英国卫生健康部：www. dh. gov. uk；卫生健康照顾委员会(卫生健康照顾标准的管理机构）：www. healthcarecommission. or-g. uk；英国国会下院健康特别委员会网站（报告卫生问题）：www. publications. parliament. uk/pa/cm/cmhealth. htm。

第四十七章

学校教育

安妮·韦斯特

概　　述

- 英国的学校体系有着不同的法制框架和政策。学校结构、资金、课程和评估体制都各不相同。
- 在英格兰，关于选择权、多样性和市场导向的政策仍然很突出，但是在英国的其他地方则有不同。英格兰和苏格兰体制的区别正在逐渐扩大。
- 自1997年以来，工党政府在全国范围内的一项重点政策就是缩小出身于不同社会群体儿童的成绩差距。
- 评估出身于不同社会群体儿童的不同成绩的领域包括：3岁或4岁孩子的非全日制学前教育的权利；对于个体学习方式的关注；针对16岁至19岁低收入家庭的学生的、用以鼓励义务教育之后的学业教育支持津贴。

导　　言

教育的重要性，特别是它在加强人力资本和经济竞争力方面的重要性，在国家和超国家层面都得到了广泛认可。另外，在认知和技巧发展方面，以及个人和社会发展方面，教育也发挥着关键作用。更广义地说，教育在社会化、培育社会公正和增进社会团结方面，都有着非常重要的作用。教育的多样化目标和义务的性质，促使政治家和决策者赋予教育较为优先的地位。

本章主要涉及英国的学校教育问题，其中重点讨论的是英格兰的教育问题，但也会介绍其他国家和地区，特别是苏格兰。第一部分呈现了简要的历史背景介绍和当前学校体系的概述。第二部分主要讨论现阶段的两大问题：选择、多样化和市场导向的政策；减少出身于不同社会群体学生的学业差距。第三部分将会进行总结并着重讨论未来的相关议题。

英国的学校教育：历史背景

在英国各地区，教育的提供方式曾经沿着不同的轨道发展，但是教会在历史上一直扮演着重要的角色。在英格兰和威尔士，《基础教育法案(1870 年)》提出要建立学校用以弥补当时教会提供教育的缺陷。根据后来的《教育法案(1902 年)》，建立了地方教育局和中等教育体制。按照《教育法案(1918 年)》规定，免除初级教育的学费，并且 14 岁以前都是义务教育阶段。北爱尔兰的教育体制发展可以追溯到 19 世纪 30 年代，而且是有着宗教基础的。在苏格兰，根据《苏格兰教育法案(1872 年)》，建立了教育委员会，教育开始由地方选举委员会负责，并由地方不动产税资助。尽管初级教育最初是收费的，但免费初级教育仍于 1890 年创立，到 1901 年，14 岁之前的教育也变为义务性质的。

在英格兰和威尔士，《教育法案(1944 年)》为 5 岁至 15 岁的少年儿童建立了一个普惠的免费义务教育体制(1972 年起变为 5 岁至 16 岁)。国家资助的教育仍然由地方政府和教会学校提供。《教育法案(1944 年)》并没有为中等教育规定具体的结构设计，但促使了一种“三重结构”的体制的确立，包括文法学校、技术学校以及“现代中学”。《北爱尔兰教育法案(1947 年)》与上述《教育法案(1944 年)》类似。

英格兰的选择性教育体制建立以后，问题逐渐出现，因为文法学校主要的受益人是中产阶级。20 世纪 60 年代，出现了一个相关的政策转型，1965 年，工党政府要求地方教育局递交关于综合教育的计划。全面的综合教育体制最终得以在英格兰的大部分地区建立。在苏格兰，也从选择性学校转变为综合性学校(Eurydice，2006)。北爱尔兰则直到最近还维持着选择性教育体制。

教育政策的主要转变发生在1979年至1997年，由保守党政府施行。父母对学校的选择曾经带有很强的政治色彩。在英格兰和威尔士，《教育法案(1980年)》赋予父母可以表达关于子女选择学校的偏好的权利；北爱尔兰也有类似的立法行为。在苏格兰，根据《苏格兰教育法案(1981年)》，如果子女想进入当地学校以外的学校，父母有权利推荐一所他们希望子女进入的学校。

随后，在英格兰、威尔士和苏格兰，作为一项重要的政策议题，学校的多样性逐渐形成，至少是在理论上。在英格兰和威尔士，根据《教育改革法案(1988年)》，在苏格兰，根据《苏格兰自治学校等法案(1989年)》，学校可以选择不受地方政府的管辖。它们改为由中央政府资助，并且比以往拥有更大的自主权。选择不受制于地方政府的学校，大部分是英格兰的学校，威尔士的学校很少，苏格兰的学校则更少。

英格兰通过建立15所独立城市技术学校，进一步加深了教育多样化的程度。这些学校的投资基金计划由私营部门赞助，而税收成本由国家负担。在20世纪90年代初期提出了专业学校计划，如中学可以从私营或志愿部门获得资助，并且递交申请来对某些规定学科进行专业研究(同时仍然在国家开设课程范围内)。如果成功的话将会得到额外的政府资助和税收支持(见下文)。

在英格兰和威尔士，《教育改革法案(1988年)》提出了资助规则：每所学校的财务预算主要是由注册的学生数量决定(一个准优惠券体系，参见本书第三十六章)。官方学校公共考试成绩的“排名表”也要公布。通过这种新的准市场机制，有效激励了学校尽可能地提高收入和学生的考试成绩(Le Grand and Bartlett，1993)。这种改革背后的理念是：父母可以基于可得的信息，特别是考试成绩的信息，为子女选择“最好的”学校，而且随之而来的学校之间的竞争将会提高教育水平。但是值得关注的是，公开考试成绩会加剧其残酷的性质。由于社会经济基础和成就之间的相关性，总的来说，有较好生源的学校相比于生源较差的学校，更易于获得更好的学习成绩。但是，在学校质量方面比较重要的是，学校附加在社会地位因素基础之外的价值。还有人担心这样会让某些学校采取“挤出精英”的做法，教会学校和国家拨款的学校(在录取方面有一定的限制)，会去选择学业优秀的、可以提高学校成绩名次的学生(参见West，2007)。

私立和国立学校

在英国，绝大多数义务教育年龄段的学生在国立学校就读，虽然在英格兰这一比例(93%)低于英国的其他地区。其余学生在私立学校就读，但是许多私立学校收费过高，限制了出身贫困的学生入学的权利。

在英国，国立学校体系也各有不同。英格兰和威尔士有相似的法制体系，北爱尔兰也大体相似，但是在苏格兰，法制背景则有所不同，因此教育体系也有较大的区别(参见本书第四十一章)。

在英国，全国的义务教育阶段从 5 岁开始，但在北爱尔兰是从 4 岁开始；全国中学阶段从 11 岁开始，但在苏格兰是从 12 岁开始。全国的义务教育都在 16 岁结束。后义务教育的中等教育是在 16 岁至 19 岁进行，由学校、六年级学院和继续教育学院提供。

英国的小学为拥有各种能力水平的儿童提供教育服务，但是中级教育水平的体制和结构则各有不同。苏格兰和威尔士都实行综合教育体制。英格兰也主要以综合教育体制为主，不过有大概 5%的中学是完全学术选拔体制的文法学校。此外，有小部分的名义上的综合学校，主要是一些自主招生的学校，采用一系列不同的从某种程度上来讲是选拔制的方法来招生(例如，根据对某个科目领域的态度/能力来选拔学生)；事实上宗教学校都会根据孩子的宗教信仰优先录取(参见 West，2007)。在北爱尔兰，选拔体制正逐渐被取代(参见 Eurydice，2005)。

课程和评估

《教育改革法案(1988 年)》提出要在英格兰和威尔士建立国家统一的课程和评估体系，北爱尔兰也于 1989 年颁布了相似内容的《教育改革法规(1989年)》。在苏格兰，有针对5岁至14岁学生的非法定的课程设置指导和一个非法定的考试项目；但是为了评估所有学生的学业成绩，设置了抽样学生的年度检查，被称为苏格兰成绩调查。

学生在义务教育和后义务的中等教育结束时，将会参加全英国范围的统一考试，这些统考在各个地区都不相同(参见资料框47.1，也参见本书第四十八章)。在英格兰，由教育和技术部公布和出版学校和学院的成绩与成就排名(排名表)。在中等教育阶段，评估的关键指标是在普通中等教育证书考试(GCSE)中成绩在A* 与C之间(一般被认为是较高分)学生的比例；此类指标的重要性在于：通常只有这种水平的成绩，才可以继续16岁以后的学术课程(General Certificate of Education Advanced Level，普通教育证书高级水平)，而大学体系的录取通常也需要这种学术课程做基础。

资料框47.1 英国的统考

英格兰、威尔士和北爱尔兰：

- 普通中等教育证书考试(GCES，或职前教育)，大多数16岁的学生都会参加，对单个科目分别测试；
- 高阶普通教育证书预科水平考试(GCE Advanced Subsidiary Levels)(17岁)；
- 高阶普通教育证书水平考试(GCE Advanced Levels)(18岁)，通常是高等教育入学所必需的。

威尔士：威尔士的学士学位要满足一些资格条件，如高阶普通教育证书预科水平考试和高阶普通教育证书水平考试，以及一系列不同类型的核心技能。

苏格兰：苏格兰教育考试标准认证(16岁)；更高等级考试：17岁；高级考试(18岁)，通常是高等教育入学之必需。

学校管理、治理和督察

根据《教育改革法案(1988年)》，在英格兰和威尔士开始实行地方学校管理(也在北爱尔兰实行)。学校开始为来自地方政府的财政预算的具体支出负责(政府主要是根据学生数量拨款)。在苏格兰，由地方政府拨款给具体学校；每所学校通过成熟的学校管理体制来具体管理日常支出，但是与英格兰不同，学校员工的“日常补助”是由地方政府支付的(Eurydice，2006)。

在英格兰、威尔士和北爱尔兰，学校主管团体包括父母、学校和社区代表，他们主要起战略性的作用，包括管理学校的财政预算。在苏格兰，根据《苏格兰学校(家长参与)法案(2006 年)》，由父母委员会代替校方委员会，这与学校主管团体在某种程度上类似。父母委员会的设立是为了改善教育质量、提高学生的潜质。每个地区的督察团体有责任保证学校提供质量合格的教育(参见资料框 47.2)。

资料框 47.2 学校督察

英格兰：教育标准办公室；

威尔士：皇家教育与训练督察署；

苏格兰：皇家教育督察署；

北爱尔兰：教育和训练督察署。

目前存在的问题

从政策视角来看，有两个问题值得关注。第一个问题是关于选择权、多样性和市场导向的改革，在英格兰被视为改进综合教育水平的方法。第二个问题是关于缩小出身于不同阶层的学生的学业差距。

选择权、多样性和市场导向的政策

工党政府取消了财政支持的学校。在英格兰和威尔士，根据《学校标准和架构法案(1998年)》，靠捐助基金维持的学校(foundation schools)的性质有所改变，尽管有些变成了民办学校。在苏格兰，《苏格兰学校标准法(2000年)》取消了学校自治状态。关于选择权和多样性的其他方面的政策已经有了分歧。在把英格兰和苏格兰进行对比的时候，这种分歧最显而易见。

在英格兰，工党继续进行着市场导向的改革。官方的成绩“排名表”继续公开发布，并且学校的多样性有了明显的提升。专业学校计划重新启动并且得到扩大；因为学校必须有合作学校和社区中心，所以该计划的侧重点也发生了改变。少数新的宗教学校进入到国家资助体系中。为了提高落后地区的教学质量，建立了由私营部门或志愿部门运营的独立“院校”，这些部门为此类学校投资约10%(剩余部分由政府用税收资金投资)。在某种程度上，独立“院校”与城市技术学院类似，但是捐助者的投资更少。独立院校的捐助者掌握着学校的管理主体，并且不需要遵循国家课程体系。多样性和选择权也是《教育与督察法案(2006年)》中非常重要的一部分，并赋予地方政府一定的责任，在其所属学校中促进多样性和选择权的发展。

为了减轻学校“挤出精英”做法的后果，一些相关法律出台，包括《学校标准和架构法案(1998年)》和《教育与检查法案(2006年)》，以及一系列的实践准则，被认为是为了管理原先基本上无序的准入体制而做出的努力。

同时，在英格兰，学校排名表和多样性仍然是政治议程中的重点，而英国其他地区的情况则有所不同。在威尔士、苏格兰和北爱尔兰，现在已经取消了官方发布的排名表。此外，《苏格兰学校标准法(2000年)》在拒绝“学校申请”方面，赋予了地方政府更大的权力。值得注意的是，在提升父母对于学校的选择权方面，并没有出台相应的政策(参见资料框47.3)。

资料框47.3 苏格兰的综合学校

“综合体制适合苏格兰而且在全球居于领先地位。我们致力于建立丰富多彩的、各种各样的综合学校，可以为学生提供不同的选择。在苏格兰，无论是为了追求卓越，还是出于苏格兰社会的要求，关于学校的选择权都是无可替代的。”(Scottish Executive，2004，p.1)

针对全英国教育成果的比较研究的相关文献非常贫乏，而且没有持续性的研究。但是，国际学生评估计划(OECD, 2001)显示，在2000年，英格兰和苏格兰的阅读、数学和识字率水平相似；在科学成绩方面，苏格兰相对较低，这项发现可以归因为苏格兰没有像其他地区一样遵守国家课程体系。

缩小成绩差距

出身于不同社会群体的儿童的不同成绩水平，在全英国都备受关注。财政部在2006年财务预算报告中指出，“缩小成绩差距并保证所有儿童发挥其潜能是一个长期性的挑战，在竞争更加激烈的全球化经济中，这对于促进英国的发展也是非常重要的”(HM Treasury，2006，p.145)。

贫困与较差的学业成绩之间的相关关系一直是比较重要的社会问题。在英国，低收入家庭子女的公共考试的平均成绩低于其他人：根据教育和技术部2006年的统计数据，在符合学校免费膳食的学生中，有20%获得了五项或五项以上的普通中等教育证书(包括英文和数学)，而在不享受学校免费膳食的学生中，相应的比例是48%。社会经济背景较差的学生，16岁以后继续接受教育和训练的比例也低于其他学生(West and Pennell，2003)。

在学业成就上，无论是英国还是其他国家，男生和女生之间也明显地存在着一定的差距。2000年，国际学生评估计划(OECD，2001)显示，在所有的参与国家中，女生的阅读能力均高于男生。在某些国家中，男生的数学能力优于女生，但是在另一些国家中(包括英国)，男女生的数学能力没有显著的差别。在所有的经济合作与发展组织国家中，男生在学校表现得最糟糕；某些男生群体较差的学习成绩是对教育政策的一大挑战。

关于不同民族(大部分居住于英格兰)的儿童学业表现的证明资料，是比较复杂的。有很大比例的华裔和印度裔的孩子在普通中等教育证书考试中获得高分，然后是白种英国人、孟加拉人、巴基斯坦人、非洲黑人和加勒比海黑人。所有的差异都更倾向于与弱势相关，至少是某种程度上的相关。其他群体的孩子的学业情况也较差，特别是那些有特殊教育需要和需要照顾的孩子，是特殊的弱势群体。

因此，关于如何缩小学习成绩差距的问题被逐渐提到议事日程中。针对这一问题，政府已经制定了相应的政策，包括通过特殊的提议为弱势学校或地区提供资源，以及增加对识字率和计算能力的教学。另外，有三项与这个总目标相关的国家性的教育倡议：全英儿童照顾战略(1998 年)、个体化学习和教育维持津贴。

全英国家儿童照顾战略的目标是为在外工作的父母，提供更多优质的且可承担的儿童照顾服务，重点是加强早期教育的提供(Lewis，2003)。高质量的学前教育的提供，已经有了一定的收益。英国(皇家)财政部的前预算报告(2004 年)《父母的选择、儿童的最好开始》中指出，儿童服务的出现，对于处理弱势和儿童贫困问题，以及支持社会流动性和机会平等具有重要的作用(p. 4)。学前服务中包括免费兼职的幼儿教育(幼儿通常为 3 岁至 4 岁)。在英国的各个地区，具体的细节和执行情况都不相同，尽管志愿部门和私营部门的服务提供者在学前教育提供中都扮演着重要的角色。

个体化被政府视为与社会经济地位导致的学业差距相关的重要因素(HM Treasury，2006)。在英格兰，个体化是解决不同社会和民族群体之间成绩落差的一个重要因素。白皮书《提供给全体的高标准和更优质的学校》(2005，Cm 6677)中指出，“这意味着为每个孩子和每位年轻人量体裁衣，这种教育提供基础训练，提高体能，激发他们的抱负，积极创造更多的生活机会。这可以为每个孩子创造机会，而与他们的背景无关”(p. 50)。

在苏格兰的《优化课程》(Scottish Executive，2004)中，学习的个体化具有不同的定义。其中，课程的目标被定位于“对个体需要做出回应并对有特殊智商和天赋者进行支持”(p. 14)。

教育维持津贴于 2004 年在全英国开始实行，其目标是鼓励出身于低收入家庭的年轻人在 16 岁以后继续接受全职教育。此津贴是为了提升 16 岁至 19 岁的年轻人的教育和培训的参与度，在这方面，与其他国际竞争者相比，英国的进展比较缓慢(参见本书第四十九章)。

新兴议题

在英国的不同地区，与学校教育相关的政策各有不同，但是也具有共同的目标：通过提高整体成绩和缩小成绩差距，来提升人力资本和经济竞争力。不过完成目标的方式也各不相同。在英格兰，选择权、多样性和加剧的竞争被视为提高教育水准的关键；而在英国的其他地区，情况则不同。在寻求缩小成绩差距方面，主要的政策建议是由工党政府提出的，其中比较特别的是：非全日制学前教育的权利、个体化学习和教育维持津贴。

谈到新兴议题，政策可能向如何将教育与儿童服务相关联方面发展，例如，英格兰的绿皮书《每个孩子都重要》(2003，Cm 5860)以及苏格兰学校为儿童提供的综合服务。另一个议题关系到父母在儿童正式教育中的作用。《苏格兰学校(家长参与)法案(2006年)》，是为了提高教育质量，促进父母对于学校教育的参与而颁布的。在英格兰，《教育与检查法案(2006年)》特别指出了要增加父母的选择权，并要求地方当局考虑父母代表参与本地区学校的供应情况。尽管会采取不同的方式，但是后来的政策很可能会进一步强化家庭，特别是父母在儿童学习教育中的重要作用。

高阶阅读指南

英国教育与技能部出版了教育和相关研究的统计数据，请参见该部门网站：http：//www.dfes.gov.uk。

HM Treasury，Budget Statement（HM Treasury，2006）：The annual budget statement 提供了政府政策及公共投资的细节。

J. Le Grand and W. Bartlett（eds），*Quasi-Markets and Social Policy*（Macmillan，1993）讨论了不同政策领域(其中包括学校)的准市场问题。

A. West，"Schools，financing and educational standards"，in J. Hills，J. Le Grand and D. Piachaud（eds），*Making Social Policy Work: Essays in Honour of Howard Glennerster*（Policy Press，2007）分析了工党政府在多大程度上达到了它关于财政支出和教育标准的目标。

K. Sylva，E. Melhuish，P. Sammons，I. Siraj-Blatchford and B.

Taggart, *The Effective Provision of Pre-school Education (EPPE) Project: Effective Pre-School Education*, *Final Report 1997 – 2004* (London: DfES, 2004)。http://www.dfes.gov.uk/research/programmeofresearch/projectinformation.cfm? projectid = 13144&resultspage = 1 介绍了英格兰学前教育的重要评估的发现。

J. Lewis, "Developing early years childcare in England, 1997 – 2002: The choices for (working) mothers", *Social Policy and Administration* 37/3 (2003): 219 – 238。本章节分析了英国儿童照顾战略，并讨论了儿童照顾的社会投资路径和推动母亲就业的期望之间的张力。

Scottish Executive, *Ambitious*, *Excellent Schools: Our Agenda For Action* (2004)介绍了苏格兰学校的改革议程，*A Curriculum for Excellence* (2004)是这部议程的核心。

A. West and H. Pennell, *Underachievement in Schools* (Routledge Falmer, 2003)分析了学习成绩不良的概念，并探讨了不同群体出身的儿童的学业问题。

在教育和终身学习领域，Eurydice 是欧盟社区行动项目，其网址是 http://www.eurydice.org/portal/page/portal/Eurydice。Eurybase 是关于欧洲教育系统的数据库，可以从 Eurydice 端口进入：http://www.eurydice.org/portal/page/portal/Eurydice/DB_Eurybase_Home。通过点击单个国家，其详细的教育信息就会出现，包括以下内容：Eurydice, The Education System in Scotland 2005/06。http://www.eurydice.org/portal/page/portal/Eurydice/DB_Eurybase_Home，Eurydice 和 Eurybase 都是关于欧洲教育体制的比较有用的信息数据库。

OECD, *Knowledge and Skills for Life*, *First Results from the OECD Program for International Student Assessment (PISA) 2000* (OECD, 2001)，这些内容在 2000 PISA 阅读、数学、科学能力的分析结果中也可以看到。

第四十八章

终身学习和培训

克莱尔·卡伦德

概述

- 终身学习是一种贯穿于教育培训政策的理念，而且全球化和劳动力市场中的其他变化极大地推动了现有政策的发展。
- 工党政府的“后义务教育”同时具有社会目标和经济目标，但是经济和市场原则下的需要占据优先地位。
- 工党的政策通过鼓励对后义务教育的参与，特别是年轻人的参与，来提高现有劳动力和未来劳动力的资质与技能水平。
- 工党采取许多政策杠杆来进行多种革新，包括更高的公共开支或是专项资助、新的结构体系和可控机构、课程改革和认证体系，以及教育服务提供者和学习者之间的新型关系。
- 后义务教育的参与仍然存在着一定的不公平——在贫困家庭中长大的人有着最大的需要，却又常常被忽略。

导言

本章首先介绍终身学习的定义、提供者和产生原因，然后研究终身学习政策的理念。本章还会讨论工党政府在英格兰实行的后义务教育政策以及相关的基础性问题。这些政策可以分为两类：一类致力于提高未来劳动力的资质和技能水平，另一类则着眼于现有劳动力。最后，将着重讨论未来可能出现的问题。

什么是终身学习？

自从工党政府 1997 年执政以来，在关于 16 岁以后的教育和训练的思考中，终身学习的理念占据着主导地位。终身学习的核心是这样一种观念：学习应该贯穿于生命中的所有阶段——从摇篮到坟墓，并且学习应该深深根植于人们的生活中。因此学习的场所可以是各种各样的：学校、继续教育学院、大学、工作单位、家庭或者社区。

终身学习需要这样一种学习体系：无论每个人是何种水平，都可以为他们提供教育机会，也就是说，按照其教育需要而不是年龄来提供教育。因此这些机会要能够适应各种不同的情况：有些人已经具有大学学历，而有些人没有任何资质；有些人已经具有高技能的工作，需要进一步的专业化发展，而有些人从事非技术工作，或是有听写困难而没有任何工作经验；有些人已经退休，但还想学习新知识。过去，教育训练被限定为在专业教育机构中的正规学习，而终身学习则是关于教育训练的一种全新的思维方式，主要针对辍学者和即将开始工作生涯的年轻人。

与社会政策的许多其他领域不同的是，终身学习并不是针对某一特殊群体，比如“穷人”或是“病人”——每个人都可以受益于终身学习。因为终身学习通过多种类型的学习影响着不同类型的人，这就意味着没有哪种单一的政策可以覆盖终身学习的所有方面。与此相反的是，通常是针对某一特殊群体，采取一系列的政策和策略来达到终身学习的目标。因此，终身学习是一种贯穿和支持教育培训政策的理念，它引导着一系列的政策过程。

与终身学习最为相关的政策主要集中在义务教育完成（16 岁）后的阶段。这一教育阶段被定义为后义务教育。后义务教育和训练可以有多种类型的提供者，包括公立学校、（英国中学里的）六年级学院、高等教育机构、私营和志愿部门以及雇主。

义务教育到 16 岁就会终止，而后义务教育和训练却是非强制性的。除了失业者经常会受到国家的干预外，通常是由个人而不是国家对自身的教育和训练负责。但是，最广泛的后义务教育是在继续教育学院和高等教育机构中进行的，仍然主要由中央政府来资助。雇主在提供并资助训练的过程中也很重要。在成人教育中，私有市场也在迅速发展，越来越多的学生自费进行学习。

关于参与后义务教育的总人数，现在并没有全面的统计数据。根据英国教育和技术部的资料，在英国的继续教育学院中，2004 年至 2005 年有 500 万名学生，而在 1990 年至 1991 年，则只有 220 万名。其中 4/5 的人超过了 19 岁，大约 4/5 的是兼职学习。另外，2004 年至 2005 年，有 250 万名学生在高等教育机构接受本科和研究生教育，而在 1990 年至 1991 年，只有 110 万名。此外，2006 年春季，有超过 500 万名的劳动年龄人口（16 岁至 64 岁的男性和 16 岁至 59 岁的女性）在过去四周内接受了与工作相关的培训。

为什么会出现“终身学习”？

在 20 世纪 80 年代后期和 20 世纪 90 年代，对后义务教育和培训有着根本性的反思，同时“终身学习”的概念也逐渐提到了政策议程上。究其原因，主要的推动力应当是全球化和劳动力市场的变化，两者可以帮助我们理解为什么终身学习政策会被引入，以及这些政策的本质是什么。

全球化（参见本书第二十五章）对英国的经济和社会政策包括教育都有着深刻的影响。英国因此而发生转型，转变为知识经济或是建立在高技术和高知识工作基础上的“知识社会”。因此，为了能够在全球经济中竞争并拉动经济增长，技能和知识是十分重要的。

全球化、逐渐加剧的竞争以及科学技术的迅速发展，也促使工作场所、工作的组织体系和工作的本质发生了一定的变化。如今，很少有人会期望终生都从事同一份工作。相反，在人的一生中，所从事的工作类型很可能是间断性的和不稳定的。

这些发展导致工人需要拥有资质、技能和能力，来完成和保有他们的工作，以及得到新的工作。因此，学习不再只是限定于工作或生活中的某一点。相反，许多人需要在生命中的不同阶段重新学习技能或是提升技能，而且这些学习还要适应已有的家庭和工作生活。

工党的终身学习理念

工党政府坚信英国“知识经济”的成功需要建立在一种全新的基础上。首先，需要创造和产生科技进步和改革；其次，要有一支受过良好教育、具备高技能的、适应性较强或者说是灵活的劳动力队伍。这种想法对于英国的教育培训体系有着深刻的影响。

工党政府对后义务教育改革的态度，可以被理解为对于上述变化和先前保守党政府的政策的回应，以及根据他们自身的理念和实践来重塑政策的愿望。工党政府政策取向的独到之处在于：社会政策的关键目标同时包括了经济发展、社会融合和社会公正；而这一点在后义务教育中体现得尤为明显。

工党政府认为，技能是提高劳动生产力的关键杠杆。最常见的技能测量方法就是资格认证。为了建造成功的知识经济，需要进行资格认证；而拥有资格认证以后，人们就可以获得高薪的、满意的和稳定的工作。通过教育体制特别是后义务教育，个人可以获得好工作所需要的资格认证，并获得关于学习的更广泛的社会和个人福利。因此，教育被视为提高社会流动性和社会公正的关键途径，而就业则是促进社会融合和解决贫困问题的重要方法。

在工党政府的大部分后义务教育政策中，可以很清楚地看出其经济和社会目标，以及市场原则和对机会公平的社会民主主义的强调的集合。但是，终身学习的经济需要主导了几乎所有的后义务教育政策。培养更具生产性、更高效的劳动力——大多数终身学习的政策意义都被这样一种狭义的议程所主导。托尼·布莱尔的承诺“教育是我们最好的经济政策”就反映了这种姿态。因此，在关于终身学习的政策讨论与工党政府政策的实现之间，存在很大的分歧。

在工党政府公共部门“现代化”的旗帜下，工党终身学习政策的另一个特征是市场意识和准市场的引入，而这些最早是由前任保守党政府推动的。促进教育服务提供者和教育机构之间的竞争，是工党政策背后的主要逻辑。这是为了刺激教育机构之间的竞争，从而提高效率、改善质量，并给学习者更大的选择权。许多政策工具，例如绩效指标或目标、学校排名表、更严格的督察制度以及问责制度，用来加强上述目的。这一点在继续教育中尤为突出，因为继续教育是受终身学习政策发展影响较大的领域。

工党的教育培训政策

工党政府相信，为了确保经济的发展，必须提高所有工人的资质和技能水平。工党政府教育培训政策的总体目标，就是通过提高后义务教育的参与水平，从而扩大高技能工人的规模。工党政府认为，后义务教育的扩大，及其为现有和未来劳动力提供职业、专业教育的作用，对实现他们的政策抱负都是十分关键的。一些评论家质疑支撑这些政策的假设，他们怀疑的核心在于资格认证：资格认证是技能最好的代表吗？资格认证会在多大程度上使非正式学习贬值(Wolf et al.，2006)？

工党政府非常重视16岁以后的教育。他们将大量资金投资于此，建立了新的架构体系和下属机构来管理、投资并组织教育和培训，例如创立了认知技能委员会——第一个以促进学习为法定责任的公共机构，此外，还制定了第一个国家技能战略。

但是，也有批评者认为此类政策和倡议实在过剩，有些只是补充性质，有些交叉重叠，而有些则存在冲突，中央主导的和自上而下的政策干预也过多。为了使情况得到改善，政府运用了一些政策杠杆，包括对提供者和学习者的资助、目标定位、提供课程和进行资格认证，以及发挥雇主的影响力并与之建立联系。

从广义上说，工党的后义务教育政策可以被划分为致力于提高未来劳动力的资质和技能水平的政策，以及致力于提高现有劳动力技能水平的政策。

提高未来劳动力的资质和技能

14 岁至 19 岁的青少年

义务教育结束后的教育培训问题，数十年来一直在困扰着政策制定者。与其他国际竞争者相比，英国的教育培训体系中有一大缺点：16 岁以上继续接受教育的人数偏少。根据教育与技术部的资料，2004 年至 2005 年，有 73%的 16 岁青少年和 58%的 17 岁青少年在学校、六年级学院或继续教育学院接受后义务教育。

工党政府的“14 岁至 19 岁”政策试图纠正义务教育体制的失误(参见本书第五十四章)。这一政策的重要目标在于：鼓励更多的年轻人继续接受或是重新接受教育和培训，得到资格认证和技能，从而在学业或劳动力市场中更好地发展。在 16 岁或 17 岁时就离开学校而未能获得较好教育的人，更难以获得较好的工作，甚至找不到工作。这些人绝大多数都身处弱势群体家庭。早期离校就业者持久地提醒着我们，英国的教育体制中还存在着不平等。

工党致力于减少遭受社会排斥最严重的人群：没有在上学、就业或是接受培训的人——最近更多的是在从事没有任何培训的工作的人。工党的政策和 2005 年白皮书《14 岁至 19 岁青年的教育和技能》(Cm 6476)，侧重于改善(福利的)申请、保持、进步和获得。工党政府有选择性地改革了课程设置，并引入了新的资格认证和学徒体制。但是，这并没有能够结束长期以来一直存在的备受尊重的学术资格认证和地位较低的职业(工作取向的)资格认证之间的分化。关于对不同岗位采取更统一的资格认证的申请，遭到了工党政府的拒绝，而这一申请的成功可能会导致综合教育认证高级水平的废除。工党政府提供了更多的鼓励和支持，例如职业建议和学习机会信息，并通过一种叫作教育维持津贴的家计审查福利，为 16 岁至 19 岁的在学者提供资金支持。但是总的来说，这些政策对于 16 岁以后的教育参与率和资格认证只起着非常有限的作用。

・・・高等教育

政府认为高等教育对于满足劳动力市场需要有着重要的作用，特别是对高技能工人的持续增长的需要。因此，政府再次聚焦于提高民众的高等教育参与率。

工党政府的高等教育政策重点在于本科生而不是研究生。英国国家高等教育调查委员会最早提出了这些政策。该委员会是由前任保守党政府建立的，在 1997 年 7 月也就是工党政府执政不久后，该委员会提出了一份报告。正如报告的题目《学习型社会中的高等教育》所言，高等教育对于终身学习具有很重要的作用。在对于高等教育的远景目标、规模和资助的诸多建议中，报告赞成扩大高等教育规模，同时也提出疑问：谁应该是高等教育的投资者？这两个问题以及对研究的关注，主导了 1997 年以来的高等教育政策议程。在 2003 年白皮书《高等教育的未来》（Cm 5753）中，政府展示了对高等教育前景展望中的前沿问题的观点。

工党政府希望提高高等教育的可及性和参与率，为此他们承诺到 2010 年，把 18 岁至 30 岁的年轻人的高等教育参与率从 43%提高到 50%。政府希望更多的人上大学，但是并不只是提高同一类型群体的升学率。政府试图改变高等教育可及性和参与度上的不平等，因为在具有专业技术家庭背景的年轻人中，接受高等教育的比例比非技术家庭背景的年轻人要高五倍。因此政府鼓励少数群体，特别是弱势家庭中的年轻人，接受高等教育。

政府成功地提高了高等教育的参与率，但是并没有扩展其参与面。大学生的绝对数量有所上升，特别是在 20 世纪 80 年代末期和 20 世纪 90 年代初期，高等教育开始扩张的时候。但是，评论家却在怀疑是否能达到 50%这一目标，并且这究竟是否是政府真正满意的结果。事实上，工薪阶层子女接受高等教育的比例并没有太大起色，因此不平等仍然存在。

保守党时期高等教育的扩张以及投资不足，是迪林委员会（Dearing Committee）面临的重要问题。委员会开始审视：谁应该为高等教育买单、承担其成本？而国家、学生个人、学生家庭和雇主承担成本的比例又该如何平衡？委员会的主张建立在谁受益就谁付费的市场原则基础上，而且他们意识到社会是受益者，需要承担最多的份额。但是学生在毕业之后，也会受益于好的工作、更好的就业前景和更高的薪水，因此他们也应该承担自己的教育费用。

“成本分担”议题贯穿了学生资助和经济援助的关键性改革，并且把高等教育的成本更多地从国家转移到每位学生身上。最近的改革是在《高等教育法案(2004 年)》的引导下进行的，这些改革从根本上改变了高等教育的前景，预报了高等教育的市场化和更激烈的竞争。2006 年，引入了弹性学费制度，这意味着学校可以选择向全日制本科生收取不超过 3 000 英镑的学费。全体学生，无论家庭收入水平高低，都需要缴纳学费。同时，伴随着《教育和高等教育法案(1998 年)》的废止，学生补助金被重新引入。另外，高等教育机构需要通过学校奖学金来为学生提供经济援助，而奖学金的来源则是学生的学费。

提高现有劳动力的资质和技能

技能有限或受教育程度不高的人会在经济上遭到排斥，他们很难找到工作或是很难找到高薪且稳定的工作。因此，政府的另一项政策举措就是国家“技能策略”，主要是针对低资质或无资质的成年人。这项政策目的在于满足成年人学习的需要，提高他们的资质，从而改善他们的就业前景，包括促使失业者从福利转向工作。另外，由于人口变迁——人口老龄化和年轻人比例较少——现有劳动力需要更新技能或是学习新技能，来满足劳动力市场的新要求。

技能战略

2003 年白皮书《21 世纪的技能——明白我们的潜力：个人、雇主和国家》(Cm 5810)确立了技能战略。它概括了政府优先资助最急需的成人教育的原则，还比较清晰地界定了可以享受免费学习的成年人群体(19岁以上)、哪种学习类型是免费的，以及谁需要缴纳学费。这也是首次为所有成年人提供免费学习的机会，以帮助他们获得二级资格认证(等同于获得五项评分为A* 至C的普通中等教育证书)。后来，根据2006年白皮书《继续教育：提升技能、改善生活机会》(Cm 6768)，这项权利又扩展到19岁至25岁的年轻人，他们可以免费接受学习，来获得三级资格认证(相当于两个高级水平综合教育认证)。为了拉动这一政策，根据获得二级或三级资格认证的比例，设立了延展性目标。支持这项政策的是一项经济方案：为全日制学生提供生活帮助的家计审查福利，以及更多其他形式的帮助，包括咨询、指导和信息服务。

这种政策的后果之一就是有一些课程由于不提供这种优先资格认证而被削减，因此影响了终身学习的目标。另一个后果是大批成年人因为不属于政府优先资助的群体，而需要支付学费，或是更高的费用。因此，再次出现社会议程与市场供应紧密相关的情况，这也就意味着在国家资助降低时，学生需要负担更高的学习成本。

终身技能

1998年，工党政府委托克劳斯·莫泽爵士(Lord Claus Moser)研究改进基本技能的问题和时机，这些技能包括读写能力、数学能力和英语能力。委员会的报告《一个新的开始——提高识字能力和算数能力》中指出，在英格兰有700万成年人需要提高识字能力和算数能力。“终身技能”计划应运而生，它是工党1997年的宣言中三大政策重点之一，也是后来继续教育政策和实践重要的驱动者。正如后义务教育中政府干预其他领域一样，技能的改进着眼于确定统一的能力标准和水平，这些统一的能力标准和水平在新的国家课程体系中得到传递，并且由新的资格认证体系进行考评，技能的改进也着眼于在提高教学质量的同时，减少学习的障碍。失业者是一个终身技能学习项目的目标群体，另一个目标群体是就业中心附属单位的顾客。

雇主

工党政府像历任政府一样，在说服雇主更多地投资于员工的教育培训方面没有太大进展，特别是对于中小企业主。大概有14%的劳动年龄人口曾经在某个月内接受过培训，但是大多数培训都是不到一周的短期培训。具有较高水平资格认证的人要远比没有资格认证或是水平较低的人更多地受到培训。因此，最需要获得以工作为基础的培训的人往往却得不到培训。这些数据说明，在终身学习的可及性上，仍然存在着不平等。这些数据还说明，继续教育和培训不能够有效地弥补义务教育导致的技能差距，反而进一步加剧了学校教育带来的不平等。

政府试图通过一系列的政策提议，例如增值培训计划（Train to Gain），把雇主推向驱动者的地位；政府通常的做法是把培训成本转嫁到公共支出上。政府近期的政策，如全英雇主培训计划（National Employer Training Program）和来自“里奇评论”的建议（HMT，2006），更加偏向于雇主，例如鼓励他们更加明确本公司的技能需要。但是，值得怀疑的是，雇主是否能真正明确他们的需要。另外，这些需要拉动的政策提议是自愿的。目前尚无哪一任英国政府以法制化的形式强制要求雇主提供并且支付员工的培训费用。

新兴议题

由于义务教育不能够培养经济发展所需要的有技能的劳动力，以及人口变迁的冲击，政府将会继续利用后义务教育部门来重新进行调整。政府可能会引入更多的改革，包括“里奇评论”中的建议，例如把离开学校的年龄提高到18岁，促使更多的雇主加入技能培训等。其他未来可能出现的问题还包括：现有后义务教育的基金水平能否长期维持；在后义务教育中，私有化和市场化是否会加剧。此外，个人、国家和私营部门，包括雇主，在后义务教育的供应和投资中的角色与责任，也会成为未来的重要问题。

高阶阅读指南

L. Archer, M. Hutchings and A. Ross, *Higher Education and Social Class: Issues of exclusion and inclusion* (Routledge Falmer, 2003)探讨了社会阶级和扩大参与的议题，以及工人阶级群体未被充分代表的原因。

Oxford Review of Education (2004)30/1 是关于后义务教育的所有问题的专刊。R. Taylor, "Lifelong learning and the labour governments 1997 – 2004", *Oxford Review of Education* 31/1 (2005): 101 – 118，这篇文章从意识形态的视角分析了新工党关于终身学习及其终身学习政策的意识观点。

A. Wolf, A. Jenkins and A. Vignoles, "Certifying the workforce: economic imperative or failed social policy?" *Journal of Education Policy* 21/5 (2006): 535 – 565，这篇文章质疑了支撑政府技能战略的基础，以及它对目标和资格认定的过分依赖，还探讨了这些政策工具是否真正帮助政府达到了目标。Leitch Review of Skills, *Prosperity For All in the Global Economy — World Class Skills* (HMSO, 2006)对英国的长期技能需要进行了评论，还讨论了如何达到这一目标。

A. Green, "The many faces of lifelong learning: recent educational policy trends", *Europe Journal of Education Policy* 17/6 (2002): 611 – 626，探讨了终身学习在欧洲的兴起以及多种政策倾向。

有参考价值的网站包括：教育的守护者——当今后义务教育问题的相关文章，请参见 http: //education. guardian. co. uk。英国教育和技能部——介绍后义务教育政策的各个方面，以及政府报告、统计数据和研究报告，见 http: //www. dfes. gov. uk/。

第四十九章

住　房

艾伦・缪里

概 述

- 住房政策在现代福利国家中具有重要的作用，但是关于住房政策有着一系列不同的视角，从来没有综合性的或是垄断性的国家住宅供给。
- 1919 年到 1979 年期间公共住宅的发展，意味着它成为住房供给中的一项重要且令人满意的组成部分。
- 政府为低收入者所建的公共住房逐渐发生了变化，更多地成为一种最后才会寻求的服务，私营化的发展引发了其进一步的改变和衰退。
- 扩大住宅所有权一直是政府努力的目标，并且已经成为一个关键性的要素，但是关于其方式和可承担性的问题仍然非常重要。
- 此外，针对无家可归者和其他特殊群体的政策，以及重建并创造可持续的邻里关系都是住房政策中的当务之急。

导 言

在社会问题和社会政策的争论中，住宅问题是非常重要的一项。富裕、剥夺、地位、隔离、污名化、社会排斥和社区整合等形象都与人们的居住地和住房相关。同时，住房也是家庭生活的重点，因为家务在其间进行，而且住房可以表现出资源和财富的积累。

住房供应牵涉到了市场、国家和志愿部门，而且也与生产、交换、所有和控制的过程相关。和社会政策的其他领域不同，住房从来都不是国家垄断管理的，但是国家在住房提供中具有十分重要的作用。公共住房对于

20世纪国民居住条件的改善起到了关键性的作用，而且对英国城乡发展有着深刻的影响。

历史背景

英国现代住房政策的历史发展，可以追溯到19世纪工业化形成的诸多社会问题，以及当时为了控制对国民卫生健康的威胁所设计的一系列改革措施。将公共卫生措施引入由私营地主所有制（private landlordism）主导的市场，对于改善质量较差的居住环境有一定的影响，但也导致住房领域的私人投资不像其他经济领域投资那样有吸引力。通过慈善机构的努力不足以满足对住房的需要，在第一次世界大战爆发前，英国政府就曾经提出要通过补助地方政府来为工薪阶层建造能负担得起的住房。第一次世界大战产生了一系列的影响，包括租金控制以及战后为参战英雄提供合适的住房的承诺，都增加了发展新的住房政策的压力。

英国的住房政策在1919年有了关键性发展，财政部开始补贴公共住宅。自此开始的60年间，地方政府在住房提供方面起到了非常关键的作用。与此同时，私人住宅出租部门逐渐衰退，私营部门转向供应住宅给个人所有者——在某些地区和某些较富裕的家庭，这一进程发展更加迅速。

第二次世界大战中断了住宅建设的发展。而且，还有一个非常严重的问题是战时的空袭对房屋有较大的损害。但是在战争结束后，英国对住房的重建工作并没有达到其他福利国家的水平。全英住房服务机构还没有成立，在私人所有制主导的住房体系中，地方政府仍然是国有住宅的主要提供者。因此，住房通常被视为一种被忽略的服务，以及福利国家体制中不稳定的支柱。然而，更强大的规划系统和新城计划，以及租金控制政策的延续，影响了私人房屋出租领域的发展，因而在1945年后，住房领域实际上更多地由政府管理。地方政府和新城镇都享受到了更充裕的补助金，因而能够以一种空前的规模建造住房。

1919 年到 1979 年，地方政府的公共住房与个人住房并肩发展。政府持续鼓励房屋的个人所有制，而忽视私营租赁的发展。这段时期房屋所有权的现代化发展极大地促进了房屋质量的提高。新住房、贫民窟拆迁和老住宅翻新，以及家庭结构和富裕程度的变化，减少了住房拥挤、合住和居住不便等问题。长期以来房屋的私营租赁一直被控制，特别是 1939 年租房管制的重新引入和贫民窟拆迁运动，更是加剧了这种控制。另外，因为更多的富裕阶层受有利的金融环境的影响，获得房屋所有权，同时高质量的补贴性出租部门的发展，以及人们对不受租房管制的住房能够承担并且愿意承担的租金水平，这些因素导致投资私营住房租赁业务的吸引力不大。

自 20 世纪 70 年代以来，住房政策深受这样一种观念的影响：住房问题已经在很大程度上得到了解决。住房政策的优先目标不再是提供房屋和改善住房质量，而是满足民众对住房所有权的渴望。这种目标与政党间的竞争相符合，因而被视为个人所有制的胜利。1979 年新保守党政府上台以后，引入“购买权”，把 650 万套公共出租房屋中的 200 万套卖给了符合条件的承租者。政府对公共住房的态度发生了转变，不再偏好由地方当局大举提供新建筑。对私营出租管制的放松、建房互助协会的成立以及住房信贷政策的改变，使住房体系完成了从管制为基础到市场为基础的转变。1988 年以后，住房协会成为在建的新型社会出租房的首选中介。由于“购买权”以及部分房产归住房协会所有，公共住房在规模上有所下降。某些地方政府将它们所有的住房交予住房协会，政府的角色不再是住房的直接提供者，只是住房领域的战略性及使能性角色。

公共住房的出售，以及向住房协会的转移（这种转移不属于公共开支），都符合关于减少税收和公共开支的打算。以前用于住房计划的公共支出被削减，同时公共住房的私营化创造了现金收益，并成为 1979 年以后政府私有化方案中最重要的一部分。

到 20 世纪 90 年代末期，住房政策已经跌至谷底。为普通家庭或低收入家庭建造高质量住房的主要干预计划已经不复存在，同时对于住房的管理日趋碎片化。政策的重点转向分解以前国家干预的影响，依靠私营市场来提供住房，并提供家计审查的社会保障支持来帮助民众承担住房开支成本。

住房的变化

英国从一个私营租客的国家转变为住房所有者的国家，经历了一段过渡时期，在此期间则是高度混合的住宅所有制结构（见表 49.1）。这些国家统计数据掩盖了巨大的地区差异，例如有些地方是以公共供给为主，而有些地方则是个人所有。

表 49.1　英国的住房所有权（1914 年至 2001 年）（各种住房的百分比）

年　份	公共出租	个人所有	私营出租①
1914	<1	10	90
1945	12	26	62
1951	18	29	53
1961	27	43	31
1971	31	50	19
1981	30	56	13
1991	21	66	13
2001	15	69	12

注：① 包括住房协会。1988 年新的财政制度引入后，住房协会被认为是属于私有部门。2001 年，住房协会提供了 6.5%的住房。

资料来源：Mullins and Murie（2006）and housing and construction statistics。

随着住房所有权的成长或萎缩，其性质也随之改变。私营出租部门已经趋向衰落，目前主要是为长期租房的老年人和短期暂住人口提供住房。自有住房和公共住房都是于 20 世纪 20 年代为了照顾年轻家庭而开始发展的，现在则发生了改变和分化。自有住宅部门仍然是为富裕家庭提供住房，但是同时也开始为贫困家庭，包括老人和面对失业等危机的家庭提供住房，而且其中价值和需要的巨大差别也十分引人注目——从奢侈的乡村和郊区别墅到市中心质量较差的住房。

公共住房和住房协会经常会连在一起，统称为社会租房部门，这可以更清楚地在住房问题上反映出各种不同的社会需要，而不仅仅是住房需要。社会租房部门现在只为低收入群体提供住房，但是，租客不再是以抚养孩子的家庭为主，而是包括了老年人、年轻单亲家庭和慢性病患者或残疾人家庭。这种转变的模式现在被称为“补缺型”，即人口中最贫困的群体，更趋向于集中居住于社会租房中，特别是其中的最差住房中。住房所有制和社会变迁、公共住房的配给方式，会导致那些没有谈判权利的弱势群体只能得到最差的房屋。

房屋个人所有制部门的发展，在战后阶段基本上与财富的积累相关。从总体上讲，房产所有者经历了房产价格上涨和财富的增加——相对于没有房产的租户来讲；除了1990年后的一段时间，房价的实际价值有所下降，因而相当数量的家庭成为负资产(房产的价值下降，不足以支付按揭的数额)。

无家可归者

在关于住房政策的讨论中，一个核心问题是与无家可归者和住房不足者有关的。在英国，无家可归者经常受制于立法范畴，不包括所有居住空间不足而没有充裕家庭空间的人，同时，这个概念也不仅仅包括完全没有住所的流浪者。在英国，关于无家可归者的研究通常认为，住房市场是导致无家可归者产生的重要因素，市场化的操作会使普通家庭面临无家可归的风险。

法律意义上的“无家可归者”的数量从20世纪70年代后期开始有了很大的浮动。通常认为，这与住房市场的变化以及社会出租房和可承担的私营出租房屋的短缺相关。同时，人口结构变化、福利体系、机构照顾的变化和就业的变化也促使了无家可归者问题的加剧。无家可归者的家庭与过去相比更难做到“常态化”，其包括了不同年龄组、不同的家庭类型和多重问题家庭。最近针对无家可归者的行动已经成功地使官方统计数字有所下降，在处理街头露宿问题上也有了一定进展。

福利国家的住房政策

住房所有权的重构与住房信贷、税收和补贴金都相关。租金控制代表了一种对于私人承租者的补贴，以免受市场价格的威胁。补贴公共住房隐含着对承租人有利的再分配转移。对于房屋个人所有制的多种经济资助和其他资助是有利于个人所有者的。按揭利率的税务减免是非常可观的，特别是在高房价和高利率时期。这些受惠的富裕家庭通常需要支付较高的收入所得税和更多的抵押贷款。只有在 20 世纪 90 年代，税率减免的体制才发生了一些改变，缓和了这种税率递减的模式作用，尽管对资本收益而言，税收减免的递减模式依然存在。

住房福利的社会分工不仅使富裕家庭受益，公共住宅承租者从高质量住房中获得的实物福利，也是福利国家再分配体制中非常重要的一部分。公共住房的财务情况在 20 世纪 80 年代发生了改变：租金上涨；从 1919 年就开始实行的由财政部补贴、适用于所有产权的财务体系转化为家计审查的个人住房补贴。原来对公共住房、住房协会和私人出租部门的住房津贴，现在改由社会保障部门提供，公共住房的承租人不再接受补贴金。但事实上，他们的租金用来补贴需要住房津贴的人。最穷的承租者是由其他租户补贴的。

1979 年以后，许多相对富裕的承租者通过“购买权”购得他们的公共住房。最初受益于租金补贴，搬入最好的公共住房和新城镇住宅的承租者，在购买住房时获得了双倍的收益。他们以非常优惠的折扣价购得房屋，并且还受益于房产的资产增值。某些享受收入补助的房屋所有者仍然有资格获得社会保障的补贴。住房信贷仍然是分化的，对不同的所有权有着不同的安排，而与所有权无关的统一的住房信贷体制并没有得到发展。

重建和管理

公共住房刚建成时，都是高质量并且具有吸引力的房屋。特别是大多数的公共住房都是附带花园的传统房屋模式，因而供不应求。但是某些情况下房屋的信誉较差；或是在某些阶段如贫民窟拆迁阶段，房屋质量不高；或是所在区域从一开始声誉就较差。高层公寓是政府补贴和地方政府专家积极推动下的产物，曾经较受青睐，但最终草草收场，在很多地区都遗留着这样不受欢迎的房产。这一部分的公共住房，渐渐无人问津。这些很难出租、很难管理也很难居住的房产催生了很多新的政策：地方管理，承租人参与共同管理本区域，以及提高对居住环境、服务和设施的投资等。这些政策干预通常都有短期的积极效果，但是并不能解决剥夺、隔离和污名化的问题。

在英国，随着社会不平等的加剧，居住条件较差的社区的压力也随之增大。在这些区域内，混合所有制、私营出租房屋以及社会出租房并存。地区经济和人口变迁意味着对条件较差的房屋的需要发生了改变，而无论这些房屋的所有权如何。对这些地区的重建和管理计划，也不能承受经济和住房信贷的变化。贫困陷阱和失业率的提高使得低收入群体更难以改变自己的环境。

对于这些问题的回应是从管理计划转向了更加统一的地方重建政策，着重强调就业、教育和培训。住房和社区问题与经济问题不可避免地捆绑在了一起：低收入家庭不仅面临住房问题，还有工作机会和其他服务的缺乏的问题；住房市场交易活动是经济活动中重要的一部分，在重建工作中也扮演着主要角色。

当今住房状况

20 世纪 70 年代中期，大家普遍认为住房问题大体上已经得到了解决，遗留的只是个别的、地区性问题，需要有针对性的干预，而住房问题通常可以由市场解决。到20世纪90年代中期时，这种观点就很难继续维持，因为无家可归者和贫困者公共租房已经突出地代表了社会不安定问题。城市中的社会隔离和分化比过去更加严重，而且种族隔离、城市犯罪和社会不平等从社会层面和经济层面都影响着机制的正常运转。雇主自住部分出现了新的问题，这些问题主要发生于老年和低收入家庭中，以及受家庭、就业危机和过高的借贷利率影响的家庭中。

英国在20世纪初期是一个租房者的国度，而在21世纪则是房屋自有者的国度。但是对于私有市场的依赖也带来了特殊的问题，即供给不足和无力承担。虽然高就业率、高收入以及低而稳定的利率保证了个人所有制的安全，但是当地方政府和新城镇房屋建造取消的时候，私营建房并不能壮大到足以填补所有的空白。同时，私有出租部门去管制（deregulation）以及已经拥有房产的家庭投资于出租房的需要导致了房价的上涨。私有出租部门管理的缺乏以及住房协会部门的变化，使承租人负担更高的房租，却享受更少的权利。在英国城市中，无家可归者和街头流浪者依然存在，甚至比20世纪80年代还要严重。虽然整个20世纪90年代就业率的上升和住房福利的可移植性意味着某些群体有了更多的选择权——特别是在出租部门中。某些家庭面临关于所有权的选择，而在另一些家庭中，对于住房并没有任何选择权，更不必考虑所有权问题。虽然大部分家庭的住房状况都有了改善，但是居住问题的性质同时也发生了改变。在各种住房形式中，需要的变化和房屋质量都是非常明确的问题，特别是在某些区域和次级市场中。

英国政府所面临的一大挑战就是如何在不同的社会、经济和政治背景中，重构住房政策。全球问题和经济竞争限制了公共部门为了恢复大规模公共投资所需的借贷和税收的水平。历任政府所偏好的选择是：转移公共住房的所有权给新的组织（与地方政府相关的地方性房产公司），这些组织是在公共部门和公共财政支出之外的。新工党1997年执政以后在英格兰的相关政策的基础，是一项关于股份转移的十年计划，以及“购买权”的继续实施，这标志着工党和保守党政府在此类政策上的延续性。另外，还曾经有一个持续到2010年的计划，主要是为社会出租房提高标准（达到新的优住标准），以及一些旨在解决社会排斥问题及复兴邻里关系的新战略。

后来出现了非常系统化的政策调整措施：2003 年在英格兰的社区计划[①]和 2004 年的《巴克住房需要与供给报告》[②]。社区计划致力于恢复数十年来由于疏忽和投资不足而遗留的问题，并且解决某些挑战，包括人口的迅速变迁、经济发展的需要、严重的住房不足问题和房屋遗弃的影响。该计划包括了住房政策的地区化，并且强调了住房供给和规划的长期可持续性发展取向——稳定社区并消除对同一地区的同一问题进行周期性资助。在具有不同市场的地区发展不同政策的需要已经得到了公认。例如，在英国的中部和北部，住房市场复兴区域产生了标志性的投资政策；而在英格兰的东部和南部，住房紧缺的现象仍然没有缓解，扩充和维持劳动力的困难以及提高购买力的问题，意味着需要针对新兴区域和重要的职工设立一个更加宽裕的公共支出组合。

《巴克住房需要与供给报告》的提交，指出了在房价上涨的情况下，新型住房市场的疲软反应，以及财政部关于不理想的经济后果的焦虑。房价上涨抬高了“支付门槛”，产生了对家庭公共津贴的强烈需要，并且导致高房价地区难以吸引普通工薪阶层。另外，偏向于消费者支出公平的取向使货币供应的控制变得困难起来，甚至还涉及调整汇率和控制通货膨胀。中央政府采纳了《巴克住房需要与供给报告》的建议，改变了计划体系，并提供额外的资助来传递额外的社会住房服务。

新兴议题

从 2003 年起，住房问题在公共政策中开始比以往数十年都更加突出。住房不仅与社会政策相关如公民的居所、福利国家对就业、健康、社会秩序和家庭方面的影响，还与经济政策相关，如城市在全球化经济中的

---

① ODPM，(2003)，*Sustainable Communities: Building for the Future*（ODPM，London）.

② Barker K，(2004)，*Review of Housing Supply*，*Delivering Stability: Securing our Future Housing Needs' Final Report —Recommendations*，HMSO，London.

作用、邻里关系和住房成本对于城市竞争力与英国经济的影响。个人所有制的重要性还体现在它对财富分配的影响力方面，资产所有制对于社会政策也越发重要——可以在老年阶段提供一种资源或是资助，来进行住家养老照顾以及其他一些国家不再负担的服务。私有住房市场仍然是满足住房需要的主要力量，但是住房问题如此重要，以至于政府不会袖手旁观。政府在这方面一直都很活跃，努力去满足民众需要、调节房价涨幅，并且增加社会出租房的供应来稳定住房市场。住房体制曾经是福利国家体制中不稳定的支柱，但似乎正逐渐成为以资产为基础的、富有竞争力的新型福利国家的基石。

高阶阅读指南

Inside Housing 和 *Roof*(期刊)中讨论了住房政策议题，提供了事实和数据，以及精炼的批评性文章。本领域中的学术期刊还包括 *Housing Studies*，*Urban Studies*，*Journal of Housing and the Built Environment* 和 *European Journal of Housing Policy*。

D. Mullins and A. Murie，*Housing Policy in Britain*（Macmillan，2006)，对英国住房政策进行了介绍，包括历史发展、主要的住房所有制，以及关键的住房政策议题。另一本介绍政府与住房关系的书是 P. Malpass，*Housing and the Welfare State: The Development of Housing Policy in Britain*（Palgrave Macmillan，2005)。J. Burnett，*A Social History of Housing 1815 - 1985*，2nd edn (David and Charles，1985)介绍了住房的历史和住房变迁的社会背景。

K. Gibb，M. Munro and M. Satsangi，*Housing Finance in the UK: An Introduction*，2nd edn (Macmillan，1999)描述了住房信贷的关键问题。C. Jones and A. Murie，*The Right to Buy* (Blackwell，2006)探讨了英国公共住宅出售的起因、细节和结果。G. Bramley，M. Munro and H. Pawson 的 *Key Issues in Housing* (Palgrave Macmillan，2004)一书也对住房议题进行了

总体概括。

一些政府部门的网站上有最新的统计数据，包括英国社区和地方政府、北爱尔兰办公室、苏格兰执行委员会和威尔士议会。

第五十章

社会照顾

乔恩·格拉斯比

概 述

- 当今的社会照顾实践起源于19世纪的慈善事业，在各种不同的视角下，都是反贫困的最好方式。
- 当今社会照顾的范围和规模。
- 普通社会服务部(SSDs)的建立，将服务提供者和购买者分离，将老的社会服务部拆分为新的儿童服务机构和新的成人服务机构。
- 社会照顾与其他服务，如健康照顾和教育之间的关系。
- 未来可能出现的问题和需要优先解决的问题，例如投资于长期性干预，以及直接给付和个人预算的出现。

导 言

1942年，《贝弗里奇报告》中的“社会保险和联合服务”为战后的福利服务发展绘制了蓝图。这份报告中被世人引用最多的部分是贝弗里奇关于未来社会服务需要克服的“五大社会弊病”或是社会问题的描述。五大社会弊病包括：贫穷、疾病、愚昧、肮脏和懒惰。虽然这些词汇是20世纪40年代的语言，但是它们仍然描绘了当前的社会问题，甚至仍是当今政府部门的某些议题和职责(参见表50.1)。例如，20世纪40年代的“贫穷”如今演变成了贫困或是社会排斥，并且通常由社会保障体制来解决。尽管本书的其他章节包括各种社会服务(参见本书第四十五章至五十章)，但是表50.1显示，一个关键性的差别就在于社会照顾和社会工作方面。社会照顾是贝弗里奇没有发现的第六大弊病？它是可以黏合另外五大弊病的胶水吗？抑或是一种关键性的服务，来帮助那些不能享受到其他服务的人群？我们下面将要讨论的一个可论证的观点是：未能准确地认识到社会照顾和社会工作应该如何切合当前制度，而这在某种程度上导致了对这一专业的信任和认同的危机。

表 50.1　英国福利服务

贝弗里奇“五大社会弊病”	政府应对措施/服务
贫穷	社会保障
疾病	英国国民健康服务(NHS)
愚昧	教育和终身学习
肮脏	住房供给和重建
懒惰	就业和休闲

当今的社会照顾

要理解社会照顾，先要理解几个经常交互使用的重要术语之间的差别。“社会照顾者”是对于一系列服务和工作人员的总体概述，他们致力于帮助成人和儿童面对生活中较困难的变化。这是一个非常宽泛的描述，重点倾向于为一系列的特殊服务使用群体提供实际的救助和支持，这些人群包括：受虐儿童、较脆弱的老年人、精神健康有问题的人、认知障碍者和残疾人。到 21 世纪初期，大概有 160 万人在接受社会照顾服务，大概有 140 万人在社会照顾部门工作。社会照顾部门的工作人员受雇于约 3 万家公共、私营和志愿机构，超过了国民健康服务的工作人员总数。用于社会服务事业的资金平均每年超过了 140 亿元，其中 30%是给予个人来进行自我照顾的。

相反，“社会工作者”是指受过训练的专业人士(社会照顾等同于医生、护士和教师），如今的“社会工作者”是要有专业学位并在国家综合社会照顾委员会注册，接受不同职业守则管理的人。在 20 世纪 90 年代的社区运动以后（下文将进一步介绍），社会工作者主要负责评估个人的需要，并且对服务进行安排，以满足来自公共、私营和志愿部门的社会照顾提供者的需要。传统上，许多社会工作者是受雇于地方政府的“社会服务部门”的，虽然此部门后来被分割为新的儿童和成人服务部门（下文将进一步介绍）。在 140 万社会照顾部门工作人员中，大概有 6 万人是有资格认证的社会工作者。

社会照顾的发展历史

社会照顾的历史悠久而令人费解，其中，19 世纪的志愿组织和慈善机构做出了很突出的贡献。在此之前，家庭和地方社区提供了（如今也还继续提供着）许多社会支持。在都铎王朝时代，许多社会支持事实上都是宗教性质的，并由修道院提供。随着修道院的解体，在城市化和工业化迅速发展的刺激下，通过现在众所周知的《济贫法》，大量的、更正规化的服务开始发展起来。尽管《济贫法》中包括了院外救济（为有财务需要的人提供支持），但是最主要的支持来源仍然是“济贫院”（workhouse），这种救助故意设置了非常苛刻的条件，来确保最后接受救助的都是最需要帮助的人（例如，“济贫院测试”的手段和“次等资格”的原则）。随着时间的推移，“济贫院”越来越集中于几类特殊的人群，包括有劳动能力的穷人（通常被视为懒惰并且可以自立的人）、体弱多病的老人、有精神问题和智力残疾的人（人们也逐渐认识到，这种人本身没有过错，并且应该得到救助）。

在 19 世纪的后半期，对于新的减贫路径的发展，以及其他一些后来与现代社会工作紧密结合的多种路径的倡导，有两个著名的志愿组织在其中发挥了重要作用：

1．在19世纪60年代后期的经济萧条后，救济行为逐渐增多，慈善组织会社(COS)的建立正是为了应对这种状况。会社采取了“科学慈善”的原则：对有需要的人进行评估，并且只给被视为应得的人提供慈善扶持(被认为是不应得的人则要依赖《济贫法》和济贫院)。通过这种方式，慈善组织会社希望能够在提供财务支持和促进个人自给自足的动机之间，取得一种平衡。一些类似的观念通过多种方式支撑了当前的争论：该不该给沿街乞讨者以施舍——这究竟是帮助了那些贫困者，还是鼓励人们去依赖这种形式的救助?

2．睦邻运动开始于1884年，是伴随着汤因比馆的建立而产生的。它与慈善组织会社有很大的交叉(这两种运动经常会覆盖相同的人群)，但是后来两者的分化和不同也与日俱增。睦邻运动是指受过教育的人们聚居在大城市中的贫穷区域，具有双重目的：一方面是通过教育和“定居者”的优势来帮助穷人；另一方面是为了能够以朋友和邻居的身份来了解穷人，以及更好地了解贫困的本质。后来，睦邻者逐渐意识到贫困并不是个人失败的结果，而是更广泛的社会力量的产物，而且许多定居者也对福利国家的建立做出了显著的贡献。

这些不同的观点持续地以多种方式影响着现行的实践活动，如社会工作方法中的照顾管理(下文将继续讨论)继续关注个体需要的评估，并以此来评定享受福利支持的权利，而社区发展和邻里关系复兴运动则更多地关注社区增能和社会大背景下的个人问题。慈善组织会社和睦邻运动在社会工作发展初期都有很大的影响力，并与一些居于领先地位的高校合作创立和发展早期社会工作课程，还为学生提供就业安置和实践锻炼。

第二次世界大战后，越来越多的社会工作活动逐渐归属于两个地方政府部门中：专业儿童部以及健康和福利部。后来，在1968年《西博姆报告》发布之后，这些部门结合成为社会服务部(SSDs)。西博姆认为，通过将一系列的成人和儿童社会照顾服务结合在一起，可以创立一个更加全面的和合作性的视角，以吸引更多资源，并且可以更加有效地通过预先计划来确定和满足地方的需要。社会服务部迅速发展壮大成为全国性的基本组织机构，包括更加统一的和更高水平的社会工作教育体系，以及全英社会工作者学会的建设。

这个体系以多种方式维持着其完整性，直到20世纪80年代后期，罗伊·格里菲思(Roy Griffiths)爵士(英国圣巴瑞超市的常务董事)发表了社区照顾服务评论，从而引发了英国国民健康保险制度和社区照顾法案的发展。因此，社会工作者成为“照顾管理者”，负责评估个体需要，并从公共、私营和志愿服务的共同体中，准备全套照顾服务以满足个人需要。与当时的保守党政府的思想意识和承诺责任相一致的是，这些改革将社会工作者从“提供者”更多地变成了“购买者”，而且投入到这些改革中的资金也有很大一部分花费在独立(通常是私营)部门。

1997 年后，这种思潮很大程度上得到了保留，但是对于现代化的强调与日俱增(通常被描述为“第三条道路”，介于持市场导向观念的新右派理论和工党的公共部门价值观之间)。但不幸的是，这种观念貌似更擅长于定义什么不是“第三条道路”(即它既不是市场也不是国家)，而其结果就是产生了一系列不同的政策和路径，它们本质上更倾向于一种折中主义。近期政策的重点是对以下问题的关注：

- 更大的选择权和支配权(赋予服务的使用者更多话语权，这主要是在其所接受的资源和如何从其自身利益出发来支配资金方面)。也许这方面最明显的例子，就是直接给付发挥着越来越重要的作用，因此社会照顾服务的使用者可以得到等价于照顾服务的现金给付，从而购买他们自己的照顾服务或是雇用其他工作人员(从被动的服务接受者转变为自身的照顾管理者)。
- 更多的合作伙伴关系。这是由于健康和社会照顾的相关性与日俱增。在 2000 年还导致一个新形式的组织机构——照顾信托基金的成立，这个组织被视为可以充分整合健康和社会照顾的载体。但是在实践中，这种模式并不太受欢迎，而最近的政策倾向于在改革的路径方面，给地方当局更多的判断力，而这也被视为前进的最好办法。
- 更强调公民权和社会融合(这是和以下发展趋势相一致的：从传统的健康和社会照顾向更普遍的服务转变的视角和多种应对社会歧视与保护人权的努力)。这方面比较突出的例子就是在学习障碍白皮书《重视人的价值》(*Valuing People*)中，对于四个主要原则(权利、融合、选择和独立)的强调，并且在审视社会照顾和健康问题时，更侧重于它们可以为残疾人的生活提供怎样的帮助。

从结构性的方面来说，新工党的关键性改革是取消了社会服务部，并建立了新的、综合的儿童和成年人服务体系。从此，新的儿童服务部开始负责教育和儿童社会照顾，并且通过儿童基金联合了更广泛的合作者。类似的是，成人社会服务部也建立了与国民健康服务和其他服务机构的合作关系，而且负责监管成人社会照顾和其他服务（如住房和成人教育）。意识到这些改革以后，许多社会服务部门逐渐分化成了儿童服务委员会和多种形式的成人照顾（如“社会照顾和健康”“社会融合和健康”“社会照顾和住房”“成人与社区”等）。在这个体系中还有其他一些与此类似的变革，例如卫生健康部门与教育和技术部之间的政策正在日趋分化，另外，在监察体系、劳动力发展和专业组织机构中也存在着日趋扩大的分化倾向。总之，这些变革通过多种方式把社会照顾带回到了“前西博姆时代”（pre-Seebohm）（但并没有说明为何社会服务部曾经作为西博姆对远景规划中的核心，现在却不再重要的原因）。

新兴议题

社会照顾和社会工作对于有需要的人一直是比较重要的社会服务，但其历史却又是反复的、变化的。为社会上最弱势的群体提供支持的需要是一直存在的，但无论是19世纪时期以贫困问题为出发点的志愿行动，还是后来的贝弗里奇、西博姆、格里菲思和新工党的种种理念，关于如何以最佳的方式来提供支持都没有定论。目前，在逐渐严峻的财政和人口的压力下，先前的各种方法都日益显示出局限性，并且在如何更好地将社会服务集中于预防性的方向，通过更加有效的机构间的协调机制来提高服务的价值，以及使服务对象处于决策中心等问题上，仍具有很多的不确定性。不过历史告诉我们，无论如何，为社会中有需要的人（不论是成人还是儿童）提供支持都是必要的，而且某些社会支持的方式（不论是其名称还是其地位）似乎依然和以前一样重要。

21世纪初期，社会照顾试图回应社会、经济和人口变迁的诸多影响，也因而面临着一系列的挑战。最重要的是，人口老龄化、医学的进步和家庭支持的可及性意味着会有越来越多的脆弱的老年人需要支持，还会有更多的有比较严重、复杂的生理创伤和认知障碍的年轻人需要支持。由于国家财政日趋紧缩，基础性的改革必须满足新的需要，而且一系列的政策强调要从一个危机支持的体系变为预防性和提高福利的体系，但是关于如何付诸实践的问题(以及如何能够既投资于长期预防，同时也能继续满足危机人群的需要)仍然没有得到解决。

与此相一致的是，许多公共服务都越发重视服务产出的问题，这在某些公共服务中是一个比较困难的概念，因为传统的观念关注投入、过程和产出的问题(也就是聚焦于如何实现社会照顾，而不是这些照顾服务能否产生实际的效用)。从原则上讲，在督察和绩效管理问题上采取以产出为基础的视角，可能会在社会照顾的贡献上引发一些问题，还可能促使投入公平的理念(也就是人人平等、同等对待)转变为产出公平的理念(对不同的人群区别对待以获得相似的产出)。

另外，与此相关的合作关系正在发挥着日益重要的作用，通过社会照顾、健康、教育和其他地方性服务的合作，来满足有些人群复杂的、交叉性的需要。从常识的角度来说，多重合作和协调不同的优先次序与文化是比较费心费力的，而且如何发展有效的机构间合作机制仍然没有定论。因此，合作工作的成本和新的合作关系的发展程度都反而会为单一的机构工作方法加分。同时，儿童服务和成人服务的结构性变革也令社会照顾本身变得非常脆弱，甚至面临着被一个规模更大、资源更充裕也更受公众欢迎的服务体系(如国民健康服务和教育体系)所兼并的危险。当然合作工作的议题究竟是威胁还是机遇，是仁者见仁智者见智的，而且这也可以被视为一个判断社会照顾中的重要的价值观和原则的契机，并把它们纳入主流问题中。

最近出现的个人账户政策促进了直接给付这一新理念的发展。在这个体系中，服务使用者要接受评估(或是自我评估)，然后很快根据个人的服务需要水平来确定其应得的资金数目，因而他们可以自主决定如何支配资金——通过公共、私营还是志愿部门，或是通过直接服务或直接给付，还可以选择上述几种方式的组合包。从理论上说，这对于当前实践和当前权力的平衡，都是一个大胆的、激进的变革，甚至是自慈善组织会社以来，社会照顾体系中最深刻的变革。到本书出版时，这个改革能否实现还是一个问题，而且也是未来值得关注的一个重要领域。

高阶阅读指南

英国卫生健康部（www. dh. gov. uk）是负责卫生和社会照顾政策的主要部门。英国社会照顾总协会（www. gscc. org. uk）负责管理社会照顾的工作人员。社会照顾优化研究所（www. scie. org. uk）致力于发现社会照顾中的有用部分并在实践中推广。社会照顾在线（SCIE's Social Care Online）是一个庞大（免费）的数据库，包含相关研究和其他出版物。

Community Care 是标准的商业性出版物，包含最新的新闻、观点、研究和政策分析。

关于最近的社会照顾的历史，请参见 R. Means and R. Smith, *From poor law to community care* （Macmillan, 1998）和 R. Means, H. Morbey and R. Smith, *From Community Care to Market Care? The Development of Welfare Services for Older People* （Policy Press, 2002）。

关于特殊服务使用者群体，请参见 M. Murphy, *Developing Collaborative Relationships in Interagency Child Protection Work* （Russell House, 2004）（从当前实践中提取案例进行实务介绍）。M. Lymberry, *Social Work with Older People: Context, Policy and Practice* （Sage, 2005），借助对社会照顾和卫生健康之间联系的思考，介绍了重要的政策和实务困境。R. Means, S. Richards and R. Smith, *Community Care: Policy and Practice*, 3rd edn （Palgrave Macmillan, 2003），是定期更新的教科书，是介绍面向一系列成人服务群体的社区照顾服务的最好的入门书籍之一；M. Oliver and B. Sapey, *Social Work with Disabled People*, 3rd edn, （Palgrave, 2006），是一本经典的教科书，它批判了传统的社会工作实践。A. Rogers and D. Pilgrim, *Mental Health Policy in Britain* 2nd edn （Palgrave, 2001），是介绍精神健康的

主要书籍之一。

关于直接给付，请参见 J. Leese and J. Bornat（eds），*Developments in Direct Payments*（Policy Press，2006）。

第五十一章

刑事司法

蒂姆·纽伯恩

概　　述

- 从历史上看，社会政策的学者并不研究刑事司法和刑罚政策，但是现在这种状况正在发生着显著的变化。
- 当代刑事司法体系的主要制度是在19世纪和20世纪初期建立的。
- 20世纪的后30年中，政策的重点开始偏离福利和矫治。
- 当今刑事司法体系的主要特征包括惩办主义、政治主义和民粹主义。
- 20世纪后期，监禁和其他形式的刑事监管措施有了显著的发展。

导　　言

大体上来说，社会政策和公共政策学者倾向于忽视刑事司法领域。与健康、教育、福利和文化相比，刑事司法似乎并不为人所注意。但是，正如马克斯·韦伯(Max Weber)所说，内在社会秩序体制的建立和维持，通常是现代民族国家的主要特征和功能之一。第二次世界大战后，犯罪率有了大幅增长(尽管最近有所回落)，而且人们也越发意识到犯罪问题是当代一个越来越紧迫的政治和政策议题。

大概两个世纪以前，刑事司法和刑罚程序的改革理性主义与科层制度诞生。从地方性的、以社区为基础的警察和惩罚系统开始，建立了巨大的国家机器体系，以及规模较大的法律、准则和规章体系，其目的就是为了控制犯罪行为。

刑事司法系统

首先要注意的是，英国并没有统一的刑事司法系统。在英国，有英格兰和威尔士、苏格兰以及北爱尔兰3个独立的系统。本章讨论的重点是英格兰和威尔士系统。刑事司法系统主要是由以下机构和组织构成的：

- 警察机构：在英格兰和威尔士有43个警队(另外，在苏格兰有8个地区警队，在北爱尔兰有1个独立的警务部门)。
- 皇家检察署(CPS)：设立于1985年，目前在42个地区建有执行机构，与治安力量的地区分布一致。
- 刑事辩护服务：为在刑事法庭中被指控犯罪的人提供法律支持。
- 地方法庭和刑事法庭：大量案件(通常不太严重)是在地方法庭审理，但较严重的案件则是在刑事法庭审理，同时设有法官和陪审团。
- 缓刑服务机构：现在是一个国家性质的服务机构，尽管2000年以前它(如警队和皇家检察署一样)是分隔在不同地区的，如今正逐渐整合到全英罪犯管理服务(NOMS)中。
- 监狱服务机构：现在不到150家监狱是由监狱服务机构管理，这是一个与英国内政部挂钩的行政机构(最终将会与缓刑服务机构一起合并到全英罪犯管理服务中)。
- 青少年司法委员会：这是一个与内政部相关联的、非政府的公共机构，负责为青少年犯罪矫正工作组查漏补缺，并协助开展青少年犯罪者监狱服刑工作。
- 青少年犯罪矫正工作组：以前是青少年司法工作组，这些工作组是多机构的团体组织，负责监管违法的青少年参加社区矫治。
- 减少犯罪和失范的伙伴关系：根据1998年《犯罪与失范法案》而建立，是多机构的伙伴关系，包括警察机构、地方政府、缓刑和健康等多方面的代表，而且其目标还包括监管地方犯罪问题、公布和监督地方犯罪减少的计划。

犯罪类型

一般来说，在英国有两种主要的方法用于测量和跟踪犯罪趋势。一种方法是由执法机构例行公事收集的数据资料，包括警察机关登记的或是引起了政府关注的犯罪问题。在英国，这种数据是由警察机关收集的，通常被称为犯罪记录统计。第二种测量犯罪案件的方法是采用问卷调查的方式，通过有代表性的人口样本来得出关于犯罪案件的经验——主要是调查过去 12 个月遭受罪犯侵害的受害者。在英格兰和威尔士，这种调查被称为英国犯罪调查（BCS），最初在 1981 年开始进行，并由周期性调查变成现在的年度调查。

但是上述两种方法都有一定的局限性。犯罪记录统计不能覆盖那些没有被警察机关所登记在册的“犯罪案件”——估计这类案件占到了所有犯罪行为中至少一半的比例。相反，英国犯罪调查不能够覆盖所有犯罪案件（例如对 16 岁以下青少年的犯罪案件、团伙犯罪，以及“无受害者犯罪”如毒品走私案件）。总的来说，在理解和跟踪犯罪水平和趋势时，最好可以参考并对比这两种数据资源。

有一种公认的说法是：当今的犯罪水平是无法预测的。这种说法正确与否某种程度上取决于所选取的时间段。如果相比于 20 世纪 40 年代、20 世纪 50 年代或是 20 世纪 60 年代，当今的犯罪水平的确是相当高的。但是如果我们从一个更长远的历史视角看，则有充分证据显示，即使是以当代的标准来看，早先长远的犯罪和失范程度都是相当高的。犯罪率在战争年代有一定程度的增长，例如在 1934 年到 1938 年，犯罪率增加了 20% 以上。1939 年战争爆发时，人们则担心会导致犯罪潮的到来，而且可起诉的犯罪案件也确实有了大幅度的增长，甚至比以前的增长速度更快，即使犯罪案件的主要参与者——年轻男性——大多在国外参战。这个时期大多数的犯罪案件是财产犯罪，暴力犯罪的增长速度要慢于偷盗犯罪。

20 世纪 50 年代中期，犯罪率开始显著提高，犯罪记录统计在 1955 年到 1960 年增长了大概 75%。为什么会产生这种现象呢？首先值得注意的是，在这个时期出现了大量市场生活消费品，许多都是可以携带的。其次，劳动力市场发生了转变，大量女性开始出去工作，因此家中无人留守的时间要远远高于以前。再次，警察机关在这个阶段对于登记犯罪的工作也比以前要认真尽职。从图 51.1 可以看出，20 世纪 80 年代初期犯罪率仍然持续增长，直到 20 世纪 90 年代中期才开始回落。

图 51.1 展示了从 1981 年到 2005 年的犯罪记录统计。警察机关登记的犯罪数据显示，20 世纪 80 年代，犯罪率是在相对稳定地增长，然后在 80 年代末期开始有了显著增长，并一直持续到 1992 年。从 1992 年犯罪率开始下降，直到 1998/1999 年引入了新的“登记规则”(警察机关登记犯罪的方式)。从 1998/1999 时期两套登记系统的差距来看，新的登记规则导致犯罪记录统计的直接增加，从此以后，犯罪率又开始上升，直到 2003 年以后，开始有了小幅的下降趋势。

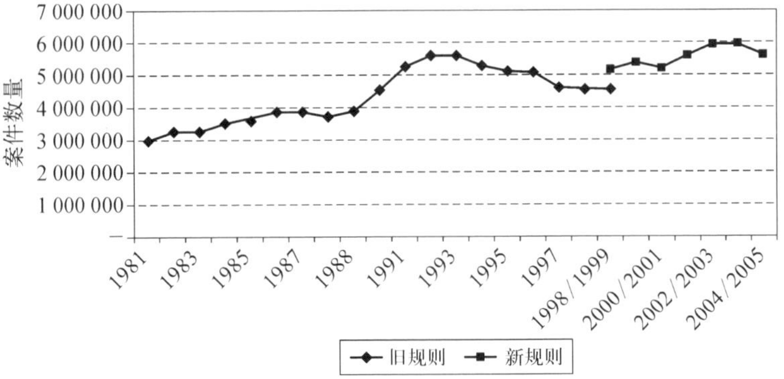

图 51.1　1981 年至 2005 年英格兰和威尔士的总体犯罪记录统计

资料来源：Walker et al.，2006。

在 20 世纪 80 年代和 20 世纪 90 年代初期，发现以多种方式抽取的英国犯罪调查的数据老规划，与犯罪记录统计的数据新规划在大体趋势上保持了一致，虽然在 20 世纪 90 年代末期两者有很大的分化。英国犯罪调查的数据和犯罪记录统计的数据一样，显示犯罪率一直保持上升直到 20 世纪 90 年代，然后开始下降。而与犯罪记录统计的数据相反的是，英国犯罪调查所测量出的下降期始于 1995 年。事实上，英国犯罪调查显示，总犯罪率在 20 世纪 90 年代的十年间下降了 44%，自 1997 年以来下降了 35%。英国犯罪调查显示，到 2005 年，犯罪率已经略低于 1981 年首次开始记录的水平(参见图 51.2)。

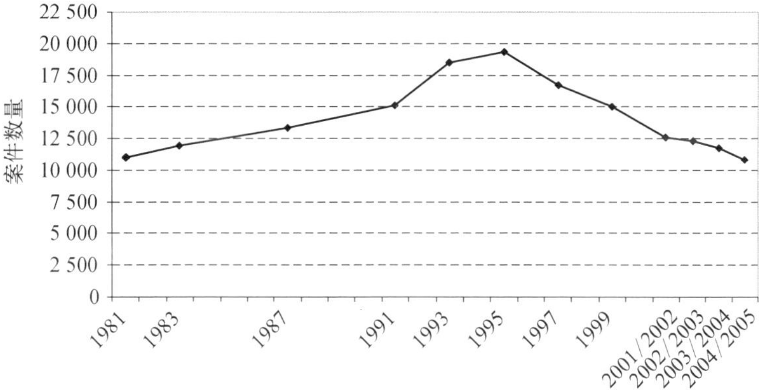

图 51.2　所有犯罪案件统计(英国犯罪调查)1981 年至 2004/2005 年

资料来源：Walker et al.，2006。

刑事司法简史

死刑是英国中世纪时期刑罚体系的重点，在 17 世纪后半期，死刑有一个短暂的繁荣发展时期，其水平也是很高的。到了 18 世纪，寻求一种可行的次级刑罚逐渐成为一个重要的问题。在英国，流放(也就是囚犯坐船到殖民地服刑，主要是美洲和澳洲)开始成为另一种主要的司法惩罚方式，到 18 世纪 60 年代，殖民地流放占到了伦敦中央刑事法庭所宣判刑罚的 70%以上。但是从此以后，流放的比例逐渐减少，而监狱服刑开始兴起。

维多利亚时代的刑罚体系与 18 世纪晚期的体系有很大的不同。在 19 世纪，死刑大大减少，公开行刑仪式于 1868 年停止，而且到 19 世纪下半叶，成人肉刑也已经很少见了。简单来说，监狱在 16 世纪至 17 世纪，仅仅是罪犯等候审讯、判决或死刑的落脚地，而在 18 世纪至 19 世纪则逐渐成为实施刑罚的场所。尽管维多利亚时代，监狱体制的首要官方职责仍然是通过威慑来“抑制犯罪”，但是也逐渐开始强调罪犯的改过和矫治。

在前工业化时代，警察机关是以社区为基础的、非正式的活动体系。在英国，正式的警察机关建立在以社区为基础的体系上，例如“呐喊组织”，当地居民承担着发警报和追捕罪犯的责任。18 世纪，英格兰的犯罪问题越发引起了人们的担心和关注。到 18 世纪的中后期，犯罪和失范被认为是社会稳定的威胁，也就是在这个时期，我们现在所说的“警察机关”诞生。

在 19 世纪和 20 世纪初期，现代刑事司法体系的基础机构逐渐产生，包括监狱、警察、法庭和刑事起诉、缓刑的相关机构，以及逐渐兴起的非监管处罚的综合体系（包括罚款、缓刑、社区服务等）。到了 19 世纪末期，青少年犯罪的单独处理体系也开始出现。20 世纪上半叶，现代刑事司法体系进行了合并和重整。到 20 世纪中期这种合并和重整停止，取而代之的是“团结项目”，在该项目中，国家是充分公民权和安全的保证人，但是由于市场的力量，这项工程也逐渐衰落。近几十年来，在刑事司法的许多领域中，混合经济（mixed economy）的份额迅速扩大；而且关键之处在于，在刑事司法和刑罚政策的目标和雄心方面出现了一些转变，而这些转变对很多人来说是决定性的。

惩罚的目的

在前工业/殖民地时代，许多处罚是公开的，是为了羞辱犯人，并展示出其内疚、懊悔和悔改的表情。通过监禁让犯人失去自由，谈不上是对犯罪侵害的普遍反应，也不是一个可以刺激改过的有效方式。在英国，到 19 世纪中期这种状况大大改变，并且开展了一个重要的关于监狱体系的公共辩论。这个体系被认为远未达到制止犯罪的目的，同时，刑罚措施也太过严厉。一个新的刑罚体系逐渐产生，其中，“威慑”仍然是刑事司法政策中的一大重点，但是“改过和矫治”已成为其核心内容。刑事法庭可运用的制裁的范围显著扩张，缓刑和其他训练模式开始成形，建立或重组了一系列新的机构，其中有许多被认为是与监狱关押效果相同的替代物。

从 19 世纪末开始发展起来的刑事—福利政策在 20 世纪中期发展到了顶峰。但是，从那以后，发生了根本性的重建和重组活动。这种转变的核心原因是对福利和刑事司法复原功能的信心的衰落，以及一系列更具惩罚性、更加政治化和更具民粹主义的鼓噪与实践逐渐占据上风。到 20 世纪 70 年代末期，对于国家改革的力量以及通过改革来减少犯罪的信心都大大降低。

这个阶段的刑事司法政策陷入关于国家作用的两种相对观念的较量之中。一种观念强调福利和公民权利，以及对社会不平等的削减。另一种观念抵制“大政府”概念，并且寻求限制政府在大多数地区对于公民生活的干预——除了刑事司法问题。在第二种观念的模式下，国家在管理和保护方面的社会福利作用大大减弱，可以说是更加依赖市场，但是在社会秩序问题上的管理则逐渐加强。事实上，有些时政评论家如查尔斯·莫里（Charles Murray）指出，逐渐增加的犯罪和失范恰恰正是福利依赖的产物。

因此，有效的刑事司法与刑罚政策“逐渐被认为是要施加更多控制、抑制犯罪，而且，如果必要的话，从人群中隔离出危险的部门”（Garland，2001：102）。在过去的20年间，这样的惩办主义逐渐成为各种派别政治家对犯罪和秩序的标准的政治定位。因此，另一个显著的变化是与刑事司法的政治化相关的。

刑事司法与刑法政治

犯罪问题现在是政治演讲和选举政治中的重点。事实上，这是一个相对较新的政治现象。在英国，直到20世纪70年代初期，在重要的选举中，刑事司法政策几乎很少能起到重大作用，因此当然也不是它后来经常成为的所谓的“争端议题”。

在刑事司法问题的竞技场上，近年来政治家关心的是它们如何被认识和察觉，而这对于政策制定有着深刻的影响。许多时政评论家注意到，到20世纪90年代，在犯罪问题上，保守主义和自由主义的传统分化已经消失，取而代之的是直接的“强硬的刑事政策”的口号。在过去的20年里，主要的政党之间逐渐加强竞争，力争使自己成为民众眼里代表法律和秩序的政党。这种“强硬的刑事政策”的姿态与选举胜利的相关度越来越高，而它的对立面，“温和的刑事政策”则与选举失利的相关度逐渐加强。

20世纪80年代，保守党在英国长期的执政导致英国工党内部产生了关于如何寻求选举胜利的激烈讨论。工党尝试抛弃它的“听天由命”

(hostages to fortune)观念(Downes and Morgan，1997)，这也包括原先对犯罪控制的较为宽大的政策。新工党开始在英国实行一种被称为“第三条道路”的政治。在刑事司法方面，这意味着尝试去修正老式的自由司法—福利主义，这在20世纪80年代是工党主要坚持的政策。在20世纪90年代，混合政策中添加了被认为是竞选政治成功的要素：关于刑罚的辞令和类似的惩罚政策的适度许诺。这种混合物在1993年托尼·布莱尔(Tony Blair)的新闻访谈中大获成功，他提出强硬的刑事政策并且强势地惩戒犯罪。

当代刑罚政策

刑罚政策中最显著的变革是与监禁的使用相关联的。图51.3基本显示出了20世纪英格兰和威尔士的监狱人口的状况。从20世纪初期的大约两万人开始，监狱人口在第一次世界大战到第二次世界大战期间都在下滑，第二次世界大战后开始上升。到20世纪50年代恢复到了20世纪初期的水平，而到20世纪80年代早期则达到了史上最高：接近四万人。到20世纪80年代末已经接近五万人，此时采取了很多战略措施，开始成功地减少了在押囚犯的数目。而在此时，英格兰和威尔士的犯罪率达到了顶峰，因此监狱人口又开始上涨，而且比第二次世界大战后其他时期的上涨速度都要快。

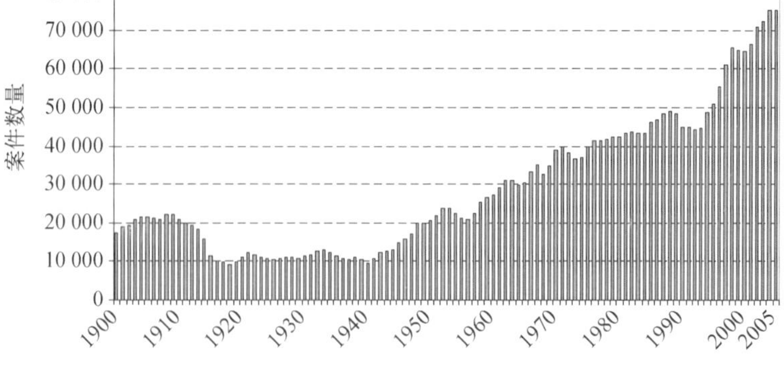

图51.3　1900年至2005年英格兰和威尔士的监狱人口状况

资料来源：Newburn，2007。

监狱人口数目上涨的原因是复杂的。可能有三个主要的原因：被捕并接受审判的人数增加；对被起诉的犯罪案件的处理更为严格；审判的严肃程度提高。并没有证据证明这些变化可能反映出被捕或定罪的罪犯的数目有所增加——其实这些数据一直是相对稳定的。事实上，总的来说，接受审判的罪行的严重性并没有显著增加。

其实，最显著的变化发生在法庭审理案件的严格性上。罪犯被指控犯有可起诉的(只能在刑事法庭审判)的罪行并接受审判的比例，从 1991 年的 15%升高到了 2001 年的 21%(Newburn，2007)。类似的，在 1995 年，首次入室偷盗有 27%的可能性被判入狱，而到了 2000 年，这种可能性升高到了 48%。另外，这类罪犯的平均服刑时间从 16 个月提高到了 18 个月。总的来说，平均服刑时间都在增加。刑事司法政策并不只是在监狱服刑方面加大了审理的严格程度，社区服刑也更加严格。第一，社区服刑的比例相比于罚金和履行义务有了显著的增加；第二，有无前科对于是否判缓刑或社区服务的作用已经降低了；第三，社区服刑的时间持续增加。

如果说惩办主义是当今刑事司法政策的一个主要特征，那么还可以指出另一个特征，而且这个特征也同样出现在了社会政策的其他领域中，那就是管理主义。同时还发生了从单纯地关注政策产出到关注政策成效的转变。作为这一转变的一部分，大量的绩效管理架构产生，特别是在缓刑、监禁和治安维持等方面。1998 年《犯罪和失范法案》(CDA)催生了一系列的青少年司法政策的变革，其中的三项改革促使了工党近年来在管理中重视政策成效。工党在青少年司法体系方面提出了一个最重要的目标，创建了青少年司法委员会(YJB)，这是一个非政府部门的公共团体，负责绩效管理，并且创建了青少年犯罪矫正工作组，其工作对象是受到非监禁形式刑罚的犯罪青少年。类似的，虽然是在不同的地区，根据该法案还建立了为减少犯罪和失范的多机构伙伴关系。这些团体负责执行地区犯罪稽查，并公布地区减少犯罪的计划，以及相关的绩效评估。最后，还有针对警察机关的改革，包括近期的减少警察人数的计划，以及寻求在刑事司法服务的管理和传递上增加政府控制。

工党政府采取了一系列的措施来加大对犯罪行为的惩罚力度，另外，从 1997 年起，工党政府还投入了大量精力在“反社会行为”上。1998 年《犯罪和失范法案》(CDA)中提出了《反社会行为法规》(ASBOs)，尽管最初许多地区都不愿意使用这些法规。但是这些法规在工党政府的刑事司法政策中一直居于中心地位，首相和继任的内政大臣都一再地发起这一提案。2003年，内政部还专门成立了一个相关机构来促进地方积极行动主义。而且许多更深入的立法（包括《刑事司法和法庭服务法案（2000年）》《刑事司法和警务法案（2001年）》《警务改革法案（2002年）》和《反社会行为法案（2003年）》）赋予了当局许多额外的权力。到2001年，国家强制执行的法令每年只有300个，而到了2005年底，则达到了接近3 000个。《反社会行为法案》被证明是比较有争议性的，原因也是多方面的，例如，它们是民事规则，而一旦应该遵从这些规则的人没有遵从的话，就可能导致刑事案件。在越来越多地应用正式犯罪条例（如社区和监护处罚）的同时，契约性质的社会控制也越来越普及，但同时也相应产生了把更多人带入刑事司法体制中的危险局面。

新兴议题

正如笔者所言，时任英国内政大臣的约翰·里德（John Reid）在某种程度上遭到了围攻。英国并没有足够的监狱来关押登记的囚犯。英国内政部相关的多种机构以及那些处理移民、难民和获释罪犯问题的机构，并不能对所有已释放但要接受放逐或相关行动的罪犯进行跟踪记录。而且，不同政治派别的时政评论家对于政府当前的刑罚政策都不满意（要么认为其过于混乱和软弱，要么认为其干预过度也太严厉）。

从历史上看，英国内政大臣一直是一个具有很大难度的职位，而它现在确实也比以往任何时候都更加艰难。这并不是因为当今的问题更加难以处理，事实上，由于过去15年间刑法政治的发展，内政大臣的工作更加透明。继任的内政大臣越来越多地占据小报头条，而英国内政事务几乎每天都是小报的新闻焦点。虽然还有大量重大问题需要解决，但对于内政大臣的同情几乎没有。现在有超过八万人关押在监狱中，而十年前大约只有五万人。接受其他形式管制（根据《反社会行为法案》而标定）的人数一直都在增加。尽管犯罪率十年来一直在持续下降，但是大多数民众都认为犯罪率在升高。关于严厉的刑事政策的政治辞令鼓励了这种错误的观念，而且更进一步地给已经超负荷运转的刑事司法体系增加了压力。

高阶阅读指南

网络上有大量有用的信息库。英国内政部研究网站上包含了许多材料，包括犯罪统计数据以及来自英国犯罪调查的数据和研究出版物的评分，见网址：http：//www.homeoffice.gov.uk/rds/pubsintro1.html. http：//www.kcl.ac.uk/depsta/rel/icps/home.html。这个网站由国际监狱研究中心管理，包含国际上监狱使用的发展趋势的许多有用的数据。http：//www.britsoccrim.org/，这个网站属于英国犯罪学协会，它一直在不断地改善和更新，主要包括该协会自身的活动和英国犯罪学的总体情况。一些有用的总结性资料可以从下列文献中获得：D. Downes and R. Morgan，"No turning back：the politics of law and order into the millennium"，in M. Maguire，R. Morgan and R. Reiner（eds），*Oxford Handbook of Criminology*，4th edn（Oxford University Press，2007）；T. Newburn，"Tough on crime：penal policy in England and Wales"，in M. Tonry and A. Doob（eds），*Crime and Justice*，vol. 36（University of Chicago Press，2007）；A. Walker，C. Kershaw and S. Nicholas，*Crime in England and Wales* 2005/2006（Home Office，2006）。

D. Garland，*The Culture of Control*（Oxford University Press，2001）是本领域中近年来最具影响力的书籍，作者研究了犯罪、刑事政策和英美文化变化中的特性。

M. Maguire，R. Morgan and R. Reiner（eds），*Oxford Handbook of Criminology*，4th edn（Oxford University Press，2007）是一本由多位顶级的犯罪学专家参与编写的教科书，基本覆盖了每位专家的研究专长。对犯罪问题进行引导性的教材是T. Newburn，*Criminology*（Willan，2007），这本教材主要供本科新生阅读。

R. Reiner，*Law and Order: An Honest Citizen's Guide to Crime Control*（Polity Press，2007），研究了当代英国中犯罪控制变化中的特性及原因。这是一本有鼓舞性、有思想性、有说服力的书。

第八篇

特殊群体服务

第五十二章

“种族”与社会福利

露辛达·普拉特

概述

- 根据2001年人口普查的分类数据，少数族群约占英国人口的8%。
- 一直以来英国少数族群间存在许多差异。
- 归属、权利和公民权的种族偏见导致所有非白人种族面临种族歧视和在社会服务上的排斥。
- 种族关系的政策与移民控制政策是相伴发展的，它们一方面促进少数民族的融合，另一方面排斥未获得国籍的人们。尽管如此，少数民族问题仍被认为是与生俱来的问题。
- 尽管基于他们各自的技能和阅历而言，英国的各个少数族群同样处于劣势，但在跨政策领域的结果上，各自呈现巨大的差异。
- 当代政策在应对与社会福利相关的复杂的、交互的“种族”问题时，面临着巨大的挑战。

导言

正如2000年发表的关于《英国多种族未来》(*The Future of Multi-ethnic Britain*)的《兰尼米德报告》(Runnymede Report)所指出的，英国是一个传统的移民国家，英国的人口结构是多民族的。2001年，英国的不同民族，包括英格兰、苏格兰、威尔士和爱尔兰以及其他各英联邦国家中，大约8%的人口属于非白人少数族群。种族分类以及针对英国少数民族的政策考虑明显集中于非白人少数族群，社会及服务提供中的种族主义在早期被视为政策发展和传输的主要挑战。少数族群间的多样性、特定的白人少数族群和亚群体的特殊需要现在得到了广泛的承认。随之而来的是，不仅要一致反种族主义，更要弄清楚不同的历史和背景对人们的福利需要及福利获得所产生的影响。

种族和民族问题交叉在社会福利领域中，因此在本书的多个章节中，它们被共同视作一个独特的政策领域。它们同样是政策的目标对象。以住房和就业为例，在讨论种族和民族问题形成社会政策需要和政策回应的方式之前，本章将集中论述种族关系政策的发展以及公民与公民权概念的结合方式。首先我们来分析“种族”(race)这一术语和民族(ethnicity)问题。

概念和术语

“种族”的提法带有感情色彩并且备受争议。尽管已经公认种族在生物学意义上并没有什么差异，但“种族”这一术语深植于流行的谈话、政策以及人们的行为方式中。这样看，种族似乎是有特定含义的，尤其是谈到种族主义时。种族主义是以身体的标记作为区分标准的行为，例如通过实施语言或者身体暴力(种族骚扰)，以拒绝雇用或者阻碍机会平等和服务获取任何一种形式，把肤色作为判断人是否次等的基础，并作为降低待遇的理由。

在英国和欧洲大陆，“民族”这一术语逐渐取代了“人种”这一术语。与人种不同，在现存的不同种族群体中，民族这一概念没有与明显的错误信仰挂钩。然而，这两个术语持续地被联系在一起，引发了与民族差异相关的种族主义讨论。民族是一种自我意识和外在识别，表现为以对共同血统的认知为基础，这可能与国家的起源、语言、宗教和风俗习惯有关，同时可能在与他人的联系以及殖民或移民经历的过程中形成。就民族作为自我意识的判断来说，民族是个体身份识别的一部分。然而作为身份识别的一部分，其特性在于它随着特定民族所强调的内容而变化。一个人会在不同的处境下认同他是威尔士人、英国人或者白人。对特定民族的认同会受人们对这一民族的理解和人们运用民族类别来判断个体的做法所影响。

提及民族或种族群体的时候，“少数民族”是常见的讨论对象。这种提法不仅意味着考虑到这一人群在人口中占比很小，同时也意味着决定了他们弱势状态的权力关系体系。儿童作为少数群体，这个状态也与此相关。“少数民族”的双重含义对政策具有重要意义，因为出身少数民族群体所导致的相对无权和被边缘化是政策亟待解决的核心问题，而不是人数上的少。这种无权的状况会被其他优势或劣势条件所调和(mediated)，如阶级或性别。

种族关系政策的发展

种族关系政策利用公民身份形成对外排斥，作为构建内部和谐的代价。相反的，种族关系政策的发展被视作一种手段，正引入越来越严格的政策，以限制在前殖民地居住至少名义上为英国公民的群体。因此，有点荒谬的是，英国是欧洲最早开始反歧视立法的国家，同时也是实施强有力的移民控制政策的国家。

与此同时，“良好的种族关系”与移民控制之间的关系取决于对种族化的定义：只有非白人的移民才被定义为有问题。解释“内部融合且外部排斥”的说法根源于把少数民族居民视为公共服务压力的来源，而不是承认社会政策无法恰当回应资源的竞争分配。

在1965年和1968年两部早期的《种族关系法案》(Race Relations Acts)出台之后，以1975年的《性别歧视法案》(Sex Discrimination Act)为蓝本，英国于1976年推出了更为广泛运用的《种族关系法案》(Race Relations Act)。1976年的《种族关系法案》宣布直接歧视、间接歧视(当某要求或约束条款使个体因属于特定群体而被弱化，并且无法提出其他正当理由)和歧视迫害(由于投诉歧视而受到了不平等的待遇)为非法行为。它覆盖了就业、教育和服务提供领域。同时英国成立了种族平等委员会(the Commission for Racial Equality, CRE)。根据该法案规定，仅凭种族、肤色、国籍、民族或民族出身而歧视某人是违法行为。然而，法案对个体不满特殊法庭裁决的情况的约束力有限。它无法解决或处理导致弱势的结构性基础，同时尽管其能够调查因制度所导致的歧视体系，例如学校排斥或住房分配问题，但却无法执行决议。

1976 年的法案直到 2000 年一直是最主要的种族关系法规。根据《麦克弗森调查报告》(Macpherson Inquiry)的结论及其关于“制度性的种族歧视”的发现，检视种族关系立法被视为是必要的。这包括了更积极地去审视制度程序和实践。2000 年《种族关系(修订)法案》(Race Relations [Amendment] Act)根据立法建议增加了种族平等委员会的权力，并得到了实施。从 2007 年起，种族平等委员会及其权力被并入平等和人权委员会(Commission for Equalities and Human Rights)中。同时 2000 年的法案将更多的责任放在了公共服务提供上，通过出版《种族平等影响评估报告》(Race Equality Impact Assessments)细察它们对实践与政策的潜在的差别影响。

对制度实践和市民公平待遇权利的思考一直不曾间断。但近年来，与这种思考相伴的是另一项政策的实施，它强调通过个人努力从而获得公民权利是公民的义务。2001 年夏天，英国北部城镇发生了一系列的骚乱，导致了特德 · 坎特尔(Ted Cantle)开展调查，这一调查强调“社区凝聚力”的重要性，并提出不同群体平行且互不干扰地生活的理念。斯卡曼(Leslie George Scarman)针对 1981 年布里克斯顿(Brixton)骚乱的早期报告提出，劣势和结构性约束是关键的问题，坎特尔报告则认为缺乏社区领导和民族隔离是根本原因。“社区凝聚力”的概念一开始被当作少数民族融合的指令，尤其是在 2005 年 7 月伦敦爆炸事件后，这一概念得到了更进一步的强调。当对市民权利的关注焦点集中在宗教信仰，或者说种族和信仰之间的交集上时，这再一次质疑特殊群体是否真正“属于”并且寻求被英国的价值和标准同化的例子。在这种更新的模式中，公民权被当作有条件的而非完全的权利。

然而，围绕少数族群和以促进种族关系为目标的政策并不是形成种族不同经历和结果的唯一因素。独特的族群历史，如被英国殖民以及后续的一些经历造就了独特的政策和特别的社会需要，正如他们曾被政策和机遇所创造。本章接下来的部分会通过住房和就业两个例子对少数族群的历史进行探讨。对社会保障、教育和卫生健康政策的探讨同样会促进对族群经历的差异性和政策角色的思考，相关的阅读资料建议会放在最后。讨论将会阐明个体以及跨代政策历史的遗产，同时阐明经验的差异性构成了对单一归因或简单干预的挑战。

少数族群历史和社会福利

2001 年的人口普查在族群问题上列出了 16 个选项。单独列出的民族有英格兰白人（占英国 88% 的人口）、爱尔兰白人（1.2%）、印度人（1.8%）、巴基斯坦人（1.3%）、孟加拉国人（0.5%）、加勒比黑人（1%）、非洲黑人（1.8%）和中国人（0.4%），同时还包括了许多“其他”和四个“混合”群体的选项，帮助人们认知混合的出身或身份。每一个民族都有其独特的移民和定居方式，以及随之而来的就业、住房和社会保障问题。他们移民前的背景和历史影响了他们所具备或可依靠的教育资格和资源，这对他们的下一代具有长远的影响。

尽管英国的这些少数族群出现在 20 世纪上半叶，但主要的移民潮则出现在战后时期，当时英国出现严重的就业短缺，于是开放国界，从前殖民地引入大批劳动力。少数族群倾向于定居在高就业的地区，但同时也是住房较紧张的地区。他们通常从事的是那些当地人不想做并且很不稳定的工作，受雇者容易在经济衰退或辞退潮中被辞退。定居的地区也反映了不同族群建立或创造出来的产业，以及在他们到来后所衍生出来的特殊小环境。因此来自加勒比地区的男性通常在建筑行业工作，生活于伦敦和英格兰中部地区，而许多来自加勒比地区的女性则受雇于新的全民健康卫生服务行业。2001 年，超过 60%的加勒比人居住在伦敦。巴基斯坦人的移民高峰出现在 1961 年，他们多居住于北部工业城镇和中部地区，在遭受严重衰退的纺织行业和逐渐衰退的摩托生产行业中工作。20 世纪 50 年代移民的一些印度人同样大多工作于中部地区的纺织车间，但他们居住于伦敦，在服务部门和卫生健康部门工作。2001 年 40%的印度人居住在伦敦，超过 30%的人住在中部地区的东边和西边，尤其是在莱斯特。东非亚裔（East African Asians），特别是自认为是印度人种，分别在 1967 年和 1972 年于肯尼亚和乌干达被剥夺居住权的那些人，往往举家移民，虽然他们失去了财产，但由于具备做生意的技巧，所以还能利用小投资做生意。而这些技巧和流利的英语，使他们的处境与通过香港的安居计划来到英国，但缺乏英语能力和被认可的资历或文凭及关系网的越南难民（从人种上说大部分是华裔）大不相同。

移民控制开始于 1962 年[①]，同时建立起了担保和链式移民（chain migration）体系。例如，中国人链式移民集中在餐饮业，并导致了居住相对分散的模式。相反，主要移民期（20 世纪 70 年代和 80 年代）之后，孟加拉的链式移民集中在餐饮业和食品行业，过半的孟加拉人在这一领域工作，同时高度集中居住于伦敦部分地区（2001 年超过 50%的孟加拉人居住在伦敦）和西米德兰兹郡。非洲黑人是一个异质群体，近期移民来源于各个不同的国家，因不同的原因，如避难、教育和就业迁移。他们通常有较高的文凭，却不能反映在就业上，他们绝大多数定居于伦敦（2001 年近 80%居住在伦敦），往往从事低酬劳的服务业。

住　　房

少数族群所带来或随后发展起来的不同历史、实践、技巧和资源变化导致了非常不同的住房和就业模式以及在申请国家支援时的迥异模式。战后移民定居在就业需要高的地区，往往也是住房竞争激烈的地区。约翰·雷克斯（John Rex）发现了住房（包括需要、认知和城市转变过程）是如何形成群体间更丰富的经历和全面的种族关系的。提供给战后移民的住房通常是简易房（designated for clearance），但地方政府通常都不去清理危房，不愿意提供新住宅给这些新移民。结果是大量移民趋向聚集居住于城市最贫困的地方。解决住房压力的其中一个方案就是通过动用社区资源购买便宜的住房租借给移民。到了 20 世纪 90 年代，这种“投资”形式致使巴基斯坦人有相对高比例的所有权，但平均看来却有不同的意义，这些房子存在

① 自 1948 年后，《国籍法》（the Nationality Act）准许每位拥有英国护照的人成为英国公民。

许多问题，如潮湿、不舒适和过度拥挤。同时，这种居住所有权导致他们在失业后仍把个体和家庭都限定在了一个特定的地址。

五年间，获取当地政府提供的住房最初受居住的需要限制，对一些地方政府的地区分配政策的调查显示，分配制度存在系统不足，导致少数族群成员利益受损，并且导致了利益在特定阶层中向特殊群体的集中。在1980 年《有权购买法》的立法推动下，最不受欢迎的房屋因其固有的价值往往能获得更多补偿，如加勒比人通过早期相对性满足居住需要，进入了地方政府住房提供的名单(参见本书第四十九章)。因为后期移民趋向于在伦敦定居，孟加拉人严重依赖地方政府的住房供给，将近一半人住在这种房子中。家庭规模的均值在增大，可获得的住房受限和分配政策的本质都意味着孟加拉人只能选择质量相对差的社会性住房，他们相较其他群体而言，更容易在地方政府的住房政策体系中承受住房的压力。

与巴基斯坦人类似，印度人早早获得了高比例的住房占有率，他们的房屋所有率一直较高，因为他们这个群体整体上要更成功。这些人可以选择进入更舒适且有更多社区资源的地区居住。住房被成功者用于创造社区环境。集中居住被视为政策失败和族群劣势的结果。

根据一项对少数族群劣势的调查显示，他们的实际居住情况，在某种程度上与最初的殖民模式和住房政策模式紧密相连。早期政策对住宅位置和公众的卫生健康与福利有着长远的影响，但也与去工业化进程的调整机遇相关，例如，通过地理迁移的可能性和实现资产与不动产绑定的选择。

就　　业

居住和住房事业都考虑到了少数族群的现有就业状态。虽然对少数族群相对更能适应去工业化的议题一直具有争议性，不过雇佣他们的企业对失业率、后续的工业历史和技能种类以及他们所拥有的经验具有重要的影响。提供给来自社区和家庭不同族群的资源也扮演了一个重要的角色。纺织产业的转移对巴基斯坦人的就业有着特殊的影响，见证了他们转变成为出租车司机或烧锅炉工人。自主就业常被视为企业主义(entrepreneurialism)的前提和个人积极的选择，但对少数族群的研究指出，自主就业具有局限性，自主就业形式难以再就业，并且不是高价值或高回报的工作。类似的例子是，孟加拉人所聚集的食品生产和餐饮业，尽管有持续的岗位提供，仍被认为是低收入、高强度的工作。

另一方面，5%的印度男性是医生，这一群体的平均收入很高，这也同时为家庭或社区的其他成员以及取得了同样高等职业资格的人增加了机会。加勒比女性(以及持续增长的非洲黑人女性)更多地在公共部门就业，尤其是卫生健康服务部门，这提供了比在私营部门工作更高的保障和更好的待遇。与此相反，加勒比男性的失业率则相对较高。

伴随着严重的经济发展停滞，所有的少数族群，无论是男性还是女性，相对其他人群呈现出更高的失业率，这可以通过回顾滞胀(经济衰退)中，高疾病比率和维持家庭的需要来论证(参见图 52.1)。这种在就业机会上的迥异纳入了政策的考虑范围，在公共服务协议中明确指出要缩小多数族群和少数族群之间的就业差异，并建立跨部门的少数族群就业工作小组(Ethnic Minority Employment Task Force)来确保目标的实现。

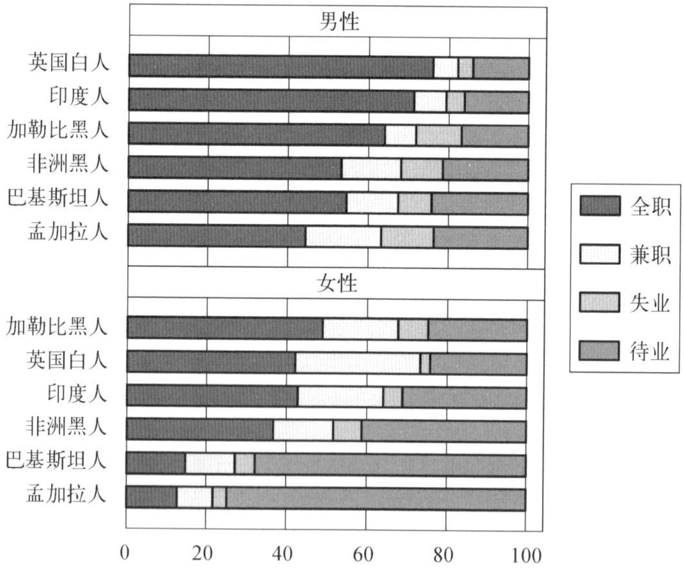

图 52.1　经济活动类型的分布与族群从事经济活动的比例排名

资料来源：Labour Force Survey，pooled quarters 2002 - 2005。人数进行了加权处理。

分析显示，就业机会上的差异部分可以用资格、年龄、经验、就业部门、疾病比率和居住地区来解释。然而，仍然存在安东尼·希斯(Anthony Heath)所提及的族群惩罚(ethnic penalty)，即在就业机会和支付水平上，无法以已知的特征来解释与归属特殊族群而产生的相关差异。这些部分可归因于来自雇主的歧视。

因此，政策调整了一系列的战略来强调就业目标，包括教育政策和技能的发展、薪酬支付、消除歧视、提供适当的儿童照顾、关注疾病以及利用着眼于邻里关系和落后地区的相关政策。少数族群就业工作小组的工作展现了种族议题如何与社会福利进行相互联系，并且发现对原因的简单理解和对解决特殊缺陷的适当干预并不足够。

新兴议题

正如本章中所论证的，少数族群间的差异得到了广泛的认可，这种差异之大可以与所有的少数族群与多数族群之间的差异相比。很明显，这种认识对政策的发展和传输具有很大意义，并且被纳入许多政策的考量中。然而，仍存在一种倾向，认为黑人和少数族群(Black and Minority Ethnic)是政策较多关注的群体。将少数族群作为一个整体来对待，在许多不同层面的政策上都可以看到，例如以减少多数族群和少数族群就业差异为目标的政策。对差异的过分敏感很容易造成以偏概全，特别是将特殊需要与大多数弱势人群的需要相混淆。

相对于现在特定的少数族群所获得的研究兴趣和政策关注，更进一步出现的问题在于新移民的特殊地位(参见本书第五十七章)。这包括一定数量的白人少数族群，如从欧洲特别是自2004年欧盟扩大以来，他们开始被视为潜在的具有独特经历的群体，使他们既与大多数的白种人不同，又不在特定的非白人群体的范式中。

此外，少数族群间的差异也被认为是重要的。引起少数族群中的个体间差异的信仰问题得到了越来越多的关注。宗教信仰成为个体身份认同最突出的因素，同时还是导致歧视与弱势的原因，这一议题众口不一。针对穆斯林也相应地出台了一些政策。然而，信仰和族群区分之间的交叉是非常重要的。宗教信仰是族群的分类标准，如穆斯林常被认为是少数族群，而每一个少数族群都有一个独特的做礼拜的地方，如这里的教堂主要满足特定的非洲黑人群体的需要。因而，宗教信仰可能是一个重要因素，需要我们时刻意识到，同时也需要在服务传输方面有所注意，但这并没有包含族群差异。

高阶阅读指南

英国少数族群的分布及经历可见 ONS 的 *Social Focus on Ethnicity and Religion*（Palgrave，2006），其广泛地使用了 2001 年人口普查的数据。在少数族群和住房的扩展文献方面，P. Somerville and A. Steele（eds），"*Race*"，*Housing and Social Exclusion*（Jessica Kingsley，2002）是最近的一个例子。

关于就业调查及就业与贫困的综述可见 L. Platt，*Poverty and Ethnicity in the UK*（Bristol：The Policy Press）。在 J. Millar 主编的 *Understanding Social Security: Issues for Policy and Practice*（Policy Press，2003），pp. 255－276 中，L. Platt 所写的"Social Security in a multi-ethnic society"一文，对社会保障政策做出了探讨；卫生健康与少数族群问题可参见 J. Y. Nazroo，*Ethnicity*，*Class and Health*（PSI，2001）和 W. I. U. Ahmad，"*Race*" *and Health in Contemporary Britain*（Open University Press，1993）。

D. Gillborn and H. S. Mirza，*Educational Inequality: Mapping Race*，*Class and Gender —ASynthesis of Research Evidence* 为（研究）学校教育提供了良好的视角；与此同时，H. Goulbourne，*Race Relations in Britain since 1945*（Macmillan，1998）清楚、直接地总结了种族关系政策的发展。

对于此问题的其他相关著作或专著可参见：B. Parekh，*The Future of Multiethnic Britain*（The Parekh Report）（The Runnymede Trust/Profile

Books，2000）；W. Macpherson，*The Stephen Lawrence Inquiry: Report of an Inquiry*（The Stationery Office，1999）；T. Modood and R. Berthoud，*Ethnic Minorities in Britain: Diversity and Disadvantage*（PSI，1997）；Ted Cantle，*Community Cohesion: A Report of the Independent Review Team*（Home Office，2001）；J. Rex and R. Moore，Race，*Community and Conflict: A Study of Sparkbrook*（Oxford University Press，1967）；A. Health and D. McMahon，"Education and occupational attainments：the impact of ethnic origins"，in V. karn（ed.），*Ethnicity in the 1991 Census: Volume Four: Employment Education and Housing among the Ethnic Minority Populations of Britain*（HMSO，1997），pp. 91 - 3.

关于少数族群就业工作部的相关资料可参见网站 http：//www.emetaskforce.gov.uk/。其他有用的网站如：平等和人权委员会 http：//www.cehr.org.uk/和 the Runnymede Trust：www.runnymedetrust.org。

第五十三章

儿　童

特丝·里奇

概　　述

- 在广阔的政策领域中，儿童是福利服务的重点对象，他们的生命会受到可获取的福利服务的类型和质量的影响。
- 现代儿童的生活遭受经济和社会转型的影响，21 世纪的儿童在家庭结构变化中过着越来越复杂的生活。
- 儿童福利政策随着时间的转变而转变，同时取决于关于儿童的需要与权利、父母的需要与权利以及儿童所在国家的角色不断变化的假设。
- 儿童作为社会的参与者和权利的运用者，在政策制定中越来越得到重视。与此同时，把儿童视为未来“公民角色”的社会投资政策呈增长趋势。
- 本章研究为儿童设定的两个政策战略，即《每个孩子都重要：儿童的改变》政策议程和政府反儿童贫困政策议程《给所有人的机会》。两者都体现了国家层面对儿童的根本性转变，把儿童作为政策的主题，从政策边缘进入政府的政策和服务中心。

导　　言

2005 年，英国 16 周岁以下的儿童共有 1 200 万，占总人口的 19%。儿童多数生活在家庭中，其福利需要通过广泛的正式与非正式服务来满足。满足儿童需要的社会政策要放在这种正式/非正式福利组合的背景下进行理解。儿童是政策的目标群体，同时也是重要的福利消费者。在广阔的政策领域，包括教育、卫生健康、住房和环境，儿童是福利服务的关键接受者，通过社会保障和税收体系以获得社会服务和经济支持。

无论是现在还是未来，儿童严重依赖于福利服务，他们的生活受到地方政策、国家政策和全球政策的影响。毫无疑问，政策领域，如教育、儿童照顾和健康对儿童福利具有显著意义。但同样的，其他政策对儿童的生活也直接或间接产生影响，如环境政策和交通政策。在任何时候，儿童在政策体系中如何被对待取决于如何认识童年或儿童期。本章将探讨转变中的儿童环境如何影响政策，并突出在儿童政策中的一些重要争论和发展。

转变中的儿童环境

要理解政策如何影响儿童的生活，首先要认识儿童期(childhood)。正如我们所了解的，这是现代社会的术语，其解释在不同时期有所不同。21世纪的英国儿童处于经济社会迅速转型的时期，这些转变影响了为儿童所制定的相关政策。2003 年，艾伦 · 普劳特(Alan Prout)指出了自 1975 年以来的五个重要社会转变事件：第一，持续下降的生育率和持续增长的老龄化人口对政策的意义仍然不清楚，但可能意味着资源从儿童向老年群体的转移；第二，随着社会和人口的变化，生活环境和经济环境的差异逐步加大，这导致了儿童群体间收入不平等的扩大；第三，全球化的影响，如儿童受到人口、商品、信息和影像的全球流动的影响，这也与“跨国儿童”有关，包括儿童随着家庭进行国际迁移；第四，加大对儿童生活的制度化控制，这种趋势导致了儿童长时间生活在制度化的机构设置中，如学校教育和儿童照顾；第五，儿童的声音开始出现在决策过程中，进一步探索了与儿童权利相关的内容。

20 世纪下半叶，人口和社会的变迁造成了家庭形式与结构的变化。生育率下降与生育时间推迟的趋势导致了西方发达国家婴儿出生率的下降。家庭生活的不稳定导致了同居现象的增加和离婚率的上升，这些都造成了家庭结构的多样化和复杂化。于是儿童生活在多样化的家庭结构中，其生活日益多面化。大多数儿童仍然与他们的亲生父母(已婚或同居)一起生活，25%无法自立的儿童生活在单亲家庭中。这意味着“生活在21世纪的儿童比任何一个时期的儿童更可能面对父母离异、单亲家庭、重组家庭、寄养家庭、同父异母(或同母异父)的兄弟姐妹和成为独生子女等问题”(Mayhew，in Bradshaw and Mayhew，2005：34)。显而易见，这给国家为生活在日益多变和复杂环境中的儿童制定有效的、全面的或特定的政策造成了困难。

儿童、家庭和社会政策

与儿童相似，儿童福利政策的概念也随着时间的变化而转变，同时取决于关于儿童的需要与权利、父母的需要与权利以及儿童所在国家的角色的不断转变的假设。他们受到一定时期内流行的福利的政治经济学和对儿童期的不同认知和意识形态影响。1997年，罗琳·福克斯—哈丁(Lorraine Fox-Harding)通过对相关历史与当代儿童保护法律和政策的分析，列举了儿童福利不同本质的重要例子。她提出了在20世纪不同时期影响儿童政策制定的四种不同价值视角(见表53.1)，每一个价值观都意味着儿童在相应的福利提供、社会政策形成和儿童保护方面将得到的不同对待。

表53.1 儿童照顾政策的价值观

(1) 自由放任主义和家长制	对家庭关系的有限国家干预，家庭作为私人领域
(2) 国家家长主义和儿童保护	国家干预家庭生活，把保护儿童作为国家的职责，如有必要，会忽视家长的意愿
(3) 家庭保护和家长权利	以家庭为单位提供服务和经济支持
(4) 儿童的权利	儿童被当作有权利的个体

资料来源：Fox-Harding，L (1997)， Perspectives in Childcare Policy，London：Longman。

与儿童和家庭生活相关的国家价值观已经成为制定针对儿童及其家庭政策的重要因素。从历史视角来看，在家庭这一私人领域，儿童的需要和利益仍然被隐藏，因此在制定政策过程中他们往往被忽视。儿童的需要主要经由满足家庭需要的社会政策来实现。儿童的“家庭化”导致直接满足儿童需要的政策难以发展。一个明显的例子就是儿童照顾的(服务)提供。英国的儿童照顾很少从对儿童最优的角度出发，而是作为针对家庭的一项重要服务，尤其是作为一种鼓励母亲重返劳动力市场的手段。这并不意味着这种儿童照顾服务对儿童非常不好，但最初从儿童需要和儿童最佳利益角度发展起来的儿童照顾服务可能已经不同于我们今日的儿童照顾服务。

假定儿童的最佳利益与他们家庭的最佳利益一致的看法是有问题的，这种看法必然导致儿童的需要与利益受到被家庭和国家的需要与利益所替代的威胁(参见 Hendrik，2005)。国家和家庭之间存在一定的冲突与矛盾，这也反映了一个永恒的争论：由家长承担对儿童的权利与义务，还是由国家提供儿童服务并承担在其权利受到威胁时实施干预的职责？在这些争论下最根本的议题是：儿童是否被视为私人物品，或社会是否有正当的共同利益来确保儿童福利？

儿童的权利

儿童的权利是社会政策中的重要议题。考虑服务使用者的声音是政策发展的新趋势，儿童作为社会的参与者和权利的享受者，在政策制定中越来越受到重视。基于许多保护儿童权利的行动，英国制定了一系列的法案，如《儿童法案(1989 年)》和《儿童法案(2006 年)》，以及加入更广泛的国际公约，如《联合国儿童权利公约》(The United Nations Convention on the Rights of the Child， UNCRC)。然而，尽管取得了一些成就，但关于儿童权利的政策仍存在一定的冲突。例如，近年来政府根据《联合国儿童权利公约》第 26 条和第 27 条的规定，制定了强有力的政策以根除儿童贫困，但同时边缘儿童(如寻求庇护的儿童)享受福利的权利则较少被关注。此外在政策中也还存在冲突，例如，正如我们所知道的，通过询问儿童，他们的意见日益被纳入了政策的制定过程中，但在教育这一儿童政策的关键领域，儿童却很难对政策或服务传输提出建议。在教育政策领域，儿童需要特别容易被人们所意识到的国家需要所遮蔽。其政策反映了对儿童作为未来成人的认知，教育成为对儿童进行投资的重要政策媒介。

将儿童视为一项“社会投资”

尽管从历史上看儿童的需要往往被包含在家庭的需要中，但儿童和家庭在福利政策中的地位逐渐在转变。鲁斯 · 利斯特(Ruth Lister)认为，“我们正在见证一个真实且空前的转变，地方和国家转向提高对儿童投资的社会优先级别”(Lister in Hendrik，2005：455)。这标志着随着国家朝“社会投资型国家”(social investment state)的方向发展，儿童和家庭在福利组合中的地位发生了意义深远的转变。“社会投资型国家”是从传统福利政策国家转向建立对社会和人力资本进行投资的国家。在这个福利战略中，儿童是未来经济发展成功的关键，他们是“未来的主人公/未来的公民角色”。在“社会投资型国家”中，儿童的宝贵价值在于他们是未来的成人，为了在全球市场竞争中保持国家经济繁荣，政策明确地集中于发展儿童的未来潜能，以确保国家未来的经济繁荣。

在英国，儿童在许多方面都受益于社会投资政策的发展。如利斯特指出，增加对根除儿童贫困的政策投资，发展一个“全英国家儿童照顾战略”(National Child Care Strategy)，提供儿童服务，如“站稳起跑点”计划和儿童中心(Sure Start and Children's Centres)，体现了国家对儿童的支持和服务的提升。然而，尽管增加对儿童及其家庭的国家支持的意义很大，但是面向未来主人翁的儿童的政策与提高现阶段儿童的生活质量之间仍然存在冲突。这反映了一个重要的争论：儿童在政策中是被作为

“单纯的儿童”还是“未来的主人翁”来看待的。普劳特(in Hendrik, 2005: 464)探讨总结得出:“关注未来其自身是不平衡的,为了促进儿童在社会生活中的参与和增加自我实现的机会,需要加入对儿童当前福利的考虑。”

两个政策战略

现在来看看政府解决儿童贫困问题的两个主要政策战略:《每个孩子都重要:儿童的改变》(Every Child Matters: Change for Children)政策议程和政府反儿童贫困政策议程《给所有人机会》(Opportunity for All)。每一个政策的发展都反映出上述的一些冲突,并在福利提供的大范围里制定相关的政策,如教育、卫生健康、社会保障和个人社会服务。这两者都是针对儿童的重要政策,将对儿童未来的生活产生重要影响。

《每个孩子都重要:儿童的改变》

2004 年,通过咨询,政府出台了标志着儿童服务根本改变的《每个孩子都重要:儿童的改变》政策议程。《每个孩子都重要:儿童的改变》是通过广泛评估针对儿童、青少年和家庭的服务,并咨询儿童和青少年的意见后出台的。这标志着国家面向儿童政策的根本性转变,把儿童视为政策的主体,从政策的边缘进入到政府政策和服务的中心。

《每个孩子都重要:儿童的改变》为来自不同背景和环境中的儿童设立了五个重要目标(见表 53.2)。

为确保这些目标的实现,《儿童法案(2004 年)》为儿童及其家庭成员的服务和支持设定了一个新的框架,包括在教育和技术部(DfES)基础上成立新的儿童部门，负责草拟针对儿童、青少年及家庭的政策，并且实施《每个孩子都重要：儿童的改变》的计划。在威尔士(2001 年)、北爱尔兰(2003 年)和苏格兰(2004 年)设立儿童专员，尽管权力被分散，但在 2005 年英格兰也同样设立了儿童专员。儿童专员的职责是根据《联合国儿童权利公约》所建立起来的框架，在国家层面上推广所有儿童和青少年的观点和利益。

表 53.2 《每个孩子都重要：儿童的改变》成果框架

卫生健康	身体健康 精神和情绪健康 性健康 健康的生活方式 拒绝非法药物 父母、照顾者和家庭成员为儿童做出健康的选择
安　全	不受虐待、忽视、暴力或性剥削的威胁 免于意外伤害和死亡 免于受到威胁和歧视 在校内外，免受犯罪和反社会行为的威胁 拥有安全、稳定和被照顾的生活 父母、照顾者和家庭成员为儿童提供安全的家庭和稳定的生活
娱乐和达标	提前适应学校教育 参加并享受学校教育 在小学阶段大致达到国家的教育标准 实现个人和社会的发展并享受娱乐 在中学阶段大致达到国家的教育标准
做出积极的贡献	参与决策并支持社区和环境建设 在校内外能做到守法并有积极正向的行为 培养积极的关系，并杜绝欺凌和歧视 培养自信心，成功应对生活中的改变与挑战 培养积极进取的行为
经济福利	在离开学校后，能进行深入的学习，参与就业或培训体系 做好就业准备 在良好的家庭和社区环境中生活 能够使用交通工具并获得物质产品 不受家庭低收入的影响

资料来源：Every Child Matters：Change for Children(2004)。

《每个孩子都重要：儿童的改变》更进一步的目标就是通过整合针对儿童的前沿服务，发展多元化儿童服务，并确保它们围绕着儿童的需要进行。这意味着法定儿童服务的根本性重组。参与提供儿童服务的组织包括：医院、学校、警察和志愿群体，它们联合工作并共享相关的信息，保护儿童免受伤害，支持儿童以促成五个目标成果。每个地方政府都有一个整合法定服务和志愿服务资源的儿童信托机构。这一儿童信托机构(Children's Trusts)具有推动儿童和青少年参与政策过程和相关的服务发展的职责。这标志着儿童服务提供的重要改革，认可儿童在儿童期政策和服务中参与的需要。然而《每个孩子都重要：儿童的改变》项目也同样存在冲突和矛盾，其中之一就是很难做好整合工作，研究数据显示这需要有一个数量庞大的互信、合作和协同一致的专家组去整合不同部门的工作。政策也同样需要把儿童作为未来主人翁的社会投资的这一理念作为支撑。另外，学校教育的角色也面临转变。在学校教育以外，提供拓展型学校(Extended School)服务，反映了工作福利的议程，体现了对家长照顾儿童的需要，而非对儿童自身需要的关注。对儿童权利的进一步认识反映了把儿童和青少年纳入政策和服务发展的意图。但是，这些都并不完善，儿童部长(the Minister for Children)的职位设置和在教育与技术部下设新的儿童、青少年和家庭部门，反映了教育在《每个孩子都重要：儿童的改变》议程中的中心地位。

《给所有人机会》

成果框架的关键因素在于经济福利，这也突出了一个重要的儿童社会政策领域。英国是发达国家中儿童贫困率最高的国家，在世纪之交，有将近400万名儿童生活在贫困线以下。儿童特别容易受到贫困的威胁，由税收和社会保障体系给儿童及其家庭提供财政支持，对保护儿童，尤其是生活在单亲家庭、失业家庭或有长期病患和残疾的家庭中的儿童，具有重要的意义。因此，由国家提供足够的支持对确保儿童经济福利非常关键。

1999年，工党政府面对超过400万的儿童贫困问题，提出要用20年的时间根除儿童贫困。为达成这一目标，其开展了名为《给所有人机会》的重要福利改革计划，其中包含了在广阔的社会政策领域(卫生健康、教育、住房、社会保障和社会照顾)中制定相关的政策。“社会投资”和关注低收入儿童的未来前景是支撑这些应对政策的重要因素。这些政策包括了通过教育体系提供的儿童特殊教育支持计划，尤其是强调在社会投资中最为关键的读写和算术能力。其他的教育政策包括对劣势儿童进行早期介入的“站稳起跑点”计划和为大龄儿童设置的教育维持津贴（Educational Maintenance Allowance， EMA）（参见本书第四十九章）。对低收入父母的支持主要通过工作福利政策、最低工资和儿童照顾计划来开展。政府通过社会保障和税收抵免制度对低收入家庭中的儿童逐步增加财政支持。政府承诺每年出版监测与儿童福利相关的并覆盖特定及可测量指标的贫困审查报告。

尽管政府承诺通过《给所有人机会》计划根除儿童贫困，但在政策执行过程中仍存在不少冲突。政策评论家指出，工作福利计划很大程度上是这个政策的基础。例如政策鼓励母亲尤其是单亲母亲就业，会对儿童的生活造成影响。通过监护人工作的形式，让儿童得到更多的经济保障是这个政策的目标。然而，这些政策会影响到工作与家庭成员和儿童所得到的照顾之间的平衡，并且儿童所获得的课余照顾以及其与母亲共处的时间长短和质量会受到影响。降低儿童贫困的程度是十分困难的，同时还存在一些争议，如需要进行贫富再分配来支援相对贫穷的家庭脱贫。儿童、父母和国家福利三角的从偏右向中间道路转变是政策中非常敏感的议题。儿童收入支持政策反映了保证儿童福利的父母责任义务与国家的责任义务之间的冲突。

新兴议题

儿童期经历着巨大的转变，社会、人口和经济的转变影响了儿童及其家庭的日常生活，多元化服务的发展和儿童在政策过程中的参与很难实现。《每个孩子都重要：儿童的改变》计划本质上存在冲突，并且难以被整合。学校教育的角色，如拓展型学校（extended school），关注工作福利的需要。由于儿童在学校的架构下将变得越来越细致、制度化且自制，因此在学校中传输对儿童的社会照顾是困难的。儿童贫困对许多儿童来说都将是个很严重的问题，足够的福利以及国家在就业市场和非就业市场上对家庭的支持十分关键。

儿童的利益慢慢地从政策的边缘进入到决策中心，但在寻求统一国家、家庭和儿童的不同需要时，明确叙述足够且有效的儿童社会政策对政府而言仍是一个巨大的挑战。

高阶阅读指南

儿童政策导论的主要教材可见 H. Hendrik，*Child Welfare and Social Policy*，*An Essential Reader*（Policy Press，2005）。Lorraine Fox-Harding，*Perspectives in Childcare*（Longman，1997）是一本较老的教材，但给我们提供了从政策路径研究儿童福利的有利视角。C. Hallett and A. Prout（eds），*Hearing the Voices of Children*（Routledge Falmer，2003）集中于儿童期的新社会研究，以社会学的方法研究社会政策，尤其集中在政策领域里的儿童声音上。

以统计学视角研究英国儿童生活，并且作为儿童福利重要趋势的范例，可参见 J. Bradshaw and E. Mayhew（eds），*The Well-being of Children in the United Kingdom*（Save the Children，2005）。

政府官网是查找政策文件和研究的重要资源。尤其是其中的两个站点，对于跟进本章所提及的两个政策发展十分有用。教育和技能部有关于 Sure Start，Every Child Matters，and information from the Minister for Children，Young People and Families 的儿童和家庭部分，http：//www. dfes. gov. uk/childrenandfamilies 关于 Opportunity for All 的年度报告和进一步资料可参见工作及退休金部门的网站 http：//www. dwp. gov. uk/ofa/。关于儿童贫困的进一步资料可在儿童贫困行动小组网站上(http：//

www.cpag.org.uk)找到，该网站有定期更新的儿童贫困统计数据。如果要扩展视野，UNICEF(http：//www.unicef.org)的网站可查到关于《联合国儿童权利公约》的信息和更多影响儿童的议题。

第五十四章

青　年　人

鲍勃·科尔斯

概　述

- 本章首先简要地探讨一下我们对“青春期”和“青年人”的定义。
- 英国的青年政策出现在三个时期。第一个指的是在1997年至2000年开始出现青年政策时期，主要受到社会排斥部的影响。以第一个负责青年人事务的部长为标志。
- 英国青年政策的第二个时期是2000年至2005年，其标志是1999年底，被首相称为“青年前沿政策”的“联合战略”(Connexions Strategy)的产生、发展和“死亡”。然而，到了2005年，没有人再提起这个“战略”，我们将探究其原因。
- 在第三个时期中，2003年在绿皮书《每个孩子都重要：儿童的改变》的主导背景下青年政策随之提出，在2005年绿皮书《青年很重要》出台后“青少年”政策的讨论开始增加。
- 本章包括了对上述问题的讨论。

导　言

修订第三版中本章的内容如同第二版那样很重要且很有意义，因为在过去的十年间，英国青年政策的发展产生了很多重要变化。

关于青年及青年转变的观点

青年(Youth)通常指在生命过程中介于儿童期和成年期的间隙期，而青年人则指处于这一生命周期的人。在对这个概念的讨论中，不同的学科强调其不同的方面。“青春期”(adolescence)这一术语常应用于心理学领域中，以此来形容一个人在身体、情绪与性成熟的生理和心理层面处于青春期。社会学家往往将“青年期”定义为与制度转变相关，这些转变主要有三方面。首先，完成教育进入劳动力市场，即从学校到工作的转变。其次，在原来的家庭(包括伴侣和家庭的形式)中获得相对的独立，即家庭的转变。再次，搬离父母的房子，有时包括临时居所，但最终建立独立于父母的家，即在住房方面的转变。政治学与其他学科则关注在青春期里青年人增强不同权利和责任的方式。确实有许多分析家指出，青年人的公民权与成年人完整的公民权有所不同。作为一门应用社会科学，社会政策汲取所有的这些观点，批判性地研究在何种程度上、以何种方式满足青年人的需要。

青年转变的两极化

“青年转变模式”(youth transition model)被证明能有效地帮助我们理解发生于20世纪最后25年的青年“重构”问题。这突出了“延迟转变”和“断裂转变”(extended and fractured transitions)取代“传统转变”(traditional transitions)的方式。“传统转变”直到20世纪70年代中期还很普遍，青年人较早地离开了学校，几乎毫无困难地快速找到工作。由于青年人在后青春期就开始工作，他们能够继续住在父母家中，储蓄、交往、订婚和结婚，并且在结婚的时候搬入他们自己的居所，自组家庭，这是普遍的规律。到了21世纪，虽然许多青年人在青春期试图做出一些重大改变，但传统转变已基本上被“延迟转变”所取代。这包括了16岁后教育时间的延长，家庭独立时间的延长，生育时间的推迟(现在女性平均生育年龄为 26 岁后），更复杂的伴侣模式（通常包括同居），以及更多且更长时间地居住在“临时居所”。

“断裂转变”指的是青年人缺乏工作、培训的保障就离校，或没有获得自己的稳定居所就离家，从而遭受不同形式的青年无家可归困境。“断裂转变”往往包含了脱离家庭和脱离教育、培训或就业。延迟转变所假设的家庭独立时间延长，发生在家庭关系变得脆弱和一些家庭冲突无法处理的时候。在 16 岁以前，只有一半的青年人与父母住在一起，许多青年人与离婚或分居的父母住在一起，同时还有相当一部分青年人与继父或继母住在一起。从学校到工作转变的断裂与其之前的劣势（在教育方面、家庭生活方面或两者兼具）以及其他的转变经历相关，如成为未婚家长、离家出走（通常由于负面原因，如与家人吵架）、卷入犯罪、滥用药物和牵涉刑事案件。这就涉及了政府于 1997 年提出的“社会排斥”（social exclusion）问题。

1997 年至 2001 年英国青年政策的出台

在 1997 年新工党上台前，可以毫不犹豫地说英国没有青年政策。前政府认为把与青年相关的问题放在国家各大部门，如教育、卫生健康和内政部等，是最好的解决办法。一些学者大声疾呼，证明共同合作政策使国家的不同部门朝向完全矛盾的方向发展，因此需要发展更一致的青年政策。教育政策在 1990 年至 1997 年导致学校退学增加了 450%，而众所周知，退学与青年犯罪具有强相关。1988 年为了使青年人参加培训或 16 岁后的教育，削减了 16 岁至 18 岁年龄段的福利，但这导致了 16 万青年人无所事事，陷入青年犯罪、药物滥用和青少年怀孕等困境，对内政部和卫生健康部门带来了很大挑战。青年犯罪和退学让财政部形成了巨额支出，并对青年人的福利造成了损害。

大选后布莱尔政府上台，不久成立了社会排斥部（Social Exclusion Unit），它成为青年政策的主要倡导者。这一部门隶属于内阁办公室，执行首相交办的任务，并直接向其报告。它的工作重点在于社会排斥——弱势的复杂、多面化综合表现，它具有跨部门合作的职责。人们日益认识到“纠结的问题”需要“联合的解决方案”，需要更多的政府跨部门合作。

20 世纪末，社会排斥部针对青年相关的主要问题提出了五份重要报告：

- 逃学与退学；
- 露宿街头（包括青年的无家可归问题）；
- 贫乏的邻里关系；
- 青少年怀孕；
- 16 岁至 18 岁未就学、未就业或未接受培训（Not in Education, Employment or Training, NEET）。

这里无法对所有的报告进行详细说明，但第三和第五份报告改变了英国青年政策的前景。第三份报告针对空间概念上的贫乏邻里关系，指出邻里关系的复兴面临着挑战。由于这一主题过于巨大和复杂，在报告出台后，成立了 18 个政策行动小组（Policy Action Teams, PATs）进一步发展更具体的政策。其中第 12 政策行动小组负责有关青年的政策。报告中有一个图表，显示了与欧洲大陆国家的不同，英国没有相对应的部长、政府部门、议会委员会或任何媒介可以针对青年问题进行跨部门的讨论。结果，方案由 8 个政府部门、6 家单位和 10 个其他的机构发布，这导致了在一些社区青年人能够获得多个机构的帮助，而在其他一些社区则没有获得帮助。第 12 政策行动小组越过政府从一个全新的视角提出了一项更为协调的青年政策。这包括了设立青年部长、发展和协调政策的儿童和青少年部以及具有更多权力的跨部门工作小组（Crosss-Departmental Ministerial Group）。英国最终建立了全国青年政策协调机制，并且开始咨询儿童和青年意见发展未来的政策。

1999 年至 2005 年的“联合战略”

社会排斥部的第五份报告《消弭鸿沟》（*Bridging the Gap*）在 1999 年出版，针对的是 16 岁至 18 岁没有任何教育、就业及培训背景的青年（NEET）。报告提出 16 岁至 17 岁处于闲散状态的青年今后更容易成为失业者，而且这与 16 岁前对教育不满和处于劣势有很大的关系，同时与犯罪、药物滥用和青少年怀孕也有很大关系。大部分的未就学、未就业或未培训的青年是脱离了照顾者、青年看护者、有精神健康问题的青年人以及有残障和特殊教育需要的青年人。因此，尽管对未就学、未就业或未培训的青年的职责都包含在了教育和技术部中，但与之相关的许多问题仍需要其他部门的合作，如卫生健康部门或英国内政部。社会排斥部的报告和政府关于教育的白皮书《学会成功》（*Learning to Succeed*）共同提出，为 13 岁至 19 岁的青年人联合战略的目标对象提供指引、建议和支持的多元化专业服务，即发展一项新的联合服务。另一方面，尽管在苏格兰、威尔士和北爱尔兰并没有提供以“联合”（Connexions）命名的服务项目，但类似的机构工作在这些地区都逐步地发展起来。

联合服务的目标是为青年人提供全面的服务，为少数面对复杂问题的青年人提供深层次且适当的支持，即具有针对性的服务。这些新服务最大的挑战就在于通过全国系统的个人顾问提供新服务。相比之前的职业服务，联合战略所传递的服务吸收、替代了原有的职业服务并更为广泛。其目标是通过联合伙伴平台提供支持合作和跨机构的服务。这包括了卫生健康机构（包括药物干预和咨询服务，以及青少年怀孕和未成年妈妈）、教育（包括教育福利和青年服务，以及学校教育和高等教育）、社会服务（包括脱离照顾小组）、青年司法（包括警察和青少年犯罪矫正工作小组）、住房部门和志愿部门（包括青年无家可归计划）。联合战略预期处理三个层次的需要。大多数青年人只需要针对他们的教育和学习、职业或个人发展的信息、建议及指导。其他的处于越轨边缘的青年需要更深层次的支持和指导，帮助他们获得他们所需的发展和支持行动计划，并监督这一过程。少数群体需要专家的评估和支持以转介到其他特殊服务部门。联合个人顾问计划设定为青年人的“代言人”，确保他们能获得适当的服务和福利，当机构无法履行他们的职责和义务时，则扮演“强势朋友”角色。无论他们扮演什么角色，这些一线工作者都被称为个人顾问。

学校和大学没有什么变化，大部分的个人顾问以他们所经历过的方式，提供职业教育和指导，但这些个人顾问较为分散，每个个人顾问同时为 800 名青年人提供服务。个人顾问通常有着不同的专业背景，负责青年工作或在志愿部门工作。他们负责处理更复杂的需要，许多人保持着他们原有的基础，还有一些个人顾问组成专家团队共同工作，共同为青年违规者、离家出走者和有特殊教育需要或残障的青年人提供服务。

尽管联合战略目标已成为青年工作的综合战略，事实上，直到 2005 年，联合方式的支持才得以在其他政府部门和机构独立运行。这里有两点需要提及。1996 年审计委员会提出了一份《针对虚度青春现象的报告》（*Misspent Youth*），政府不久出台了相关的政策议程，专门针对青少年犯罪回应范围、花费及低效情况。相反的，新工党则起草计划书，大力提倡改变，其中许多计划被纳入了1997年的白皮书《不再有借口》（*No More Excuses*）中。《犯罪和行为偏差法案（1999年）》（*the 1999 Crime and Disorder Act*）出台后，青年司法体制改革标志着在各个地方政府中成立多元化青年犯罪矫正工作小组（YOTs），这一计划联合了警察、缓刑、社会服务和其他相关的主体，协调一致地尝试强调并减少青少年犯罪。这一法案同时还引入了一个全新的体系（参见本书第四十六章）。与违规行为和针对10岁至17岁青少年群体的刑事司法体系相关事务的监督，由英国内政部资助成立一个类似的自治国家组织——青年司法委员会（Youth Justice Board）负责。

脱离照顾的青少年（2001年前通常为16岁左右）在问题青年群体中占很大比例。1996年6月保守派政府委托第三方对照顾体系进行彻底且大范围的评估，并在1997年出版了《厄廷报告》（*The Utting Report*）。政府计划开展以检查、质量保证和照顾标准为新形式的《质量保障》（Quality Protects）项目。对脱离照顾青年的安排在绿皮书中重新被评估，这形成了《儿童（脱离照顾）法案（2000年）》（Children [Leaving Care] Act of 2000）的基础，并在2001年10月得到了实施。需要强调的是，尽管大部分脱离照顾的未成年人经历着延迟断裂和更长的家庭独立期，脱离照顾者往往在16岁就开始谋求各种形式的独立。这让人不安，并且往往导致灾难性的后果。尽管在2001年法案出台后有了边缘化的改善，但进展是缓慢的。关于这一主题更进一步的绿皮书《照顾很重要》（*Care Matters*）在2006年末出版，并由2005年以教育和技术部为基础所成立的儿童、学校和家庭部颁发，作为适用于与儿童及青年相关的所有政策领域的标准。另一方面，需要看到的是儿童、青年及家庭部往往同被视为儿童部，这说明青年问题可能继续被边缘化。

每个人都重要（但某些更重要）

2003年9月，政府出版了绿皮书《每个孩子都重要：儿童的改变》，对儿童及青年政策的发展产生了极为重要的影响。尽管其表面上仅仅针对儿童问题，但它预示了国家、地方政府和社区层次的政策结构转变。在对绿皮书的咨询后，《儿童法案（2004年）》（Children Act 2004）宣告了英格兰儿童专员作为儿童权利的独立维护者，尽管在委派的时候，他实际上的职责是监督弱势群体(如青年庇护者)的处境和服务，以及对儿童和青年需要回应的不足(如患有精神疾病的人)。法案进一步拓宽了这一部门在处理青年事务上的职责，把原来由卫生健康部门负责的青年事务(青少年怀孕、儿童照顾体系和家庭法，但不处理未成年违规)交由这一部门处理。在地方政府层面上，法案要求地方政府单独设立一位儿童服务主任负责教育和社会服务，依靠由联合委员会和青少年犯罪矫正工作小组运作的儿童基金来负责服务的整合和运转。在社区层面上，针对儿童和青年的一系列服务包含在了“站稳起跑线儿童中心”和“全面服务拓展型学校”(Full Service Extended Schools)里面。绿皮书同时宣布成立新的青年人基金，促进针对离校青年服务活动的开展。

综观这一系列的儿童机构设置，很明显，联合战略会采取一些结构性调整。2004 年夏天，教育和技术部分别开展了三项调查，为青年绿皮书的出台奠定了基础。第一，涉及了对职业教育和指引全方位的调查。联合项目首先为边缘青少年提供针对性服务，其次为在校的大部分学生提供全面的咨询服务，这让许多职业服务公司感到威胁和被边缘化。学校也认为它们得到的服务有所削弱，因为它们承担了针对学生福利的“全方位服务”的角色，并且它们认为被授予的自主权应该也被扩展到信息和指导方面。第二，涉及了对青年活动的调查：“他们所做的事情和所去的地方”，成为正视青年工作的衰退和疏忽的例证。理论上，在 20 世纪 90 年代末所进行的一系列调查后，青年服务开始了转型，但实际上，许多青年服务工作者发现他们缺乏资源，受每年一签的短期合同制约，长期受到政策热潮是否对他们进行优先资助的困扰。2004 年，教育和技术部五年规划提出了“青年机会”(youth offer)，这是对所涉及的相关服务领域的利好因素。第三，组织第三方小组对针对弱势青年的服务和支持进行评估。与国家审计署等权威机构的评估结果不同，调查结果显示，联合战略的大体目标是失败的。确实，没有人再提及联合战略，仅有儿童部部长和一项服务还在继续记录这项战略在一定时期中的联合服务数字。

其失败原因看起来很神秘。尽管联合服务战略仍存在许多需要改进的地方，但也有许多证据显示其成果是积极的，尤其是对弱势青年群体的支持。一线工作人员都被称为“个人顾问”，确实其不同角色和职责存在混淆。在许多伙伴关系中，全面服务和专门服务之间的交叉转介比较薄弱。共同合作还不够直接和流畅，没有形成冲突和合作的基础。冲突往往依赖一线工作者解决，而他们却暴露在缺乏上级支持和缺乏公共合作的清晰协议下。信息共享还不够普遍和可信。或许联合战略没有达成它的全部意图，但正如国家审计署所指出的，完成这一项目还需要招募多于预期数目一半的个人顾问。

对联合战略的评估主要有两个调查项目（其中一个由教育和技术部委任），由于代表对否决联合战略的意见无法达成一致，这两个调查项目在2005年召开了研讨会，并给教育和技术部发了商函，认为允许学校让学生退学是危险的，并建议重构联合战略需建立在它的成果上而不是推翻重来。毕竟无论何种服务都应能成功解决问题。尽管联合战略口头上说要循证实践（evidence-based practice），但其在绿皮书《青年很重要：下一步行动》（*Youth Matters: Next Steps*）中的提案显然被弱化了，尤其是项目资金未能被纳入款项的核算范围，如今被分散在儿童信托基金中。一个被首相宣称为"青年的前沿政策"的战略，在如此短的时间里就失去了方向，并被下级部长边缘化，与其所取得的成就不相符，实在让人惊奇。

新兴议题

对绿皮书《青年很重要：下一步行动》的咨询过程是虚假的。问题的设置断章取义且不适当，证据显示项目仍旧是边缘化的且没有得到重视，《青年很重要：下一步行动》中的计划"仍旧没有重视"。虽然新的计划书包含了更广泛的内容，例如：休闲服务，许多主体计划与联合战略仍旧很相似。在新的计划书中值得赞赏的是内阁提出了把青年人的意见加入地方服务设计的考虑。然而，尽管报告明确反对通过各种途径提出这些需要改善的地方（如通过青年机会卡），内阁还是宣告了他们开展一些尝试的目的。一项相似的塑料卡片计划（联合卡）在市场上仅达到了4%的占有率，证明了这一计划是昂贵且失败的。但内阁同时承诺开展立法工作，通过明确地方政府的职责来确保青年人参加全面的积极活动。罗素委员会执行机构通过运作一个公共和私人的混合基金，鼓励志愿部门在当地开展这一计划。尽管许多力量积极游说扩大职业教育与指导服务到各个年龄层，但取而代之的是职业教育与指导服务被扩大为"信息、建议和指导计划"（Information，Advice and Guidance，IAG），承诺开展多元化的服务（包括新科技，如互联网和热线服务），量化标准，并且让学校保留让学生退学的权利。在对弱势青年群体的专门性服务方面，政府承诺开展多主体合作的工作，包括一个领导专家、一个公共评估框架和信息共享的新范式。然而，在这些变革中，对个人顾问和联合战略工作者却只字不提。这种“失误”需要得到全面的改造。内阁改革无视证据，并且让针对青年的一项重要政策在儿童政策的重构中“意外地消失”，这是让人伤感的。

高阶阅读指南

好的社会政策需要进行相对性的比较，H. Bradley and J. van Hoof (eds), *Young People in Europe: Labour Markets and Citizenship*（Policy Press，2005）是一个对劳动力市场思考的开始。

L. Catan，*Becoming Adult*（Trust for the Centre for Adolescence，2004）总结了近年来由 ESRC 所资助的重大青年调查研究项目。B. Coles and C. Lloyd，*Snakes and Ladders*（Joseph Rowntree Foundation，2007），是由JRE资助的一项长达七年的青年研究项目的总结。

A. Furlong and F. Cartmel，*Young People and Social Change*（Open University Press，2006）是根据一篇非常有影响力的文章进行的改写。想了解关于青年群体的数据，请参考 J. Coleman and J. Schofield，*Key Data on Adolescence 2005*，5th edn（Trust for the Centre for Adolescence，2005）。

S. Henderson，et al.，*Inventing Adulthoods: A Biographical Approach to Youth Transitions*（Sage，2006）介于传记和结构写法之间，有一个理论上的突破，加入了社会政策观点。

R. MacDonald and J. Marsh，*Disconnected Youth. Growing Up in Britain's Poor Neighbourhoods*（Palgrave，2005）在东北部开展了一项特殊研究的报告，对围绕“青年人、底层阶级和社会排斥”主题的争论有出色的评论。

绿皮书提出对青年政策进行实质性的改革的建议：DfES，*Youth Matters*. Cm 6629（HMSO，2005）；DfES，*Youth Matters: Next Steps*（HMSO，2005）。还有一些有参考价值的网站：http：//www. everychildmatters. gov. uk/_files/Youth%20Matters. pdf，http：//www. dfes. gov. uk/publications/youth/pdf/Next%20Steps. pdf。

第五十五章

老年人

艾伦·沃克　托尼·莫尔特比

概　　述

- 由于未来生活的特殊意义和独特性，老年和“退休”的含义在21世纪发生了变化。
- 从20世纪初期以来，老年人已经成为社会政策关注的一个巨大的焦点。
- 出生率的下降和人口寿命的延长使英国成为一个老龄化的社会。
- 老年人并不是社会的负担。
- 将来，政府很可能会通过一个私营部门或者国家储蓄计划来向这一群体提供一种与收入相关的、无须资格审查的、慷慨的、费率均等的基本养老金。

导　　言

英国是一个老龄化社会，老年人一直是社会政策关注的焦点。关于老年人的政策问题，其重要性在未来还将继续增强。最近政府在《时代机遇》(Opportunity Age, DWP，2005)中，针对老年人社会政策出台了一项复杂的战略计划。和其他的西方国家一样，英国社会中的老年歧视和年龄歧视也是相当普遍的，有直接形式，也有间接形式。这种对老年歧视的持续关注直到最近才获得与人们对性别和种族歧视关注程度的同等重视。在已经开始执行的《就业平等(年龄)法规(2006年)》(Employment Equality [Age] 2006)中涵盖了所有的年龄群体，这对老年生活的社会政策有巨大的影响。因此，在对影响老年人的主要社会政策的简单回顾中，我们聚焦于年龄歧视，尤其是年龄歧视对劳动力市场的影响。另外两个主要的政策涉及对养老金和社会照顾问题的处理。

谁是“老年人”?

在公共养老金计划出台之前，工人们依赖于雇主提供的职业养老金。在19世纪末，人们外出工作一直到年老体弱无法劳作，而没有一个固定的退休年龄，这种现象是非常普遍的。最早的国家养老金出现在1908年，当时领取养老金的年龄是70岁。这一年龄在1925年降到了65岁。1940年，女性领取养老金的年龄降到了60岁。根据《贝弗里奇报告》的建议，男性和女性具有不同的领取养老金年龄(男，65岁；女，60岁)。1993年11月，政府宣布养老金领取年龄男女统一为65岁。而且，这一年龄从2010年起的十年间持续下去。因此，多数英国战后的老年群体，他们的年龄被统计为超过国家养老金领取年龄或者是65岁及以上。然而，在对老年人口的年龄和享受国民养老金的年龄进行划分的尝试中，1997年以前的政策都使用50岁作为老年阶段开始的年龄。在这一章中，也采用了相同的定义。

表55.1描述了由不同年龄群体组成的总人口的比例和老年人口数量的增加状况。在人口老龄化中潜在的两个最重要的社会—人口因素是日益下降的生育率和逐渐增长的人口寿命。在20世纪的转折点，65岁和超过65岁的人口占到了总人口的4.7%，80岁和超过80岁的人口数量占0.3%。最近，超过65岁的人口(占人口的16%)达到了965万，超过80岁的人口数量达到了270万，占人口的4%。到2020年这一数字还会继续增长，那时，超过80岁的人口将会占总人口的5.5%，2041年这一数字会达到9%。人口预测显示，到2031年，50岁至59岁的年龄群体将占总人口数的28.6%，而超过85岁的人口数量会达到总人口数的7.9%。

表 55.1 英国人口的年龄群体构成(百分比)

年龄(岁)	2000	2011	2021	2031	2041	2051	2061	2071
0～14	18.2	17.0	16.5	16.0	15.4	15.3	15.1	14.9
15～29	19.0	19.8	18.1	17.2	17.2	16.8	16.4	16.4
30～44	22.5	20.3	19.8	19.6	18.3	18.3	18.3	17.8
45～59	19.3	19.9	20.0	17.9	19.0	18.0	17.7	17.9
60～74	13.4	15.0	16.1	17.6	16.1	16.6	17.0	16.2
75 以上	7.6	8.0	9.46	11.6	13.9	15.0	15.4	16.7
人(千)	59 385	61 892	64 727	67 013	68 353	69 252	69 858	70 481
所有年龄	100.0	100.0	100.0	100.0	100.0	100.0	100.0	100.0

资料来源：Government Actuary Department mid - 2004 based principal projections。

随着老年人口数量的增长，老年女性人口数量超过了男性，其原因可能是男性死亡率略高。2005 年，0 岁至 24 岁女性人口占此年龄群体总人口的比例为 49%；25 岁至 64 岁女性占这一年龄群体总量的 50%；对于 65 岁至 74 岁的年龄群体，女性占 53%；75 岁至 84 岁的年龄群体，女性占 59%；对于 85 岁和超过 85 岁的年龄群体，女性占 70%。即使男、女两性的预期寿命在未来 45 年后会增加，但女性预期寿命仍比男性预期寿命高出了 4.4 岁。但是，这一预期寿命的差距会缩小。到 2040 年时，这一年龄差距会降到 3.5 岁(男性，82.4 岁;女性,85.9 岁)。75 岁及以上的男性群体中,大多数是已婚男性(62%),然而,大多数的老年女性是寡妇。85 岁及以上的老年女性中，寡妇占 79%。在黑人和少数族群中，老年人口的比例通常小于白人群体，2001 年 50 岁及以上的黑人人口数量仅占 3.5%。

当然，人口老龄化是社会和经济发展的标志，这包括社会政策在扮演应对和处理许多过去导致人口寿命减少的疾病的角色。然而，逐渐增长的老年人口数量并不总是表示为一种积极的现象。被忽视的是“老年年龄”将社会政策(比如养老金政策)定义(或者在社会学术语中叫“社会建构”)在精确的年龄类别中。因此，随着环境的改变，它可以被重新定义。但是，老年人自身并不认为自己是社会的负担，他们大多数仍然很积极，经常在家庭中做出贡献(比如照顾儿童)，拒绝诸如“老家伙”之类的歧视标签。他们喜欢被人们视为老年人或者是资深公民(Walker and Maltby, 1996)。

劳动力市场中的老年歧视

对老年群体的主要排斥来自劳动市场。随着年轻劳动人口数量的减少和养老金成本的上升，最近政府通过了“针对50岁以上年龄群体的新政”(New Deal 50+)和“通往工作之路”(Pathways to Work)等政策和措施，以鼓励雇主重新聘用老年群体。正如表55.2所示，仅有一小部分男性按照传统观念在65岁退休，大部分人早就不工作了，当达到了法定退休年龄时他们早已处于失业、长期疾病或者残疾状态或提前退休。英国男性过早退出劳动系统的现象主要归因为需要相关的因素。对于许多在50岁或者在40多岁就失业的老年就业者来讲，他们不会再被重新聘用。

表55.2　1951年至1998年英国老年男、女性的劳动力参与率(%)

年龄(岁)	1951	1961	1971	1981	1985	1990	1995	2000	2002
					男　性				
55~59	95.0	97.1	95.3	89.4	82.0	81.0	73.7	74.8	76.1
60~64	87.7	91.0	86.6	69.3	54.4	54.4	50.1	50.3	50.8
65+	31.1	25.0	23.5	10.3	8.2	8.6	8.2	7.9	8.0
					女　性				
55~59	29.1	39.2	50.9	53.4	52.1	54.9	55.7	57.6	59.6
60~64	14.1	19.7	28.8	23.3	18.9	22.7	25.0	25.9	28.5
65+	4.1	4.6	6.3	3.7	3.0	3.3	3.2	3.4	3.5

资料来源：1951－1971，Census of Population for England and Wales and for Scotland；1975－1994，Department of Employment，Gazette (various)；UK Labour Force Survey。

从19世纪70年代中期开始的提前退休现象的增多，使对老年群体的定义划分为两个类别而非一个。“第三年龄”(third age)包括50岁至74岁的群体，“第四年龄”(fourth age)包括75岁和75岁以上的群体。这种划分方式有时意味着前面的“年轻型老年群体”(young old)是活跃的而后面的“老年型老年群体”(old old)很消沉。但是，这种划分有些误导的性质。

最近，这种过早退出劳动力市场的趋势有所逆转(见表 55.3)。部分原因是政府在劳动力市场中的政策导向，根本原因在于最近英国的经济增长。虽然如此，130 万超过 50 岁的人口仍然无法实现就业。

表 55.3 英国就业年龄群体百分比(春季)

年龄(岁)	1999	2002	2003	2004	2005	2006
			男性			
16～24	63.2	63.0	61.4	62.3	60.0	57.6
25～49	87.8	88.2	88.4	88.4	88.3	88.4
50～65	68.6	69.9	71.8	71.9	72.4	72.8
65+	7.6	7.5	8.6	8.6	9.0	9.6
			女性			
16～24	58.9	59.6	58.1	58.5	56.8	56.6
25～49	73.3	74.2	74.4	74.4	75.1	75.1
50～65	63.1	65.6	67.6	67.9	68.4	68.4
65+	8.1	9.0	8.9	9.9	10.5	11.1

资料来源：Labour Force Survey。

目前的研究表明，50 岁至 60 岁的人口面临着来自雇主的歧视。比如，在招聘广告中的年龄限制是就业中的一个常见的障碍。雇主经常将工作培训年龄限制在 50 岁以下。然而，当雇主被要求列出反对雇用老年劳动者的主要原因时，“缺乏必要的技能”成为他们的首选。那么，这也许会形成老年劳动者工作中自我实现的障碍。许多雇主对老年群体都持有一种固有的偏见，比如，他们很难培训，太敏感，不能适应新技术，不灵活。这些偏见难以用研究来支持。但是，这些偏见会在第三年龄群体的生活中产生巨大的影响力。然而，一项欧盟指令(European Directive)的执行意味着政府需要在 2006 年前完成反年龄歧视法。《就业平等(年龄)条例(2006 年)》(Equal Employment [Age] Regulations 2006)(以下简称年龄条例)从 2006 年 10 月 1 日起开始执行。此法包括了就业中的年龄歧视和整个年龄阶段中的就业培训。此法在老年人口中会有更大的号召力。这一年龄规定引入了一些对有争议问题的新的测量和解释，该法认为过去 65 岁的退休年龄是不对的；在培训方面，如果是由于“商业利益”而形成的排斥，雇主会继续排斥老年群体。许多专家建议该法应当依据各个典型案例的解决方案来执行。此外，此法还会产生文化作用，导致观念的改变和与此改变相关的在性别、残疾、种族和性行为方面习惯的改变。

养老金和老年贫困

养老金是社会政策的重点，但同时它们也是一个最有争议的问题。争议集中在它的绝对额度和在老龄化社会中养老金不断上升的成本上。社会保障是迄今为止最大的单项支出项目，而其中超过一半的资金是用于老年人的(参见本书第四十五章)。

除此之外，低收入和贫困与老年之间一直存在着密切的联系。贝弗里奇曾经指出，国家保险(National Insurance, NI)和基本养老金(Basic Pension, BP)将会消灭贫困。职业养老金已经提升了许多退休人员的生活水平，尤其是退休夫妻。同时，相比于退休金待遇，政府更大地消减了失业者的福利待遇。然而，英国的一大群老年人仍然生活在贫困中。他们同欧盟其他国家相比，更有可能陷入贫困(Walker and Maltby, 1996)。许多老年人仍然生活在贫困中，政府将此贫困标准定为低于社会平均收入水平的60%。目前，在扣除家庭成本前，有200万退休人员生活在低于社会平均收入60%的社会环境中。然而，退休人员表示扣除了住房成本，他们只有40%的可用收入。对于退休的夫妻来说，夫妻的年龄越大，他们的可用收入越少。这一现象表明越来越多的年轻型退休群体开始获得职业养老金。调查表明，在65岁及以上的人口群体中，较高比例的人群完全拥有自己的住房(68%的退休人员拥有房屋相当于总人口的28%)。退休人员在扣除了房屋成本之外，其收入逐渐上升。单身女性退休者相比于男性退休者，其收入更低。这反映了职业养老金和养老金结构中的性别特征。相应地，那些少数民族的退休者也有可能处于低收入风险中。

其他的数据来源于领取养老金者的收入序列(Pensioner Income

Series)。这些数据表明自1979年起，收入排名前20%的退休人员的退休金增加了76%。然而，在1979年到1996年7月，收入排名后20%的退休人员收入仅上升了28%。事实上，退休人员群体的收入平均上升了64%。同时，此段时间内，社会收入平均上升了36%。究其原因，是由于拥有企业养老金的退休人员（主要是男性）数量的增多。

人口大规模退休，养老金扮演了重要角色，它使雇主在终止雇员劳动后，将成本转嫁到全体劳动人口中。贝弗里奇指出，应当建立一个由雇主和雇员共同缴费的基金。此基金决定引入基本养老金，这导致了国家保险以现收现付制形式为基础进行供款（比如，国家保险使用劳动者缴纳的资金来支付退休人员的退休金）。事实上，这种形式形成了代与代之间的契约：劳动人口缴付税费，然后下面的一代也将会这么做来供养这一代。国家福利供应的其他重要因素，比如英国国民健康服务和社会服务等也是基于相似的供款方式。

1980年，撒切尔政府打算削减公共支出，改革一直上涨的国家保险养老金，有效地将基本养老金支出减少了1/3。这次的削减打击了年轻一代对于国家养老金系统的信心，鼓励他们对私人养老金的投资。事实是，如果这一趋势仍旧继续，那么基本养老金在2020年时将达不到平均收入的10%。布莱尔政府对养老金系统实施了更大的改革。通过提升国家和私营部门的“伙伴关系”，国家在养老金方面的公共支出将会转移到由私营部门给付。以家计调查（means tested）为基础的最低收入保障（Minimum Income Guarantee）优先考虑提升最贫困退休人员的地位，此项政策在2005年成为养老金补贴（Pension Credit）。

养老金补贴由保证金和储蓄金两个部分组成。前者提升了退休金不足154美元/周的退休夫妇的养老金水平（单身退休者的标准是低于100美元/周）。更高的标准适用于残疾人和年龄在60岁及以上的退休人员。2006年5月，在特纳委员会（Turner Commission）受政府委托对英国养老问题进行全面回顾后，政府发布了关于养老金政策的另一个白皮书。政府出台了《退休保障：建立新的养老金制度》（Security in retirement: towards a new pensions system）这一新的养老金执行办法，广泛地反映了特纳委员会的研究发现，而后用法令的形式通过。简要地讲，该法令要求将目前的养老金系统简化并将资产审查标准降到最低。法令强调要将基本养老金升级到国家平均收入水平(不是依赖于零售价格指数的调整)，目前的国家第二养老金(State Second Pension)(取代所得相关国民养老金计划，缩写为SERPS)成为对基本养老金的定额的补充。此外，该法令建议提高养老金的领取年龄，从2050年起该年龄提高到68岁(政府此后将执行年限提前到2046年)，并引入了一个从2010年开始实行的新的全英养老金储蓄计划(National Pension Saving Scheme，NPSS)。

长期照顾

通常老年人，尤其是处于第四年龄阶段的老年人需要他人照顾饮食起居。事实上，老年群体中的大部分人都很积极，并能够照顾自己，而无须他人的帮助。比如，2001年，有75%的年龄在90岁或以上的老人自己居住。2006年的社区照顾统计资料(Community Care Statistics，2006)显示：2005年，尽管退休人员数量不断增长，受扶助的退休者人数还是下降了3%。在80岁及以上的人群中，仅有15%的人居住在护理院、医院中，在90岁及以上的人群中，该比例是36%。然而，在老年群体和无行为能力者之间存在着一个联系；而且，由于女性寿命高于男性，她们更有可能沦为不能自理者。年龄在80岁及以上的人群，住在家里和医院的老年女性数量是男性的五倍。

战后期间，受到政府推崇最多的政策就是社区照顾。事实上，该政策认为家庭是迄今为止对老年人和其他需要照顾群体的最好的照顾提供方式。社会政策研究者们认为，虽然由老年男性配偶提供照顾的方式并不鲜见，但是“家庭”照顾通常由女性亲属提供。更长的寿命意味着有些照顾关系发展成了跨代际的，这导致老年人的照顾需要与提供照顾的家庭以及公共、私营和志愿部门的照顾之间形成了一个大的“照顾缺口”。

政府部门在20世纪80年代对这一需要增长的回应是鼓励私营部门的发展。此政策是通过对依靠收入支持的老年人提供社会保障基金来鼓励兴建私人养老院，同时，缩减公共服务的支出水平。进入到私人养老院的老年人数量从1979年到1984年翻了一倍。到1994年时，此数量增长了五倍。不幸的是，社会保障的预算和开支从1978年的1 000万英镑上升到1993年的20亿英镑以上。国民健康服务和《社区照顾法案（1990年）》（Community Care Act 1990）则是用来缩减这些逐渐升高的成本。当地政府从私营部门和志愿部门购买服务，依次代替直接提供服务。

为了实施《社区照顾法案（1990年）》，中央政府给地方政府分拨了额外的资源，但这仍然难以满足需要的增长。因此，迫切需要对长期照顾政策进行彻底的评估，皇家长期照顾委员会（Royal Commission on Long Term Care）在1999年出版了相对应的报告：《对老年人的回应》。该报告有非常前沿的观点，而且它是第一个否定人口爆炸论和认为老年人是“社会负担”的言论。它强调老年长期照顾费用分为生活成本、住房成本和个人护理。它建议根据需要和收入调查由代际税收来提供个人护理。2000年，国民健康服务计划回应了该政策，并对免费护理（通过代际税收支持）和有偿的个人护理进行了区分。在苏格兰，这两项政策都是免费的。2001年3月，针对老年人的国家服务框架（National Service Framework，NSF）出台了，该框架划分了老年人需要的八个健康照顾标准。这些标准主要是为了根除医疗保健服务中的年龄歧视，从而提供以个人为中心的照顾，提升老年人的健康和独立性，为老年人提供满足个人需要的配套服务。

新兴议题

本章强调：老年群体自身并不认为他们是社会的负担。在英国和欧盟的调查显示了与认为老年人是社会负担这一观点相反的现象：大多数的老年人仍然很活跃，经常在家庭中做出巨大的贡献（比如照顾儿童）。而且，他们排斥“老家伙”这一称号，喜欢被人们称作老年人或者是资深公民

（Walker and Maltby，1996）。老年人喜欢融入社会而不是被社会排斥。当谈到老年劳动力时，主要的观点是《年龄条例》（Age Regulations）这一政策的社会效果。我们可以看到一个在态度和习惯中微小而重要的改变，以及与此相似的对待性别、残疾和种族与性行为观念的改变。然而，这种改变依赖于案例法的发展。当谈到养老金政策时，至少在未来十年左右国家会提供一种无须收入调查的均一费率的基本养老金，而全英养老金储蓄计划（NPSS）会通过与收入相关联提供养老金。此外，还有私人养老基金的计划（比如，企业年金）。在老年人的健康和社会照顾方面，提出八个全英服务框架（NSF）“标准”来鼓励“积极老龄化”的发展，而且这将成为政策中的主要优势领域。

高阶阅读指南

B. Bytheway, *Ageism*（Open University Press，1995）是社会政策专业的必读书，它包含了针对老年政策面临的挑战及让人思考的内容。E. Soule，P. Babb，M. Evandrou，S. Balchin and L. Zealey（eds），*Focus on Older People*（Palgrave Macmillan/HMSO，2005）是一部精彩的文献回顾和研究资料，里面有许多有用的表格和图表，也可以从网络获得PDF版本。

J. A. Vincent，C. Phillipson and M. Downs（eds），*The Futures of Old Age*（Sage/British Society of Gerontology，2006），是比较新的资料，重点关注了几个跟社会老年学相关的重要问题。

A. C. Walker and C. Hagan Hennessy（eds.），*Growing Older: Quality of Life in Old Age*（Open University Press，2005），是对根据ESRC“不断变老”项目的研究发现进行的回顾。

S. Arber and J. Ginn，（eds），*Connecting Gender and Ageing*（Open University Press，1995）涵盖了老龄性别的重要议题。A. Walker and T. Maltby，*Ageing Europe*（Open University Press，1996）对欧盟不同国家的老

龄化及社会政策进行了全面的介绍和比较分析。

L. Bauld, K. Clarke and T. Maltby (eds.), *Social Policy Review 18. Analysis and Debate in Social Policy 2006* (Policy Press, 2006)着重阅读第三部分内容，有关于“老年工人”的详细论述。

第五十六章

残疾人

马克·普里斯特利

概 述

- 20 世纪 70 年代以来，对残疾人政策的发展和研究兴趣逐渐增长。
- 残疾人问题逐渐被作为人权、公民权和平等问题来关注，而不是作为一个照顾和康复的问题。
- 残疾人运动的主张推动了此项变革的进程。
- 残疾人经常是积极的福利消费者。他们通过掌管资源来管理福利，以此来取代传统服务。
- 越来越多的国家基于公民权和人权，引入政策来反对残疾歧视。但是，单一法律难以保证完全的平等。
- 通过建立诸如欧盟和联合国这类机构来形成跨国政府，而且这一力量开始增强了。

导 言

20 世纪后期在英国和全球范围内，残疾人问题逐渐成为政策讨论中的突出问题。这一问题在 2006 年的为保护全世界残疾人而召开的联合国会议中发展到顶点。残疾人问题的显著特征表现为三个方面：第一，政策思考中出现了一个巨大的变化。残疾曾经被认为是一种个人的缺陷，而现在被认为是社会缺陷造成的。第二，照顾和经济补偿政策中出现了向人权和减少社会不平等的相应转移。第三，这些发展的基础中出现了一个残疾人群体的自我组织，这会使他们在政策主张中有更大的代表性，并在福利产品中更多地考虑他们的需要。

在第一部分，大多数当代的讨论起源于残疾形式的不同或者对残疾人需要的不同思考方式。传统政策通常将残疾视为由身体或认知原因造成的个人问题，解决方法要么是对残疾人进行治疗（通过药物和康复训练），要么是对他们的“限制”进行补偿（通过安排低价值的社会角色，比如安排就业、生活照顾、社会保障津贴等）。因此，问题的原因和政策回应都集中在个体身上。残疾的社会模型采用了一个不同的方法。该观点认为，残疾人的弱势源于社会限制而非他们自身的个人限制。正如奥利弗（Oliver，1996）所写：

> 根据社会模型来讲，残疾是对残疾人的所有形式的限制；限制从个人偏见到制度偏见，从建筑物的不可入通道到交通系统的不可用性，从分隔式教育到特殊的工作安排，等等。此外，其结果不应简单和随便地归因于个人。其原因在于，残疾人作为一个群体所遭受的偏见和排斥来自全社会的制度性排斥。（1996：33）

直到最近，这种想法仍然是政策制定中的一个少数观点，只有残疾人运动者（国内和国际的）强烈倡导。在政策制度和一些政府党派中更多地把残疾理解为“社会残疾模型”，然而，残疾人问题仍旧引起了越来越多的挑战性和争议性的政策讨论。

历史背景——残疾的官方定义

在理解残疾人、社会政策和国家的关系时，了解其历史背景非常重要。今天，英国和其他发达国家，几乎残疾人生活的所有方面都会产生很多类型的社会政策（比如，关于残疾人的教育、健康、住房、交通、就业、福利、家庭生活和公民权利的特殊政策）。但是，在福利国家出现以前，有重大伤害的人群同大批“贫困者”没有较大的区别。对政策制定者来说，主要的是理解为什么残疾人作为一个独立的群体而存在。

回顾对残疾人问题的研究，社会模型理论家们通过引入一个对英国历史产生广泛影响的唯物主义观点来阐述城市工业资本主义的发展是如何将残疾人问题发展为国家的福利“问题”的。这些争论显示，劳动力市场上出现竞争性工资以及工厂生产方式的出现，使许多残障人士被排斥在有偿工作之外。同时，它催生了越来越多的贫困生活和经济依赖现象。正如其他政策历史学家所描述的，在推动早期工业资本主义的时候，国家的角色涉及使用有力的社会方法来控制劳动力并减少大多数人的闲散动机。在这一背景下，残疾人研究的主要进步是在“无能力”和“有能力”的穷人(或者是“应得福利”与“非应得福利”)之间的划分。虽然懒散的穷人应该让其严格遵守纪律，但那些被视为“不能工作”的群体将会逐渐被划分为领取有限福利的人群。英国对“不能工作”一词最早的定义并不涉及身心障碍者，在1601年的《济贫法》中出现了残疾人这一新的群体——无力工作将成为决定谁有能力工作、谁没有能力工作的关键因素。

规定这一差别和公共扶助的权力需要一个监督，管理和控制的新系统使残疾人福利逐渐从私营部门向公共部门过渡。我们没有必要对英国历史做细节性的描述，本章的末尾提供了一些优秀的论述(关于英国历史，参见Borsay，2005)。斯通(Stone，1984)展示了残疾群体在控制劳动和公共福利领取方面是如何作为一个重要的行政群体来起作用的。她尤其强调，政策制定者面临的挑战在于对残疾群体下一个固定的定义。这里的主要问题是残疾一词在英国、德国或者美国的逐渐发展下，会在不同的社会环境中有不同的含义。

一个有用的例子可以用来分析为什么在高失业率时代(大概是20世纪30年代)，大批被定义为“不能工作”的残疾人在劳动力需要增大时(如第二次世界大战期间的军工厂)被迅速定义为劳动力。相似的情况在最近的政策讨论中也有，许多被视为“不能工作”并领取残疾津贴的人在20世纪70年代末期和20世纪80年代初期，在1997年以前的新劳动政策下重返工作。但是，重要的是作为政策类别的残疾和残疾人的定义是很灵活的，它们的定义不依赖于个人的生物性能，而是取决于社会、经济和政治环境。

政策权利诉求——残疾人运动

虽然国家对残疾人需要的回应主要受到经济和政治力量的驱使，但这些回应也受到福利博弈和残疾人运动诉求的影响。残疾人政策诉求运动有着悠久的历史，现代残疾人运动起源于 20 世纪 60 年代末和 70 年代的福利与政治博弈。自从 20 世纪 80 年代初期以来，残疾人运动者们在残疾人国际组织(Disabled Peoples' International)的推动下组建了一支国际规模的队伍。它的目标和使命是通过实现完全参与、平等机会和发展来保障残疾人的权利。这一国际性联盟中的团体代表了超过 130 个国家残疾人的利益。

美国、英国和欧洲大陆的残疾人组织的发展已经在残疾人研究文献中有了详尽的阐述(参见 Campbell and Oliverk，1996，关于英国发展的一些有趣观点)。以前残疾人运动发展缓慢，而现在该领域发展迅速。在发展中国家，残疾人组织也很活跃。最近几年，非洲和亚非地区的“残疾人的年代”运动的发展为自我倡导(self-advocacy)和人权运动提供了机会，并在这些地区的政策制定中发挥了重要的作用。

残疾人组织的主张集中在通过他们的发展来提升残疾人群体在社会政策内容和程序中的影响力。我们应当注意四个潜在的规则。第一，关于“没有我们就没有关于我们的福利”的强烈主张(参见 Charlton，1998)。这一规则强调残疾人保证自己的声音出现在会影响他们的政策讨论中。这些讨论曾经发生在医疗和社会工作专业人士及福利慈善家之间。现在，很难找到没有残疾人参与的残疾社会政策论坛。第二，出现了从直接社会政策投资向消除阻碍残疾人完全和平等参与社会转变的需要(比如，现有环境中的物理障碍和负面公众态度产生的社会障碍的消除)。第三，赞成“权利而非慈善”的政策主张强烈。再者，关于残疾人政策，出现了重大的成功，比如在欧洲和英国引入了反歧视残疾法，也引入了联合国残疾人公约。最后，关于残疾人的更好的主张是产生他们自己的福利服务方式，政策向更好的选择和对残疾人日常生活管理进行变革。这两个特殊的框架引发了更为深远的讨论。

独立生活——福利产品的新模式

独立生活这一概念在残疾人自治组织中是一个重要的主题，并成为残疾福利中的一个重要的主张。早期的许多努力旨在将残疾人从长期既存的压迫制度中解放出来，同时发展新的方式来支持他们的社区生活。在英国和其他一些国家，存在着对传统制度的摒弃和广泛实行“社区照顾”的模式经验。然而，政策诉求已经超越了这些，它是以许多残疾人日常生活经历中缺乏选择和管理，以及社会照顾机构和专业人士的能力为目标的。

因此，独立生活运动成为一个主要的观点，它不仅是对传统社会照顾政策的挑战，而且为在实际工作中帮助残疾人提供了新的选择，尤其是这一运动中包括了对社会照顾财政资源更好地控制与管理的主张。主要观点是给残疾人自身更多的资源，让他们去组织和购买他们日常所需，而不是让他们依赖于我们以前所谓的“服务”（比如，通过雇用个人助手来提供个人照顾和社会活动所需，而不是让他们去日间照顾中心或者通过当地的社会服务部门给他们提供家庭帮助）。英国、斯堪的纳维亚和美国的早期独立生活项目是由残疾人自身来运营和管理的，该项目提供了关于福利的新方法——模糊了购买者、提供者和享受者三方的传统界限（参见 Barnes and Mercer，2006）。

这些计划的成功使残疾人拥有了更多的选择权和支配权，带来了“直接支付”新政策的出现，允许人民管理和购买他们的福利和照顾服务，而不是被动地接受社会服务。直接支付为自我决定和独立生活带来了新的机会，成为英国政府战略的显著特征。虽然程度仍然相对较低，并且在一个国家的不同地区有所不同，但是，由于个人对自己的收入进行预算，政府对这种方式将成为人们独立生活福利的主要选择机制抱有期望。这反过来会带来关于传统服务与长期对一些公共服务与机构的政策投资问题的考虑。

无歧视——公民权利政策

正如前面所强调的，虽然不同的国家发展方式和方法不同，但近年来公民权利和反歧视立法的发展成为政策发展中的一个主要特征（参见 Breslin and Yee，2002）。1990 年通过了《美国残疾人法案》，使美国无歧视规定得到了保证。同时，英国出现了对该类相关政策的抵制，尤其是在一些认为对残疾人提供平等权利会加重雇主和服务提供者的成本并削弱英国经济竞争力的区域。但是，仍有证据表明，残疾人确实经历着社会中制度性的歧视。因此，到 20 世纪 90 年代中期，政府在经过多次游说后出台了该规定。

这里我们无须介绍反残疾歧视法案的所有细节，但是理解一些基本的政策条款是很有帮助的。最初，该法认为，对于雇主和服务提供者来讲，歧视残疾雇员和残疾顾客是违法的。但是，这仅限于平等对待残疾人是“合理的”和“正确的”情况（比如，雇用残疾人对于雇主来讲成本不是太高的情况）。后来，该法案不断加强和延伸，包含了反教育歧视和帮助残疾人更易进入商业楼宇和获得交通服务，以便使他们的生活更加便利。

2006 年，更普遍的观点是维护大众平等的义务由政府当局承担，小部分政策是针对种族和性别不平等的。这意味着所有的公共团体（比如政府部门、当地官方机构、健康部门、医院和大学等），有义务以积极平等的态度来对待残疾人并消除对残疾人的歧视。此外，在公共生活中，更加强调鼓励残疾人参与社会活动，并保证他们在活动中的平等。公共团体责任的发展表明，社会平等实现的形式不是依赖于残疾人通过对歧视的反抗来证明的，而是依赖于社会的共同努力。

如果不执行，反歧视法的存在很难收到巨大效果。在英国，随着残疾人权利委员会（Disability Rights Commission）在 2000 年作为一个独立团体的成立，提升了英格兰、苏格兰和威尔士残疾人的平等权利实现水平（在北爱尔兰，有一个包含了残疾人平等和其他方面被歧视的团体）。针对残疾歧视政策多大程度应被纳入单一平等议程（single equality agenda），展开了重要讨论。2006 年，《平等法案》（Equality Act）为废除残疾人权利委员会、合并一个关于新的平等和人权委员会打下了基础。虽然向主流残疾观点的转移受到广泛的欢迎，但是仍然存在反对残疾人特殊政策诉求的游说群体（比如，代表性别或者种族平等的团体）的观点。

权利—基础的政策更倾向于前面谈到的残疾的社会模型解释，但很少提供激进的方案。社会模型（正如早期作者定义的）着眼于残疾人受压迫的结构基础，压迫来自现代资本主义社会中社会关系的生产与再生产。其含义是：没有对残疾社会和制度挑战的政治博弈，真正的变革就不会实现。相反，法律维权活动家更多引用“少数族群办法”在既定的法律框架和法律中强调自己的观点和主张。社会模型和权利—基础取向两者都将残疾视为人类重要的权利问题。但是，社会模型强调残疾人需要更多的社会和经济变革来解决他们目前面临的问题。

全球化和管理——联合国与欧盟的影响

世界上至少有5亿残疾人，每10人中就有1个残疾人，而且，这一数字正在急剧上升。虽然，在高科技国家中，随着福利的发展，残疾人面临的问题经常与贫困国家中的残疾人不同，但是，总体来说，残疾人仍然是整个世界最贫困的人群。残疾人获取资源的方式呈现高度的性别化趋势，残疾女性和残疾女童的需要受到了特殊的关注。代际问题也很重要，残疾儿童和残疾成年人生活机会的减少并不鲜见。全球问题引起了各国的高度关注，制定残疾人跨国政策的重要性在欧盟和联合国尤其明显。

20世纪70年代中期，虽然有一些有限的关于社会整合的行动计划及对国家政策的回顾，但在早期欧洲政策制定发展中很少有关于残疾的讨论。直到20世纪80年代初期，才出现了更为广泛的社会—经济观点（包括关于残疾人对于资本主义自由市场有最大不利影响的观点）。那以后的欧洲残疾政策有两个明显的主题：就业的当务之急和权利—基础取向的出现。经历了残疾人组织的持续压力后，残疾人群体最终凭借在1997年通过的阿姆斯特丹协议获得了自己的权利。残疾人的合法主张作为欧洲立法机构的认可，形成了首个欧洲残疾人权利法，将就业中对残疾人的歧视视为违法行为。

正如一开始谈到的，联合国内部也出现了类似的发展。1975年，联合国出台了其首部《残疾人权利宣言》（Declaration on the Rights of Disabled

Persons)；1981 年被定为国际残疾人年（International Year of Disabled Persons）。1985 年，《世界人权宣言》（Universal Declaration of Human Rights）中囊括了残疾人，并启动了关于“创造一个所有人的社会”的更长期战略。1993 年国际《残疾人机会均化规则》（Rules on the Equalization of Opportunities for Disabled Persons）等规定的出台，强调了残疾人在主要社会生活领域的参与（无障碍环境、教育、就业、收入、家庭生活、文化、娱乐和宗教），越来越多的国家要引入反歧视法。然而，政策实施的现状在不同的国家仍然会因政策方法和传统的不同而不同。并且，在政策制定过程中经常改变执行水平和残疾人自身的利益内容。

新兴议题

2006 年新的联合国《残疾人公约》提升了世界各国对残疾人的责任和期望，保证了残疾人在社会中的平等和参与。这包含了政府的善意行为和许多关于政策含义的问题。关于残疾人社会权和人权方面积极变革的讨论已经出现，同时也有人担心残疾人在经济方面会面临很多挑战。在资源贫乏的国家中，反贫困的艰巨性和人类发展的挑战意味着残疾人在政策投资中经常遭到忽视。在经济发达的福利国家，由残疾人平等挑战带来的财政压力也在加剧。

在发达国家中，出现了对因失业而要求残疾福利（比如，在英国，大约 270 万人依赖福利）的群体的关注，以及通过福利和支持系统“帮助”他们重返工作的思考。比如，在 2006 年，英国议会引入了福利改革的目标，将残疾人视为重要的群体（与单亲和老年职工并列）。政策目标包括帮助更多的人找到工作和帮助更多的残疾人从福利转向工作。福利的给予更倾向于那些身心损害严重和复杂的人群。其目的是减少获取残疾福利的人口数量，增加对重度残疾者的福利救助。

正如本章讨论过的，残疾人运动的主张已经成为发展残疾人政策方式中巨大变革的关键。毋庸置疑，历史和现实社会政策取得了成功，或者可能正是因为这些成功才出现了关于未来的思考。因为在平等议程中，残疾人成了主流，所以，在政策制定过程中，残疾人政策的改善空间较小，可以联合其他受压迫群体在更大范围进行倡议。

高阶阅读指南

要了解现代福利国家关于残疾人政策的历史讨论，可以阅读 D. Stone，*The Disabled State*（Temple University Press，1984）和 A. Borsay，*Disability and Social Policy in Britain Since 1750: AHistory of Exclusion*（Palgrave Macmillan，2005）。前一本有助于我们理解残疾人、福利和国家之间的关系，后一本为我们介绍了英国政策的发展历史。

D. Mabbett，"The Development of Rights-based Social Policy in the European Union：The Example of Disability Rights"，*JCMS: Journal of Common Market Studies* 43/1（2005）：97－120，解释了残疾人政策是如何在欧盟政策的制定中出现的。M. Breslin and S. Yee（eds），*Disability Rights Law and Policy: International and National Perspectives*（Transnational，2002）提供了世界上许多不同国家基于权利的政策分析。下列三本书介绍了关于残疾人自治组织的出现，以及基于使用者导向的政策选择：C. Barnes and G. Mercer，*Independent Futures: Creating User-Led Disability Services in A Disabling Society*（Policy Press，2006）；J. Campbell and M. Oliver，*Disability Politics: Understanding Our Past，Changing Our Future*（Routledge，1996）and J. Charlton，*Nothing About Us Without Us: Disability Oppression and Empowerment*（University of California Press，1998）。

M. Oliver，*Understanding Disability: From Theory to Practice*（Macmillan，1996）介绍了残疾的类型，以及与理论和政策间的联系。这本书也介绍了影响政策变迁的重要观点和文章。M. Priestley，*Disability: A Life Course Approach*（Polity，2003）将残疾类型、理论与政策争论相联系，介绍了国际上及生命周期内的不同争论，供学生进一步阅读。

还有一系列的期刊提供了丰富的批判性的视角来讨论与残疾相关的问题，其中顶级的刊物是 *Disability & Society*。英国有关于残疾人的系列论文，可以免费获得，网址是 www. leeds. ac. uk/disability-studies。

第五十七章

移民和寻求庇护者

爱丽丝·布洛克

概　述

- 移民和种族多样化在英国有很长的历史。
- 人们出于经济原因、社会原因和家庭原因而移民，移民原因也有可能是为了躲避战争、冲突、人权虐待和迫害。
- 移民和难民政策的出现是对不同时代关于不同移民群体的公共讨论的反馈。政策关注移民限制并具有种族视角。
- 早在1905年，移民和社会福利两者之间就建立起了联系，这一联系仍在继续。
- 收容和移民政策导致了权利分层：出现了被社会所融合的群体和逐渐被社会所排斥的群体。

导　言

"移民"这一术语既用来描述国内移民也用来描述国际移民。国内移民是指在一国边境线内的移民，而国际移民是跨边境线的移民。本章的重点是国际移民以及社会政策对移民和移民人群的回应。虽然移民通常被人们视为是近代的社会现象，但实际上，英国的移民和种族多样性有着悠久的历史。虽然早在16世纪英国就出现了来自非洲的奴隶，但是，由于早期交通工具的限制，当时的移民主要还是来自欧洲的某些国家。一些移民者是出于经济原因来到英国的，还有一些，比如法国的胡格诺派，是出于逃避宗教迫害来到英国的，另外一些人来英国可能是为了与家人团聚。在19世纪，英国的大多数移民还是来自欧洲。爱尔兰移民组成了最大的少数民族群体，这一群体在19世纪中期的马铃薯饥荒中发展迅速。作为第一个工业国家，英国持续增长的经济为新移民者提供了机会，从而吸引了很多移民者。直到 20 世纪初期，一小部分中国、非洲、印度和加勒比的移民作为学生、船员、演员和商人，同来自爱尔兰、德国、波兰和俄罗斯的移民者一起来到英国。

更大的移民群体其实是在第二次世界大战后期出现的。殖民地和英联邦国家的移民者来到英国寻找工作机会或是与家人团聚。当代的移民是一种全球化现象，受到了全球化与交通技术进步的共同影响。全球的不平等、全球经济的需要和包括跨国家庭的家庭结构的变化，战争、冲突和侵犯人权共同导致了移民的出现。其结果是移民人数的增多和国家中逐渐壮大的多元种族特征，而英国的移民则是这一背景下无一例外的表现。在 2001 年的人口普查中，有 7.9%的英国人口将其自身描述为少数族群而不是白种人群体；这一群体的人数从 1991 年的 300 万上升到 2001 年的 460 万，上升了 53%。

探寻移民和社会政策之间关系的难点之一，就是要厘清两者之间是相互影响的，这种相互影响的关系促使政策环境不断发生变化。在英国，自 1993 年以来，已经出台了六部移民法系。传统的移民方式，如劳动市场、寻找避难所和家庭重聚已经受到严格的移民政策的限制。人口迁移和移民已逐渐成为一个问题，在公共论述和官方话语中都被视为对国家认同、社会凝聚力和公共安全的挑战。本章将定义关于移民和避难的关键术语，解释人们移民的原因，探讨包括移民控制和福利给予的政策如何回应已经改变了的移民模式和移民群体。本章将通过目前移民和难民的社会政策中对关键问题的界定来得出结论。

定　　义

移民这一术语经常使用，但对于社会政策分析来说，了解移民者的情况和不同的移民群体是非常重要的。移民群体来自不同的国家，有不同的移民原因和目的。他们把不同的社会、经济和文化经验带到了移民地。他们自身的移民地位与他们的法律和福利权利有重要的关系。

从迁入地的角度来看，移民这一术语是指自由而无限制地来到一国工作和居住。到 1962 年，来自英联邦国家、其殖民地国家及联合王国诸如印度和加勒比海的居民可以不受限制地来到英国定居。爱尔兰移民从未受到过移民限制和就业控制。在英国自由地进出和居住这一政策，从 2007 年 1 月 1 日开始延伸到欧盟其他国家的居民。罗马尼亚和保加利亚的国民可以自由进入英国，但是他们在就业和永久居住方面受到限制。

另外一个移民群体是临时性移民，该群体的移民行为是为了暂时来到英国工作或留学。在这些原因下，进入和留在英国需要拥有签证。临时性移民经常要面临工作类型、社会服务的获取路径和包括社会保障与住房在内的社会福利限制。

自 20 世纪 80 年代末期开始，吸引社会政治、公众和政策关注的移民群体是难民和寻求庇护者(asylum seekers)。英国对受迫害的移民群体的救助有一个较长的历史，并且签署了 1951 年的《联合国难民身份公约》(United Nations Convention on the Status of the Refugee)的文件《日内瓦公约》(Geneva Convention)。在 1951 年的会议上，难民被定义为受到种族、宗教、国际、特殊社会群体成员身份或其他政治观点迫害的人。并且，由于担心在自己的国家遭到迫害，而离开了那里。在英国，人们可以作为项目难民(programme refugees)入境，这意味着他们拥有难民身份入境或可以抵达英国寻求庇护。寻求庇护者是指在英国申请了难民地位，等待英国内政部认定的人。

难民和英国居民一样具有相同的福利、就业和与家人团聚的权利。截至 2005 年 8 月，英国给予了难民长期居住的权利。然而，从 2005 年 9 月起，难民只可以在英国居住五年，有特殊情况的难民可以停留稍长，但他们不能在英国长期居住并同当地人融合在一起。寻求庇护者拥有的权利很小，他们不具有合法工作的权利，并被主流社会所排斥。然而，贫困的寻求庇护者可以向全英庇护辅助服务(National Asylum Support Service, NASS)部门来申请生活和住房援助。那些依赖全英庇护辅助服务获得食宿援助的人居住得相当分散。他们在逃难期间住在英国时，对居住地点没有选择，因此他们经常要经历孤立、虐待和种族袭击。如果他们的主张遭到了拒绝，寻求庇护者将会得到人道保护或者是特许居留证明(Humanitarian Protection or Discretionary Leave)。这些意味着某些人将会面临巨大的风险或者他们会被强制遣送回原籍，即他们的案例不符合1951年《日内瓦公约》中条例的要求。得到人道保护或特许居留证明的群体相比于难民有更少的权利，尽管他们可以工作，能够得到福利和社会服务。

除了那些正规移民，有些移民是作为偷渡客来到英国的，或者有些人没有逃难事实证明。一旦签证期满，他们就必须离开英国。对移民的管理和控制成为英国和其他一些欧洲国家面临的主要政策问题。目前，仅有一小部分人可以不受限制地移民到英国并在那里居住。

人们为什么要移民？

就业和经济机会是影响移民决定的一个重要因素。从历史上来看，英国一个最大的移民群体来自爱尔兰。19世纪爱尔兰的技术人员以国际员工的身份，从其他国家来到英国。然而，自从爱尔兰独立后，爱尔兰移民不再受到控制。而且，在这一方面，他们同以前的殖民地国家有重要的不同。那些以前的殖民地国家从20世纪60年代初期就要受到移民的控制。在第二次世界大战后期，英国劳动力短缺，因此，大批的移民工人从爱尔兰、加勒比海和东欧国家迁入英国。20世纪50年代是从联邦国家移民到英国的一个重要时期。那时，第一个移民的英联邦国家是加勒比海国家，然后是印度内陆国家。对移民的严格控制开始于20世纪60年代早期。

人们移民到英国也是为了与家人团聚，这些亲属网络开始成为移民的重要原因。术语“链式移民”（chain-migration）是用来描述南亚的移民模式的。链式移民是如何形成的呢？首先，一个家庭成员来到了英国，他找到了工作，获得了食宿的保证；接着，第二个家庭成员又来了，同样得到了食宿的保证和工作，然后这种模式一直持续下去。在移民链中，家庭和社区是非常重要的因素，而且它们经常为移民链提供资金和文化资本。一旦移民链出现，移民行为就会成为自我支持模式，并会逐渐延伸到配偶和孩子。最后，实现全家的团聚。

内战、冲突、政治压迫、歧视和人权侵犯也是造成移民的原因。而且，这些原因也通常与难民和寻求庇护者密切相关。对移民的控制和事先检查加大了作为一个合法的寻求者庇护移民到英国的难度。同时，欧盟接壤的边界线使越来越多寻求庇护的难民发现，他们自己必须依赖于那些帮助策划移民路线和经常提供伪造证明文件的偷渡经营者。由于发展项目或自然灾害不能满足国际上对难民的定义，1951 年《日内瓦公约》的发展是对战后欧洲情况的回应，对在《日内瓦公约》中难民地位的强调根据是指贫困、普遍性暴力和移居。正是这些因素同社会分裂与经济因素相融合，造成了人们从地球南部和东部移民到了地球北部和西部的高度发达国家。

正是由于《日内瓦公约》的局限性，区域性公约诸如像 1969 年的《非洲统一组织关于非洲难民问题的公约》（Organisation of African Unity Convention Governing specific Aspects of Refugee Problems in Africa）和 1984 年《卡塔赫纳难民宣言》（Cartagena Declaration on Refugees）的出现反映了南美洲的特殊背景。虽然政府和政策制定者在官僚体系中未使用这种说法，人们的移民原因通常有很多——或者是复合动机——为什么难民和寻求庇护者离开他们的国家与其他移民选择交叠在一起。

英国是《日内瓦公约》上的支持国家之一，并需要履行其国际义务。然而，政府不得不在不同时代下控制移民的压力。自从 20 世纪 80 年代以来，政策的焦点在于寻求庇护者身上。庇护政策的关键是边界的控制、限制权利和强制策略（驱逐和滞留）。公众讨论围绕着“真”寻求庇护者和“伪”寻求庇护者而进行，伪寻求庇护者被认为来到英国是为了获得慷慨的福利服务和就业机会的人群。正是由于这个原因，寻求庇护者的福利被逐渐削弱。然而，移民政策已经发展成了一个成熟的模式，不同时期的政策趋向也在移民潮、当前经济形势和公众讨论的背景中得到理解。

英国的政策：过去和现在

在控制移民方面，英国有漫长的历史，可以划分为三个阶段。第一个阶段是 1905 年至 1920 年，控制的目标是从东欧国家来的犹太移民和在第一次世界大战中被视为近敌的德国人。第二个阶段是从 1962 年到 1988 年，这个阶段标志着所有英联邦国家黑人移民的结束。第三个阶段主要是对寻求庇护者的控制和管理。

第一个阶段是从 1905 年开始的，福利和移民的关系在这段时间形成了清楚的划分。因此，此阶段具有重要的作用。1905 年的《移民法案》(Aliens Act)规定，如果移民者没有生存能力则被拒绝移民，或是如果他们在来到英国后的一年内接受了贫困救济(poor relief)，则会被驱逐。1914 年，《移民限制法案》(Aliens Restriction Act)出台了，作为对反移民的回应，尤其是反对德国移民者。该法案于第一次世界大战开始制定。在该法案中，外国人需要在警察处登记备案，内政大臣(Home Secretary)和移民局的官员有权力控制移民的进入、驱逐出境和在英国就业等事宜。1919 年的《移民限制法案(修订版)》(Aliens Restrictions [Amendment] Act)延伸了 1914 年法案的内容，以此来维护国内的和平，新法案中甚至包括了一些对本地居民的就业限制。

另一个主要的法案是 1948 年的《英国国籍法案》(British Nationality Act)，它划分了英国居民和英联邦国家居民进入英国、在英国定居和工作的权利。同样，它也创造了第三个居民结构。这一结构中的人群，既不是外国人也不是本地人，但是享有同英国当地居民同等的权利和义务。该法案成为自 1905 年以来的唯一一个不增加对移民的控制和限制移民福利以及就业渠道的法律规定。

第二个主要的移民控制阶段开始于 1962 年的《英联邦移民法案》(Commonwealth Immigrants Act)，结束于 1988 年的《移民法案》(Immigration Act)。这段时间主要控制英联邦国家和新英联邦国家的移民，结束英联邦制国家中黑人的移民。对黑人移民者的控制意味着这些控制中的种族歧视。第二阶段的移民控制发生的背景是越来越多的人在第二次世界大战后从英属殖民地和联邦国家来到英国，开始是以满足英国的劳动力需要，重振英国的战后经济为目标。但是，后来的移民则是独立战争和后殖民时期冲突下前往英国的难民。

1945 年，英国需要大量劳动力来重建国家。最初东欧国家的移民者来英国只是为了工作。然而，随着对工人需要的逐渐增大，英国主动从加勒比海和印度内陆国家招聘工人。20 世纪 50 年代是加勒比海劳动移民的重要时期，印度内陆地区的移民程度稍低一些。移民的模式同劳动力的需要是紧密相连的。联邦国家的移民者经常从事技术含量低的手工劳动，他们的社会流动和经济成功遥不可及。1962 年，《英联邦国家移民法案》得以通过。因为该法案第一次对非英国出生居民定居和迁移至英国及其殖民地等事项做出了限制，因此其具有非常重要的作用。

1968 年，《英联邦移民法案》在三天时间里迅速在议会上通过。因为害怕东部亚非国家中一些持有英国护照的人在后殖民时期政策下来到英国，此法案规定，英国护照的持有人必须接受移民控制，除非他们的父母或祖父母中有人是英国的登记居民。该政策有效地限制了东部亚非国家人口进入英国，但是，对居住在东非的英国后裔毫无作用。1971 年的《移民法》引入了部分定义，通过给予在英国出生或者其父母在英国的人以居住的权利，将英联邦国家居民的地位改为外国人。在部分条款中，几乎所有英联邦国家中的非白人居民没有进入英国和在英国居住的权利。1981 年，《英国国籍法案》对移民管理又进行了修订并改变了在英出生的居民权利。只有那些可以满足部分规定细则的移民可以自动获得公民权利。1988 年的《移民法》引入公共基金测试(public funds test)，针对的是 1973 年前在英国定居者的后代。在本法案下，所有希望自己的后代在英国居住的英国和英联邦国家居民，都需要证明他们可以不借助公共救济金在英国生存。

20 世纪 90 年代初期，来英国寻求庇护的人数出现了增长。正如前面法律带来了部分移民的中止一样——家庭重聚除外——政策的重点转向了逐渐增多的社会现象。第三个移民控制阶段的政策建立是为了控制寻求庇护者来到英国，并限制他们的社会和经济参与。表 57.1 展示了从 1993 年以来的法案及其执行效果。

表 57.1　从 1993 年以来的移民法和避难法

法　律	效　果
1993 年《庇护和移民上诉法案》(Asylum and Immigration Appeals Act)	当地权力机构不再对寻求庇护者提供住房
1996 年《庇护和移民法案》(Asylum and Immigration Act)	本法案包含了社会保障修订法，免除了那些在英国国内申请寻求庇护的人员的社会保障权利——已在国内——而不是那些在英国以外的人。1948 年的国家救助法案中提到，在国内申请了避难的人会从政府获得救助，而救助形式通常是实物而不是现金。同样，获得亲属帮忙的人不能申请福利或者除非在亲属死亡后才可申请福利救助

(续表)

法　律	效　果
1999 年的《移民和难民法》(Immigration and Asylum Act)	本法案不允许寻求庇护者获得国家主要福利，并引入了全英庇护辅助服务这一较少的现金救助系统，该系统的救助相比于收入支持要差一些。而且，对居住在英国周边的寻求庇护者实行驱逐的规定也被引入
2002 年《国籍、移民和庇护法》(Nationality, Immigration and Asylum Act)	引入第 55 条允许救助中心尽快从未申请避难福利的人手中撤销全英庇护辅助服务的福利救助通道
2004 年的《庇护和移民法案》(Asylum and Immigration Act)	如果一个避难者因没有合适理由而不能自愿离开英国时，其家庭及其个人则不会享有福利。当地的官方根据 1989 年的儿童法案有义务对不到 18 岁的儿童提供福利。此情况也适用于与家庭分离的儿童这一情况
2006 年《移民、避难和国籍法案》(Immigration, Asylum and Nationality Act)	由于身体状况或者缺少安全回国路线，而无法回到自己祖国的寻求庇护者，给予膳食、住所和可以代替任何现金的抵用券

以上这些法令的出台表现为通过减少社会福利的方式，对避难者个人和家庭忽视与排斥。而对福利的排斥通常又与劳动市场排斥和就业中养老金的排斥联系在一起，成为避难者在英国生存的阻碍。其结果是在寻求庇护者中出现了更多贫困者和无家可归者。

欧　盟

目前，避难和移民政策需要在欧盟框架内进行思考。欧盟政策逐渐趋向于和谐政策并聚焦于边界控制、信息共享、难民身份的决定程序清晰化和对寻求庇护者的保护与救助标准。随着欧盟的扩大，由于秘密偷渡和以开采为目的的贸易交换的出现，边界的保护会更困难。

1999 年在坦佩雷(Tampere)，欧盟通过了欧盟避难和移民政策的执行时间。主要的条款包括了福利的最低标准，救助程序和对《都柏林公约》

(Dublin Convention)的修改(尤其是关于成员国有责任验收避难申请，防止被拒绝的寻求庇护者向其他成员国的外流)。本次会议讨论了政策和谐度的问题，尤其是关于最低的福利标准会导致最低收入额的问题。然而，即使这些政策标准都制定出来了，也不意味着所有成员国都通过必要的立法来推行。因此，这一法令的效果很难看到。

新兴议题

目前在移民、避难方面以及相关社会政策方面的主要问题是如何规划对移民的管理，重点在于促进有权留在英国但被排斥的一群人的融入与整合、增强社会凝聚力和国民身份的建立。在移民的管理方面，入境须知课程项目(Gateway Programme)对逃难者的重新安置办法很有可能延伸为策略的一部分，用来减少英国的移民数量。其他管理移民的办法试着保证那些有技术特长的移民可以有工作，比如季节性的农民的工作。那些没有保证的办法目标在于保护工作和就业系统。此外，政府引进了澳大利亚的移民管理系统来进行管理，保证来到英国的移民者都具有较高的文化水平和工作技能。

随着更多的寻求庇护者陷入贫困，他们越来越被社会所排斥。对边境的进一步限制和管理很有可能造成移民群体通过偷渡来实现移民，以摆脱贫困。正是由于上述现象的存在，社会政策强调通过整合性、社会凝聚力和国籍身份来建设一个更加融合的社会。但是，同时社会上也会出现越来越多的受排斥者。

高阶阅读指南

关于英国移民及政策有几本概要性的著作：J. Solomos，*Race and*

Racism in Britain, 3rd edn (Palgrave, 2003); I. Spencer, *British Immigration Policy Since 1939: The Making of Multi-racial Britain* (Routledge, 1997); S. Cohen, B. Humphries and E. Mynott (eds), *From Immigration Controls to Welfare Controls* (Routledge, 2003); R. Cohen, *Frontiers of Identity: The British and Others* (Longman, 1994)。

关于英国难民的分析有T. Kushner and K. Knox, *Refugees in the Age of Genocide* (Frank Cass, 1999); A. Bloch, *The Migration and Settlement of Refugees in Britain* (Palgrave, 2002), 还有 R. Sales, *Understanding Immigration and Refugee Policy: Contradictions and Continuities* (Policy Press, 2007)。

欧盟层面的移民政策讨论有 S. Lavanex, *The Europeanization of Refugee Policies: Between Human Rights and Internal Security* (Ashgate, 2001)。C. Jones Finer, *Migration, Immigration and Social Policy* (Blackwell, 2006)讨论了欧洲及欧盟层面社会政策中关于迁移的几个重要内容。

官方网站，特别是英国内政部(Home Office)网站(www.homeoffice.gov.uk)和统计局(National Statistics)(www.statistics.gov.uk),可以找到有用的政策文件、分析报告和统计数据。英国难民与救助中心网站(http://www.icar.org.uk)可以找到关于难民政策、难民统计数据的信息，网站还提供了几个关于难民问题的概要回答。

中英文关键词对照表

ability, vs. freedom　能力，对自由
absolute poverty　绝对贫困
Academy of Learned Societies of Social Sciences　社会科学学会联合会
academy school　专科学校
access to welfare *see* welfare access　获得福利，*参见*福利获得
accountability　问责制
　central vs. local　中央对地方
　changing notions of　观念的变化
　concepts of　……的概念
　dimensions of　……的维度
　financial　财政的
　and governance　和治理
　performance　绩效
　personal　个人的
　as relational concept　作为关系概念
　and user involvement　和使用者卷入(参与)
　for welfare　在福利上的
achievement gaps　成绩落差
　and personalization　和个性化
　reduction　减少
Act of Union (1707)　联邦法案(1707 年)
adolescence, use of term　青年，术语使用
Adult Social Services　成人社会服务
　'Adult and Communities'　"成人和社区"
Africa　非洲

economic decline 经济衰退
income inequality 收入不平等
Least Developed Countries 低度发展国家，最不发达国家
poverty 贫困
social exclusion 社会排斥
social policy 社会政策
and globalization 和全球化
welfare regimes 福利体制
see also sub-Saharan Africa 参见撒哈拉以南非洲
Africans 非洲人
East 东方的
migrants 移民
see also Black Africans 参见非洲黑人
Afro-Caribbeans *see* Black Caribbeans 非裔加勒比人，参见加勒比黑人
AGCAS (Association of Graduate Careers Advisory Services) 毕业生就业咨询服务协会
Age Concern England 英格兰关怀老人机构
age profiles 年龄分布
aging population 老年人口
see also older people 参见老年人
ageism 老年歧视
in labour market 在劳动力市场
agency，women's 机构，妇女的
AGR (Association of Graduate Recruiters) 毕业生招聘协会
Agreement on Social Policy 社会政策协议
Aliens Act (1905) 移民法案(1905 年)
Aliens Restriction Act (1914) 移民限制法案(1914 年)
Aliens Restriction (Amendment) Act (1919) 移民限制法案修订案(1919 年)
altruism 利他主义
Adam Smith's views 亚当·斯密的观点
centrality of ……的中心
global social policy 全球社会政策
and solidarity 和团结
studies 研究
women 妇女，女性
America 美洲
penal colonies 罪犯流放地
see also Latin America; North America; South America 参见拉丁美洲；北美洲；南美洲
Americans with Disabilities Act (1990) 美国残疾人法案(1990 年)

Amsterdam Treaty　阿姆斯特丹条约
Anglo-Sanxon regimes　盎格鲁—撒克逊(福利)体制
anti-capitalist alliance　反资本主义联盟
anti-discrimination legislation　反歧视立法
anti-essentialism　反基要主义
anti-foundationalism　反基本教义主义
anti-globalization　反全球化
anti-racism　反种族主义
anti-Semitism　反犹太主义
anti-social behaviour　反社会行为
Anti-Social Behaviour Act (2003)　反社会行为法案(2003 年)
Anti-Social Behaviour Act (Scotland) (2004)　反社会行为法案(苏格兰)(2004 年)
anti-social behavior orders (ASBOs)　反社会行为法规
Arab Region, Least Developed Countries　阿拉伯世界，低度发展国家，最不发达国家
Arts Council for England　英格兰艺术委员会
ASBOs (anti-social behavior orders)　反社会行为法规
Asia　亚洲
　Least Developed Countries　低度发展国家，最不发达国家
　poverty　贫困
　see also East Asia; South Asia　*参见*东亚；南亚
Asian communities, racial issues　亚裔社区，种族议题
Assembly Measure, concept of　(威尔士的)国民议会议案，……的概念
assessment, schools　评估，学校
assimilationist approaches　主张社会同化者的取向
Association of Commonwealth Universities　英联邦大学协会
Association of Graduate Careers Advisory Services (AGCAS)　毕业生就业咨询服务协会
Association of Graduate Recruiters (AGR)　毕业生招聘协会
Asylum and Immigration Act (1996)　庇护和移民法案(1996 年)
Asylum and Immigration Act (2004)　庇护和移民法案(2004 年)
Asylum and Immigration Appeals Act (1993)　庇护和移民上诉法案(1993 年)
asylum-seekers　寻求庇护者
　bogus　假冒的
　definition　定义
　increase　增加
　issues　议题
　legislation　立法
　policies　政策

rights　权利
see also refugees　参见难民
audit　审计
impacts　影响
Audit Commission　审计委员会
Mis-spent Youth（1996）　《针对青年浪费现象的报告》(1996 年)
Australia　澳大利亚
benefits　(福利)给付
cultural affinities　文化亲和性
labour market policies　劳动力市场政策
as liberal market society　作为自由市场社会
means-tested benefits　家计审查给付
means-testing　家计审查
parliamentary system　议会制
penal colonies　罪犯流放地
social insurance　社会保险
social policy　社会政策
welfare capitalism　福利资本主义
welfare funding　福利基金
Austria　奥地利
social policy　社会政策
welfare regimes　福利体制
authoritarianism　独裁主义

Bangladeshis　孟加拉人
chain migration　连锁性迁移
housing　住房
Barker Review　巴克评论
Barnardo's　巴纳多的
Barnett formula　巴内特公式
basic income（BI）　基本收入
basic pension（BP）　基本养老金
flat rate　均一费率
updating　升级
see also state pensions　参见国家养老金
BBC（British Broadcasting Corporation）　英国广播公司
BCS（British Crime Survey）　英国犯罪调查
Beecham Report　比切姆报告
Belgium　比利时
social democracy　社会民主

social insurance 社会保险
welfare regime 福利体制
welfare system 福利体系
benefits 福利，给付
allocation 分配
by income group 依据收入群体
cash 现金
contingent 专项的，针对偶发性灾难的
contributory 缴费式的
cross-national studies 跨国研究
cuts 削减
external 外部的
fringe 边缘
in kind 以实物
levels 水平
and poverty 和贫困
recipients 接受者
see also means-tested benefits; social security benefits 参见家计审查给付，社会保险给付
Benelux countries 比荷卢经济联盟国家
Beveridge, William Henry, 1st Baron Beveridge 贝弗里奇，威廉·亨利（1879—1963 年）
on social evils 五大社会弊病
social insurance proposals 社会保险计划
Beveridge Report (1942) (UK) 贝弗里奇报告(1942 年)(英国)
contributory benefits 缴费式给付
pensions 养老金
BI (basic income) 基本收入
bias, mobilization 偏见，动员
Birmingham 伯明翰(英国城市)
Bismarckian model, of welfare 俾斯麦模式，……的福利
Black Africans 非洲黑人
employment 就业
Black Caribbeans 加勒比黑人
employment 就业
recruitment 招聘
Black and Minority Ethnic (BME) group 黑人和少数族群(弱势族群)
Blair, Tony (Anthony Charles Lynton) 布莱尔，托尼(安东尼·查尔斯·林顿)
broken pledges 打破承诺

on crime 对于犯罪
education policies 教育政策
and market force 和市场力量
pension policies 养老金政策
and Third Way 和第三条道路
Blairism 布莱尔主义
blood donors, altruism studies 献血者，利他主义研究
BMA (British Medical Association) 英国医学协会
BME (Black and Minority Ethnic) groups 黑人和少数族群(弱势族群)
Board of Education 教育委员会
Boer Wars (1899—1902) 波尔战争(1899—1902 年)
bombings, London 爆炸案，伦敦
BP *see* basic pension 基本养老金，参见基本养老金
Brazil 巴西
income inequality 收入不平等
rainforests 雨林
Bristol 布里斯托(英国城市)
Bristol Royal Infirmary 布里斯托皇家医院
Britain *see* United Kingdom 大不列颠，参见大不列颠及北爱尔兰联合王国
British Broadcasting Corporation (BBC) 英国广播公司
British Crime Survey (BCS) 英国犯罪调查
British Medical Association (BMA) 英国医学协会
British Nationality Act (1948) 英国国籍法(1948 年)
British Nationality Act (1981) 英国国籍法(1981 年)
British Sociological Association (BSA) 英国社会学协会
Britishness, concept of 英国化，……的概念
Brixton 布里克斯顿(英国城市)
Brown, (James) Gordon 布朗，(詹姆斯)戈登
Civil Service cut 行政部门削减
policies 政策
BSA (British Sociological Association) 英国社会学协会
budgets 预算
general practitioners 全科医生
individual 个人的
social policy 社会政策
Bulgaria 保加利亚
migrants 移民
bureaucratic over-supply 科层制官员供应过剩
Burt Committee 博特委员会
businesses, in commercial welfare 生意、业务，在商业福利中

concierge services 礼宾服务，门房服务
and occupational welfare 职业福利
Confucian regime 儒家(福利)体制
Connexions Service 联合服务
Connexions Strategy 联合战略
conservatism 保守主义
and Enlightenment 和启蒙运动
evolution 演变
green 绿色
intellectual renewal 知识更新
issues 议题
and neo-liberalism 和新自由主义
political philosophy 政治哲学
and postmodernism 和后现代主义
and social reform 和社会改革
and social welfare 和社会福利
Conservative governments 保守派政府
commercial welfare 商业福利
and criminal justice 和刑事司法
and democratic socialism 和民主社会主义
education policies 教育政策
and healthcare 和健康照顾
housing policies 住房政策
local government policy 地方政府政策
occupational welfare 职业福利
pension cuts 养老金削减
and poverty 和贫困
social care policies 社会照顾政策
state welfare 国家福利
welfare policies 福利政策
welfare reforms 福利改革
and welfare users 和福利使用者
Conservative Party 保守党
beliefs 信仰
drys vs. wets 干派对湿派(保守党的两种不同政纲)
economic policies 经济政策
future prospects 未来前景
historical background 历史背景
social policies 社会政策
welfare policies 福利政策

Court of Human Rights　人权法庭
Coventry Partnership　考文垂合作伙伴关系
CPAG (Child Poverty Action Group)　反儿童贫困行动组织
CPS (Crown Prosecution Service)　皇家检察署
CRE (Commission for Racial Equality)　种族平等委员会
creative whole-system thinking　创造性的整体系统思考
crime　犯罪
　deterrence　威慑
　increase　增加
　patterns　模式
　victimless　无受害人的
　youth　青少年
　see also justice，punishment，recorded crime statistics　*参见*司法、惩罚、犯罪记录统计
Crime and Disorder Act (CDA) (1999)　犯罪和失范法案(1999 年)
Crime and Disorder (Reduction) Partnerships　犯罪与失范(减少)伙伴关系
Criminal Defence Service　刑事辩护服务
criminal justice　刑事司法
　historical background　历史背景
　issues　议题
　and managerialism　和管理主义
　and penal politics　和刑事政治
　policies　政策
　reforms　改革
　system　体系
Criminal Justice and Court Service Act (2001)　刑事司法和法院服务法案(2001 年)
Cross-Developmental Ministerial Group　跨部门工作小组
cross-national studies　跨国研究
　benefits　(福利)给付
　collaborative multinational　跨国合作
　comparative social policy　比较社会政策
　healthcare　健康照顾
　pensions　养老金
　social insurance　社会保险
　social policy outcomes　社会政策产出
　taxation　征税
Crown Court　(英国皇家)巡回刑事法庭
Crown Prosecution Service (CPS)　皇家检察署
CSR (corporate social responsibility)　企业社会责任

Third Way 第三条道路
see also Eastern Europe, Western Europe 参见东欧、西欧
European Constitution 欧盟宪法
European Council 欧洲理事会
European Court of Justice (ECJ) 欧洲法庭
European Directives 欧盟指令
European Economic Community (EEC) 欧洲经济共同体
see also European Union (EU) 参见欧盟
European Journal of Social Policy 《欧洲社会政策期刊》
European Social Charter 欧洲社会宪章
European Social Fund (ESF) 欧洲社会基金
European social model 欧洲社会模式
European Union (EU) 欧盟
asylum-seekers 寻求庇护者
Council of Ministers 部长级议会
and disability 和残疾人
economic cycles 经济周期
enlargement 扩大
exports to 输出到……
and globalization 和全球化
markets 市场
membership 成员
migrants 移民
migration policies 移民政策
national identities 国家认同
occupational welfare 职业福利
public social spending 公共社会开支
roles 角色
social exclusion 社会排斥
social policy 社会政策
analyses 分析
competence 职能
development 发展
intervention 干预
issues 议题
policy-making processes 政策制定过程
welfare regime 福利体制
European Union Employment Strategy 欧盟就业战略
European Union Structural Funds 欧盟结构基金
European welfare state 欧洲福利国家

social division 社会分化
and social policy 社会政策
in welfare state 福利国家
see also council housing, public housing 参见公共住房、国家提供住房
Housing Action Trusts 住房行动信托基金
housing associations 住房协会
Housing Benefit 租屋津贴
entitlement 资格权
Housing Corporation 住宅协会
Housing Market Renewal Areas 住房市场重建区
housing policy 住房政策
historical background 历史背景
and tenure change 和所有制的转变
Housing (Scotland) Act (2001) 苏格兰住房法案(2001年)
HRM (human resource management) 人力资源管理
Huguenots 胡格诺派
human capital, and family 人力资本，和家庭
human development, developing societies 人类发展，发展中社会
Human Development Report (HDR) (2005) 《人类发展报告》(2005年)
Human Fertilization and Embryology Authority 人类受精和胚胎学管理局
human liberty 人类自由
human nature 人性
biological model 生物学模式
human resource management (HRM) 人力资源管理
human rights 人权
healthcare as 健康照顾作为
Human Rights Act (1998) 人权法案(1998年)
humanitarian protection 人道保护
Hungary 匈牙利
Hurricane Katrina (2005) 卡特里娜飓风(2005年)
hyperactivity 多动症
hyperreality 超现实

IAG (information, advice and guidance) 信息、建议和指导
IDA (International Development Association) 国际开发协会
identity, vs. social class 身份，对社会阶级
Identity and Passport Service 身份证与护照服务处
IDS (Information Data Service) 信息数据服务
IFIs (international financial institutions) 国际金融机构
IFS (Institute of Fiscal Studies) 财政研究中心

abolition 消除
absolute 绝对的
and benefits 和福利给付
child 儿童
decline 衰退
definitional issues 关于……定义的议题
developing societies 发展中社会
early studies 早期研究
indicators 指标
issues 议题
lone parents 单亲
measurement 测量
and needs 和需要
older people 老年人
prevention 预防
reduction 减少
policies 政策
relative 相关的
relief 救济
research 研究
and social exclusion 和社会排斥
see also Poor Laws 参见济贫法
Poverty Reduction and Growth Facility (PRGF) 减贫与增长贷款
Poverty Reduction Strategy Papers (PRSPs) 减贫战略文件
Poverty and Social Exclusion (PSE) survey 贫困和社会排斥调查
power 权力
distribution of 分布
state 国家
PR (proportional representation) 比例代表制
pragmatism 实用主义
new 新
pre-school education 学前教育
preference 偏好
and need compared 和需要比较
pregnancy, teenage 怀孕，青少年
prejudice, Burke's 偏见，伯克的
Presbyterian Church 长老教会
prescription charges 药费(按照英国国民保健法患者取药时必须支付的费用)
abolition 废止

criminal justice system　刑事司法系统
cultural affinities　文化亲和性
cultural diversity　文化多样性
disability　残疾
economic cycles　经济周期
education　教育
employment policies　就业政策
employment rates　就业率
equality policies　平等政策
examinations　考试
export trade　出口贸易
feminism　女性主义
government institutions　政府机构
grandparents' obligations　祖父母的义务
health policy　健康政策
historical background　历史背景
immigration　移民
informal care　非正式照顾
labour market policies　劳动力市场政策
as liberal market society　作为自由市场社会
local government　地方政府
means-testing　家计审查
migration policies　移民政策
minority groups　少数群体(弱势群体)
occupational welfare　职业福利
political processes　政治过程
　future trends　未来趋势
poverty　贫困
public social spending　公共社会开支
retirement　退休
social exclusion　社会排斥
social policy　社会政策
　and devolution　和地方分权
　flexible initiatives　弹性政策
　issues　议题
　legislation　立法
　needs and resources　需要和资源
social security　社会保障
socio-economic class　社会经济阶级
taxation　征税

译后记

一个女孩年幼时常跟着父亲去蓉城郊区的武侯祠，半懂不懂地念“丞相祠堂何处寻？锦官城外柏森森。映阶碧草自春色，隔叶黄鹂空好音。三顾频烦天下计，两朝开济老臣心。出师未捷身先死，长使英雄泪满襟。”随着年龄的增长，她对诸葛丞相的宏图大略多了一份理解。诸葛丞相富国济民的政策理念凝聚在千秋传颂的《出师表》中，改革国家发展政策的英雄气概力透纸背石破天惊。谁也没有想到那个在蓉城长大的孩子最终也走上了政策研究的道路。而那个孩子就是我。看似偶遇《解析社会政策》而开始的翻译工作，实际上是个人成长与国家发展长河中密切相关的一环。如果没有孩提时代受到的熏陶，没有在香港读书时培养的对政策学科的挚爱，没有工作过的南开大学和南京大学的良好学术氛围，我一定不能坚持下去，完成这项工程浩大，极其费时、费力，堪称艰苦的翻译工作。

当我从风景如画的四川大学锦江河畔来到南开大学马蹄湖边，我如饥似渴地阅读，从马克思的《资本论》到凡勃伦的《有闲阶级论》。商务印书馆汉译世界学术名著为我打开了观看外面世界的天窗，使我看到人类追求真理的勇气，看到中国改革开放的光芒。哲人的思想给了我终身的影响。1990 年前后我主译了《美国阶级结构》，经由中国人民大学李路路教授推荐给中国社会科学出版社，于 1992 年出版。该书在当时的学界有较大的影响。时任中国社会科学院社会学所所长、中国社会学会会长的陆学艺教授将该书列入中国社会科学院研究生院博士招生(社会结构方向)的两本参考书目之一。时过境迁，翻译工作在今天大学学术评价体系中的位置岌岌可危；但我从不认为在急功近利的社会中，一个评价体系能够完全否定学术翻译在文明传播和学术研究中的意义。

社会政策虽然来自西方，但改造社会的人文关怀精神与中国哲人民间疾苦笔端波澜的情怀有相通之处。2007年我参加欧盟-中国高等教育项目，对英国伯明翰大学进行了为期半年的学术访问。借此机会，我拜访了本书的主编、英国社会政策协会前任会长、时任伯明翰大学社会科学院院长的皮特·阿尔科克(Pete Alcock)教授，就该书的翻译与他进行了面对面的交流。贫困问题研究专家阿尔科克教授非常高兴地了解到中国社会政策正在快速向前发展，主动提供给我本书的电子版(中文译本根据电子版翻译而成，电子版和纸版在个别地方小有不同)。另外一位主编社会保险和税收研究专家凯伦·罗林森(Karen Rowlingson)教授，在百忙之中抽出时间回答了我关于索引翻译中遇到的问题。我和译者曾伟玲、郭瑜参加了2007年由伯明翰大学承办的英国社会政策年会。我们通过各种渠道对英国社会政策协会的组织结构、学术会议和学术出版物进行更多的了解。

相比其他版本的社会政策书籍，本书从概念、理念和历史视角切入，主题丰富，内容全面，理论与政策分析结合，优势突出。由于该书具有百科全书式的体系和风格，八篇五十七章各有独立主题，作者背景不同，写作风格也不同，因此给翻译工作带来极大的挑战。我组织了一支优秀的翻译团队，他们来自南京大学、同济大学、南开大学、中国人民大学、香港大学、香港中文大学、天津外国语大学等。其中彭华民、王琰、蔺文钧、黄叶青、万能、黄晓燕、曾伟玲、郭瑜、郑飞北、陈佳、耿艳玲、张婧，或访问过英、德、比、美等，或有海外留学经历。团队良好的学术背景有助于我们理解本书的内容并准确地翻译。本书的译者有：第一篇，彭华民、王树时、王琰；第二篇，张晶；第三篇，蔺文钧；第四篇，郑飞北；第五篇，黄叶青、万能；第六篇，黄晓燕；第七篇，郭瑜；第八篇，曾伟玲、郑茜；索引，彭华民、张婧；作者介绍，彭华民、张婧。郭瑜和曾伟玲参加了早期索引翻译工作，黄叶青负责本书的校对工作。彭华民通读全书译稿并逐字逐句地提出修改意见。张婧(第一、八篇)、陈佳(第二、四、五篇)、黄叶青(第三篇)、耿艳玲(第六篇)、王云(第七篇)承担了索引与正文的交叉校对工作。张婧承担了本书的秘书工作。作为该书翻译工作的组织者，我在此向参加本书翻译工作的各位年轻学者致敬。没有你们全力的付出，我们就会少了一扇观看世界的天窗。我们都深知世上没有完美无缺的工作，更知翻译的信、达、雅是一种极高的境界，诚挚地希望与政界、学界朋友交流和商榷。

在翻译过程中我时时想起依山傍水的母校香港中文大学，时值她五十华诞，我深情地感谢她。我在马鞍山下吐露港畔，安居一隅静心读了灿烂的书，华丽转身绝对不能用来描述我的学术转型。时代给了我机遇，推动我走上了社会政策研究的道路。从社会学转型到社会政策领域，从中层理论到福利三角的互动，曾经的我有过知难而退的念头。我要感谢我在香港中文大学社会工作学系攻读博士学位的导师、现任香港政府中央政策组首席全职顾问的王卓祺教授，他治学严谨，是我从事社会政策研究的引路人。2010 年我担任教育部重大课题攻关项目“中国适度普惠社会福利理论与制度构建研究”首席专家，同年担任教育部马克思理论研究和建设工程《社会政策概论》首席专家。仅仅 2015 年一年，我带领团队就承担了三项政策项目：“南京市未成年人保护‘十三五’规划(2016—2020)”“南京市鼓楼区儿童发展‘十三五’规划(2016—2020)”“南京市鼓楼区妇女发展‘十三五’规划(2016—2020)”。我因此有机会知行合一，直接参加多项社会政策的研究和制定，同时也收获了肯定：教育部高等学校科学研究优秀成果奖三等奖(2009 年)、民政部首届全国优秀专业社会工作服务项目一等奖(2012 年)、教育部优秀教学成果二等奖(2014 年)、中国十大社工人物称号(2015 年)等。鲜花和掌声并不是生活中最重要的东西，对弱势群体研究能够形成社会政策发展的动力才是我人生最大的幸事。

感谢原伦敦政治经济学院社会政策系讲师、现任澳大利亚国立大学李秉勤副教授对翻译工作的支持。我们联合主编的《解析福利丛书》(上海人民出版社出版)可以作为本书的深化和补充。

最后，我把深深的、无边的爱献给我的父亲彭雨和母亲朱秀联。

彭华民

2013 年 8 月 13 日初稿于成都花汀

2013 年 11 月 6 日修改于南京仙林

2016 年 1 月 21 日定稿于南京仙林

内容简介

本书中文版分为上、下两册，共八篇五十七章。海纳百川是本书的特点，它既覆盖了社会政策传统的领域，也包括了新的领域。本书兼有内容的广度和专题的深度，号称社会政策的小百科全书。按照编写者的目标，全书从社会政策主要概念、理论与意识形态争议、社会服务领域、主要政策问题，一直延伸到范围宽广的国际社会政策议题分析。作者在每一章开始时列出了简明扼要的提纲，在一章结束时列出了相关主题的高阶推荐阅读文献，并对文献做出了简明解释。本书将英国社会政策学位课程的全部教学主题都纳入其中，覆盖了社会政策领域的全部主题(themes)和问题(issues)。由于英国社会政策教学和研究执全世界之牛耳，因此，本书具有广泛的适用性，可作为其他国家的社会政策教学教材；它不断更新，信息量大，专题内容深入，也是一部具有国际影响和拥有众多读者的社会政策工具书。为了方便中国读者阅读，我们合并了第二版和第三版的索引，制作成中英文关键词对照表，列于本书下册，有 3 500 条之多。其内容之丰富，可作为一本简明英国社会政策的中英词汇手册。它为读者开展社会政策专题研究提供了最有效的文献资源库。